Thorsten Beimgraben
Hans-Peter Ebert

Heizen mit Holz

in allen Ofenarten
Brennholz machen und verfeuern

Staufen bei Freiburg
www.oekobuch.de

Alle Angaben und Arbeitsanleitungen in diesem Buch wurden nach bestem Wissen und Gewissen zusammengestellt, eine Gewähr für die Richtigkeit wird jedoch nicht übernommen. Infolgedessen lassen sich für die praktische Umsetzung des hier Dargestellten keine Haftungsansprüche gegenüber der Autorin oder dem Verlag ableiten.

Bibliografische Information der Deutschen Nationalbibliothek

Die Deutsche Nationalbibliothek verzeichnet diese Publikation in der Deutschen Nationalbibliografie; detaillierte bibliografische Angaben sind im Internet unter
http://dnb.d-nb.de abrufbar.

ISBN 978-3-936896-93-0

16. verbesserte Auflage 2017
14. neu gestaltete und 15. Auflage 2011 ISBN 9783-936896-61-9
9.–13. Auflage ISBN 978-3-936896-21-3
1.–8. Auflage ISBN 3-922964-44-3
1. Auflage 1989

Druck: Beltz Bad Langensalza GmbH, Bad Langensalza

Inhaltsverzeichnis

Vorwort

Früher wusste zumindest auf dem Lande jeder, wie Brennholz zuzurichten ist und wie es am besten im Holzofen verbrennt. Holzrauch schien unvermeidbar, niedrige Wirkungsgrade wurden durch mehr Brennholz ausgeglichen, und „geheizt" wurde an den sechs Wochentagen nur der Küchenherd, dessen Wärme vor allem dem Kochen des Essens diente. Spottbilliges Heizöl hatte in der Zeit nach dem Zweiten Weltkrieg Holz als Brennstoff nahezu ausgerottet und das vorhandene Wissen verschüttet…

Mit Holz heizen erfordert mehr Arbeit und mehr Sachverstand als das Heizen mit Heizöl oder Strom. Trotzdem haben sich jene, die auf Versorgungssicherheit Wert legen und mit einem nachwachsenden Brennstoff preisbewusst heizen wollen, wieder dem Energieträger Holz zugewandt.

Das vorliegende Buch ist ein Ratgeber für jene, die vorhaben, ihre Heizung zu erneuern oder umzustellen, und die das Heizen mit Holz dabei in Erwägung ziehen. Es werden Tipps für den Kauf des Brennholzes gegeben, und es wird gezeigt, wie Waldholz am zweckmäßigsten zugerichtet wird. Wer mit Holz heizt, sollte die Brenneigenschaften dieses Stoffes kennen und über den Ablauf eines Holzfeuers Bescheid wissen. Die Beschreibung der vielfältigen, am Markt angebotenen Holzofentypen erleichtert die Wahl jenes Ofens, der die persönlichen Bedürfnisse am ehesten erfüllt. Natürlich dürfen heute auch einige Hinweise nicht fehlen, unter welchen Bedingungen umweltbewusstes und raucharmes Heizen mit dem schwefelfreien Brennstoff Holz möglich ist.

Rottenburg a.N., im Juli 1988

Prof. Dr. rer. nat. Hans-Peter Ebert

Vorwort zur 14. Auflage 2011

Der Ratgeber „Heizen mit Holz" lebt von seiner Aktualität, mit der er technischen Fortschritt interessierten Lesern verständlich schildert. Mich freut es, dass mein junger Kollege Beimgraben die Qualität des Buches zukünftig sichert.

Rottenburg a.N., im Juli 2011

Prof. i.R. Dr. rer. nat. Hans-Peter Ebert

Vorwort zur 16. Auflage 2017

Das Thema „Energie aus Biomasse" ist inzwischen sehr prominent in der Politik angekommen, sei es bei der Diskussion um den Atomausstieg, der Förderung von EEG-Anlagen oder bei der Behandlung der Feinstaubproblematik. Egal welchen Umfang die Bioenergie im Kontext der gesamten Energieversorgung in Mitteleuropa übernehmen kann, die Nutzung von Brennholz wird gerade im ländlichen Raum und in den ihm nahen Bereichen, wie schon bisher, so auch weiterhin eine hohe Bedeutung haben. Moderne Bereitstellungsformen von Holz jenseits des Scheitholzes in Form von Pellets und Designer-Hackschnitzeln erschließen neue und komfortable Einsatzformen für diesen zeitlosen Energieträger. All dies unterstreicht die Bedeutung der Inhalte dieses Buches.

Hans-Peter Ebert hat all dies früh erkannt. Er hat nicht nur Form und Umfang der Themen in diesem Buch zusammengestellt, sondern hat auch nach seiner Pensionierung für einen Fortbestand dieses Standardwerkes zum Thema Heizen mit Holz gesorgt. Meinem Kollegen Prof. Dr. Ing. Harald Thorwarth danke ich für interessante Diskussionen und seinen Input bei der Bearbeitung dieses Themas.

Rottenburg a.N., im Februar 2017

Prof. Dr. rer. nat. Thorsten Beimgraben

Vom Geist des Feuers

Unsere Liebe für das Holzfeuer wurzelt in unserer Vergangenheit. Der sich in grauer Vorzeit entwickelnde Mensch lernte das Feuer zu bändigen. Wann dieser Prozess begann, wissen wir nicht. Vielleicht schon vor fünf Millionen Jahren, vielleicht auch vor zwei Millionen Jahren? Möglicherweise hat ein Vorfahr entdeckt, wie Hyänen und Geier sich hinter der Feuerwalze eines Steppenbrandes an den gerösteten Kadavern delektierten? Hat er dadurch gelernt, dass gegrilltes Fleisch besser zu kauen ist und würziger schmeckt als rohes Fleisch? Seit 350.000 Jahren jedenfalls nutzt und beherrscht der Mensch (Homo erectus pekinensis) die Kraft des Feuers. Das wärmende Element bot in der nächtlichen Kälte und über die langen Kaltzeiten hinweg einen Überlebensvorteil.

300.000 Jahre v. Chr.: Die ersten nachgewiesenermaßen das Feuer beherrscht nutzenden Europäer lebten vor über 300.000 Jahren bei Bilzingsleben (Thüringen). Dieser Homo erectus bilzingslebensis konnte über dem Feuer Fleisch braten oder einen Teig aus mit Wasser versetzten, zermahlenen stärkereichen Samen über heißen Steinen zu Fladenbrot backen, aber eine heiße Fleischbrühe lässt sich in Holztöpfen beim besten Willen nicht über der offenen Flamme herstellen.

12.000 Jahre v. Chr.: In dieser Zeit scheint einem aufmerksamen Ahnen nach einem Wohnsitzwechsel das Entdeckerlicht aufgegangen zu sein. Weil es damals zweckmäßig war, die Glut des Feuers von Lagerplatz zu Lagerplatz mitzunehmen – schließlich wurde dadurch das mühselige Anreiben von Zunderschwamm und Moos erspart – wurden größere glühende Holzstücke in Schalen aus frischem Lehm oder Ton transportiert, die in einem Netz aus Pflanzenfasern hingen. Jenem Vorfahr fiel nun am neuen Lagerplatz auf, dass die Tonschale hart geworden und fast wasserundurchlässig war. Damit war der Anfang für das Töpfergewerbe gelegt – ohne Patentamt. Der eigentliche küchentechnische Durchbruch des Töpfergewerbes erfolgte jedoch erst nach 4.500 v. Chr. in der Jungsteinzeit. Man sieht, dass es damals 7.000 Jahre dauerte, bevor sich eine gute Erfindung durchsetzte.

2.000 Jahre v. Chr.: Die Menschen lernten mit Hilfe des Feuers aus Erz Metalle zu schmelzen. Diese ließen sich so zu nützlichem Werkzeug und zu todbringenden Waffen formen. Für die alten Griechen war Feuer neben Wasser, Luft und Erde eines der vier Grundelemente der Welt. Wie es dem menschenfreundlichen Titan Prometheus erging, der uns das damals in Metallbecken oder auf steinernen Herden lodernde Privileg der Götter brachte, erzählt uns die Prometheus-Sage.

1
Feuerstelle in der Steinzeit. Quelle: Ullstein Verlag, Berlin

Musst mir meine Erde
doch lassen stehen,
Und meine Hütte,
die du nicht gebaut,
Und meinen Herd,
Um dessen Glut
Du mich beneidest.
(Aus „Prometheus" 3. Akt,
von Johann Wolfgang von Goethe.)

Ihr Herdfeuer vertrauten die Griechen der Göttin Hestia zum Schutze an. Es gibt Menschengruppen (z.B. die Urbewohner Australiens und Tasmaniens), die das Entzünden des Feuers nie erlernten. Ging diesen Menschen durch Leichtsinn oder durch die Naturgewalt eines starken Regens das Feuer aus, war Heulen und nächtliches Zähneklappern angesagt. Wer diesen frierenden Artgenossen neue Feuersglut brachte, war einem göttlichen Boten gleich.

Länger vorausschauende Menschengruppen wählten besonders befähigte Mitglieder aus, die an geschützten (heiligen) Orten das Feuer hüteten: Priester und Priesterinnen.

„Das Feuer auf dem Altar soll
brennen und nimmer verlöschen,
der Priester soll alle Morgen
Holz darauf anzünden...
Ewig soll das Feuer auf dem Altar
brennen und nimmer verlöschen."
(Aus 3. Buch Moses,
Kapitel 6, Vers 5 und 6)

Moses (um 1.200 v. Chr.) erschien die allgewaltige Kraft Gottes mehrmals im Feuer. Das Feueropfer war ihm ein Bindeglied zu Gott. In den Tempeln der Vesta – der Göttin des Herdfeuers – hüteten sechs Priesterinnen das Herdfeuer des römischen Staates.

800 Jahre n. Chr.: Das offene Feuer war über Jahrhunderttausende ein Mittelpunkt im menschlichen Leben. Als der Mensch sich Zelte, Hütten und später Häuser errichtete, nahm er dieses wärmende Element mit in den geschlossenen Raum. Zunächst jedoch blieb die Feuerstelle auch im geschlossenen Raum offen. Zwar hatten die Römer schon die raffinierte Warmluft-Fußboden- und Wandheizung in der damaligen Welt verbreitet – möglicherweise hatten sie diese Hypokausten-Heizung von den Griechen abgeschaut – die Germanen blieben jedoch überwiegend beim offenen Herd. Lediglich die gute Stube wurde bei wohlhabenden Hausbesitzern über die Wände von heißen Rauchgaszügen erwärmt. Durch die Rauchgaszüge strömte die von einer Feuerstelle in der Küche oder im Vor-

2
Kochkunst am offenen Küchenherd vor 500 Jahren. (Archiv für Kunst und Geschichte, Berlin)

raum erhitzte Luft. Weil diese „gemauerten Ofenrohre“ (Rauchgaszüge) später oft mit Kacheln ummantelt wurden, bezeichnete man diese Heiztechnik als Kachelofen.

Der eigentliche Ofen, also die geschlossene Feuerstelle in der Küche wie im Wohnraum, wurde in erster Linie aus Energiespargründen entwickelt und hat sich erst in den letzten 200 Jahren durchgesetzt.

1700 Jahre n. Chr.: Der Brennstoff Holz wird zunehmend knapp. Die energieverschleudernden offenen Feuerstellen im Haus müssen durch eine sparsamere Heiztechnik abgelöst werden. In einigen deutschen Ländern erhalten die Erfinder von „Sparöfen“ Prämien. Dank des höheren Wirkungsgrades und wegen der höheren Feuersicherheit für das Haus setzen sich die geschlossenen Herde und Öfen allmählich durch.

2.000 Jahre n. Chr.: Die ursprüngliche Wärme offener Holzfeuer schafft besonders viel Gemütlichkeit. Das Spiel der Flammen fasziniert. Eine Ahnung von den uralten Wurzeln unserer Menschheitsgeschichte trägt das offene Holzfeuer in den Alltag der Gegenwart. Offene Kamine erleben eine Renaissance.

Entgegen und parallel zu dieser archaischen Tendenz müssen Holzöfen mit perfekter Verbrennung entwickelt werden. Die größer gewordene Bevölkerungsdichte und die Sorge um reine Luft machen auch eine technische Weiterentwicklung der Holzöfen erforderlich. Die Abgase sollen nur noch vollständig verbrannte Stoffe aufweisen: Kohlendioxid und Wasserdampf. Nur teilweise verbrannte organische Verbindungen im Rauch eines konventionellen Holzfeuers werden zunehmend als Belästigung und als gesundheitsschädlich bewertet.

Im letzten Viertel des 20. Jahrhunderts hat es einen beträchtlichen technologischen Fortschritt bei der Herstellung von Holz gut verbrennenden Feuerungen gegeben. Aus Holz-Öfen wurden technisch arbeitende Feuerungsanlagen mit elektronischer Steuerung. In ihnen wird der gasreiche Brennstoff Holz viel besser verbrannt als dies früher möglich erschien. Moderne Holzheizanlagen werden deshalb oft „Holzvergaser” genannt. Parallel dazu wurde die Holzzurichtung zu Hackschnitzeln verbessert und es wurden Pellets entwickelt, damit Holz in automatisch arbeitenden Feuerungsanlagen seine Energie abgeben kann.

Unsere Erfahrung im Umgang mit dem Holzfeuer wurde durch die Industriekultur fast verschüttet. Eine ungetrübte Freude kann aber nur der finden, der über das Heizen mit Holz Bescheid weiß. In diesem Buch findet der Freund des Holzbrennstoffes viele Fragen beantwortet, die auftauchen, wenn er Brennholz benutzt.

3
Am Waldrand aufgeschichtete Meterscheite liegen zum Abtransport bereit.

Welche Vorteile bietet Holz als Brennstoff?

Holz ist ein preiswerter Brennstoff

Brennholz ist ein billiger Brennstoff für jene, die es selbst zurichten. Selbstaufbereitetes Brennholz kostet zur Zeit zwischen 10 und 20 € (Euro) je Raummeter (Ster). Bezogen auf die Heizenergie ist das selbst zugerichtete Brennholz damit ein billiger Brennstoff. 1000 l Heizöl entsprechen rund 6 rm Brennholz.

Die Vergleichsrechnung in Tabelle 1 zeigt, dass der mit Holz heizende Hausbesitzer durch seine eigene Arbeit (2.550 minus 665 € =) 1.885 € im Jahr verdienen kann. Diese Ersparnis bleibt steuerfrei in der Haushaltskasse.

Bei einem hohen Ölpreis kann der sein Brennholz selbst gewinnende Freizeit-Holzhauer fast ein Monatseinkommen netto einsparen. Allerdings muss dieses Geld erarbeitet werden: Das Brennholz ist zu ernten und zuzurichten; es ist heimzufahren und zu lagern; der Holzofen muss regelmäßig beschickt und die Asche entnommen werden.

Je weiter das vom Brennholzkäufer erworbene Holz zugerichtet ist, je mehr fremde Leistung er somit in Anspruch nimmt, um so stärker sinkt der vom Brennholzheizer erzielbare Überschuss; und wer gespaltenes Brennholz frei Haus bestellt, muss draufzahlen.

Tabelle 1
Kostenvergleich zwischen Heizen mit Heizöl und Heizen mit Holz, bei gleichem Energieverbrauch, wenn das Holz selbst zugerichtet und transportiert wird.

	Hausbesitzer A	Hausbesitzer B
Jahresenergiebedarf	3.000 l Heizöl	19 Raummeter Brennholz
	x	x
Brennstoffeinkauf	0,85 €/l	ca. 15 €/rm (Kaufpreis des Flächenloses)
Brennstoffkosten	= 2.550 €	= 285 €
+		
Zusatzausgaben	--	Kosten für Motorsäge u. Beifuhr ca. 20 €/rm = 380 €
Gesamtausgaben	2.550 €	665 €

Was spricht für das Heizen mit Holz?

Sicherlich, wer sein Brennholz selbst zurichtet, kann dadurch Geld sparen. Aber es gibt noch andere gute Gründe, Holz als Brennstoff zu nutzen: Holz ist eine *einheimische Energiequelle* und deshalb dort, wo es wächst, auch in Krisenzeiten in begrenztem Umfang verfügbar. Wenn die Öleinfuhren ausbleiben oder die inländischen Transportwege gestört sind, können jene, die einen Holzofen besitzen, wenigstens ein Zimmer beheizen. Fällt der Strom aus, wird es nicht nur dunkel, auch die Gas- bzw. Ölzentralheizung oder der elektrische Kochherd bleiben kalt. Glücklich, wer jetzt einen Holzofen hat: Wenigstens ein Raum kann beheizt und das Essen erwärmt werden.

Als Anfang 1979 in Mittel- und Osteuropa die Straßen unter einer hohen Schneedecke verschwanden und die Stromversorgung teilweise für Tage zusammenbrach, konnten Holzöfen die klirrende Kälte abhalten und ermöglichten warmes Essen.

In der *Umweltbilanz* schneidet der Brennstoff Holz im Vergleich mit anderen Energieträgern überwiegend günstig ab. Für die Gewinnung und Verfeuerung von Brennholz ist sehr

4
Mehrere Raummeter selbst zugerichtetes Brennholz lagern am Rande der Obstwiese gegenüber vom Haus.

wenig Hilfsenergie notwendig. Bei Gewinnung und Transport werden kaum umweltbelastende Stoffe (z.B. flüchtige organische Verbindungen wie das klimawirksame Methan) freigesetzt. Die Transportrisiken (z.B. Tankerunglücke) sind unbedeutend. Lagerrisiken für Wasser oder Luft gibt es beim Brennholz nicht. Lediglich beim Arbeitsaufwand steht Brennholz an der Spitze.

In Bezug auf die Verbrennung weisen Holzheizungen wegen der relativ hohen Emission von Stickoxiden (NO_x), von Kohlenmonoxid (CO), Staub und Asche im Vergleich zu modernen Gas- oder Ölfeuerungen gewisse Nachteile auf; dafür sind die Emissionen an Schwefeldioxid (SO_2) und Schwermetallen gering. In der Kohlendioxid-Bilanz (CO_2) ist Brennholz fast neutral, wegen der für die Gewinnung aufzuwendenden Hilfsenergie allerdings nicht ganz.

Ärgerlich und in der Umweltbilanz ungünstig sind natürlich falsch betriebene oder für Holz technisch ungeeignete Feuerstellen, die zu einer schlechten Verbrennung führen. Diese erzeugen belästigende und gesundheitsschädliche organische Verbindungen, die über den Schornstein in unsere Atemluft gelangen. Holz ist ein *nachwachsender Rohstoff*, der in einem gewissen Umfang immer vorhanden sein wird. Auch wenn die begrenzten Energiequellen Öl, Gas, Kohle, Uran erschöpft sind, wird es noch Holz geben.

Tabelle 2:
Heizwerte verschiedener Brennstoffe im Vergleich. Eine Einheit des in der 1. Spalte genannten Brennholzes entspricht der im Kreuzungsfeld genannten Menge des in Zeile 1 genannten Brennstoffes.
Beispiel: 1 rm gemischtes Brennholz (= 1 Ster) entspricht 2,1 m_S^3 (Schütt-Kubikmeter) gemischten Hackschnitzeln oder 180 l Heizöl oder 6,4 Zentnern Braunkohlenbriketts.

		Energieinhalt verschiedener Brennstoffe im Vergleich										
		Laubderbholz	Nadelderbholz	Brennholz ø	Brennholz	Hackschnitzel	Heizöl leicht	Erdgas	Strom	Kokskohle	Braunkohlebrikett	Holz-Pellet
Einheit		1 rm	1 rm	1 rm	1 fm	1 m_S^3	1 l	1 m³	1 kWh	50 kg	50 kg	100 kg
Energieinhalt in kWh		2070	1570	1800	2600	850	10	10	1	415	280	500
Laubderbholz	1 rm	1	1,32	1,15	0,8	2,44	207	207	2070	5	7,4	4,1
Nadelderbholz	1 rm	0,76	1	0,87	0,6	1,85	157	157	1570	3,8	5,6	3,1
Brennholz ø	1 rm	0,87	1,15	1	0,7	2,1	180	180	1800	4,3	6,4	3,6
Brennholz ø	1m³/fm	1,26	1,65	1,44	1	3,1	260	260	2600	6,25	9,3	5,2
Hackschnitzel	1 m_S^3	0,41	0,54	0,47	0,33	1	85	85	850	2,05	3,0	1,7
Pellets	100 kg	0,24	0,32	0,28	0,19	0,6	50	50	500	1,2	1,8	1

Der Wald ist eine kleine unerschöpfliche Energiequelle

Der genaue jährliche Holzzuwachs im deutschen Wald kann durch die Bundeswaldinventuren in den Jahren 1987 und 2002 inzwischen mit rund 11m³ pro Jahr und Hektar über alle Baumarten angegebenen werden. Bei einer Gesamtwaldfläche von rund 11 Mio. Hektar ergibt dies einen jährlichen Gesamtzuwachs von rund 120 Mio. m³. Der durchschnittliche Holzvorrat beträgt 330 m³ pro Hektar. Damit ist Deutschland heute das Land mit dem höchsten Gesamtholzvorrat in Europa. Um die gigantische Menge von 3,4 Mrd. m³ Holz anschaulich zu machen, kann man sich einen bis zum Mond reichenden massiven Holzturm mit 3 x 3 m Grundfläche vorstellen. Dabei führen der Anstieg von Stickstoffeinträgen und des Kohlendioxidspiegels inzwischen zu höheren Zuwächsen als früher. Zwischen 1987 und 2002 wurden in den alten Bundesländern pro Jahr durchschnittlich 8,3 Vorratsfestmeter Holz je Hektar geerntet. Gegenüber dem Vorratsfestmeter (stehendes Holz) gehen ca. 10% bei der Ernte und weitere 10% durch Rindenabzüge verloren, so dass jährlich ca. 6,6 Erntefestmeter je ha effektiv genutzt werden.

Der Brennholzmarkt ist im Detail unbekannt, weil nicht jeder verheizte Ster statistisch erfasst ist. Nach Schätzungen können vom Erntevolumen 25% oder mehr in den Brennholzmarkt gehen, ohne dass dadurch die Versorgung der übrigen holzwirtschaftlichen Bereiche gefährdet wird.

Der Primärenergieverbrauch bewegt sich in Deutschland gegenwärtig um 4 · 1012 (Billionen) kWh, das sind rund 50.000 kWh je Einwohner. Gegenwärtig (2011) werden davon rund 2% durch Holz und 2,2% durch Wasser und Wind gedeckt. Rund ein Drittel der Primärenergie geht bei der Umwandlung in Endenergie verloren. Der Verbrauch an Endenergie in Deutschland beträgt derzeit $2{,}6 \cdot 10^{12}$ kWh. Deutschland steht beim Pro-Kopf-Energieverbrauch damit an vierter Stelle in der Welt. Der durchschnittliche Pro-Kopf-Verbrauch weltweit liegt nur etwa bei einem Drittel des deutschen Niveaus.

Die Haushalte und Kleinverbraucher benötigen knapp die Hälfte der Endenergie, etwa $1{,}2 \cdot 10^{12}$ kWh. Die auf Dauer aus dem deutschen Wald zu gewinnenden 24 Millionen Raummeter Brennholz könnten von diesem Ener-

Nutzbare Holzmengen in Deutschland	
nachhaltig nutzbar	$57 \cdot 10^6$ fm
als Brennholz nutzbar	$14 - 23 \cdot 10^6$ fm
bisher als Brennholz genutzt	$5 \cdot 10^6$ fm
nicht genutztes Potential	$12 \cdot 10^6$ fm
10^6 fm = 1 Mio. Festmeter = 2,6 Mio. MWh	

Tabelle 3 Nutzbare Holzmengen in Deutschland.

5 Wer mit Holz heizt, nutzt gespeicherte Sonnenenergie.

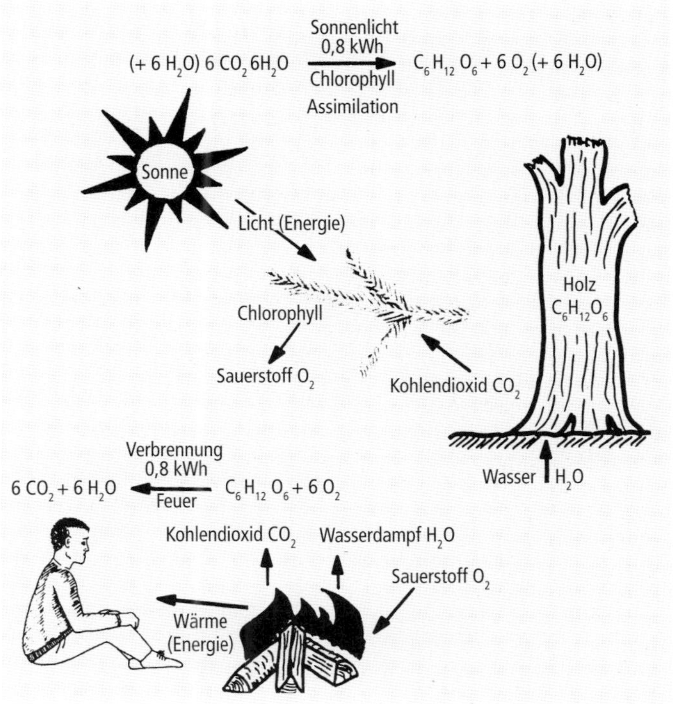

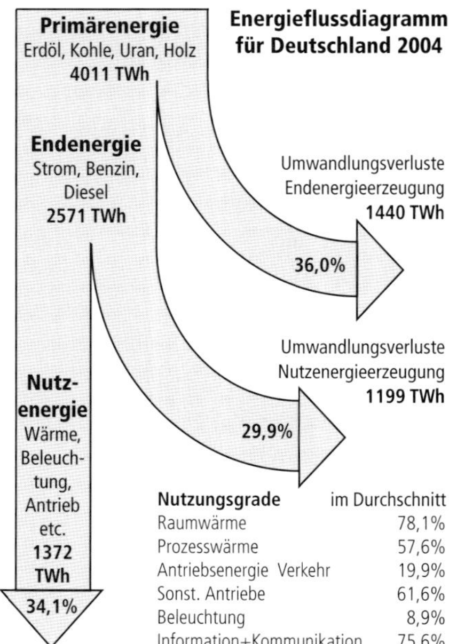

6
Verluste bei der Energienutzung in Deutschland 2004. nach: FAZ, 2007

giebedarf 12% decken und damit weit über zwei Millionen Wohnungen heizen. Tatsächlich wird Brennholz laut Statistik aber nur zu einem Viertel des geschätzten Potentials genutzt.

Diese Zahlen zeigen: Brennholz allein bietet keinen Ausweg bei zur Neige gehenden Energieressourcen, aber es kann einen kleinen Beitrag zur Hausheizung leisten. 4,4 Milliarden Liter Heizöl haben bei einem Preis von 0,80 € je Liter immerhin einen Wert von 3,5 Milliarden Euro.

Die genannten Holzmengen beziehen sich auf das verfügbare Derbholzvolumen. Derbholz ist das mindestens 7 cm dicke Holz. Von manchen wird auch die energetische Nutzung der übrigen Biomasse propagiert, also des Reisigs, Feinreisigs, der Blätter und Nadeln. Dies ist aber ohne eine genaue Kenntnis der vor Ort herrschenden Nährstoffverhältnisse im Boden längst nicht überall zu vertreten. Auch die in Skandinavien betriebene umfangreiche Rodung von Baumstubben zur energetischen Nutzung hat einen aus mitteleuropäischer Sicht nicht zu vertretenden Nährstoffentzug und eine Zerstörung des Bodengefüges zur Folge.

Die 24 Millionen Raummeter (= rm) Brennholz können jedes Jahr geerntet werden, ohne dass wir Angst vor einem Raubbau haben müssen. Schließlich wird der jährliche Holzzuwachs im deutschen Wald auf rund 11 m³ je ha und Jahr, d.h. bei einer Waldfläche von rund 11 Mio. ha auf rund 120 Mio. m³ geschätzt. Bisher gibt es jedenfalls noch genug nicht genutztes Restholz im deutschen Wald. Wo dieses Restholz als Brennholz nicht gesucht ist, bleibt es im Wald liegen und verrottet. Auf wieder anzupflanzenden Kulturflächen wird das Abfallholz gar im Freien verbrannt – ohne energetischen Nutzen. Aus Gärten, Obstbaumanlagen, Gehölzstreifen etc. fallen in der Summe durchaus beachtliche Mengen an stärkerem Holz an, welche bisher z.T. im Freien verbrannt oder nach einer mechanischen Zerkleinerung kompostiert wird. Auch dieses Holz kann energetisch genutzt werden. Außerdem wird alles Holz irgendwann einmal Abfallholz. Unterstellen wir, dass auf Dauer 24 Mio. rm Brennholz direkt aus dem Wald verwendet werden und dass aus dem übrigen Nutzholzbereich etwa ein Viertel an unbehandeltem, naturbelassenem Holz hinzu kommt, dann sind dies weitere 15 Mio. rm an Restholz, welches zu Heizzwecken verwendet werden könnte. Durch beides zusammen lassen sich 7 Mrd. Liter Heizöl pro Jahr auf Dauer einsparen. Gut 10% des gegenwärtigen Haushalts-Heizenergiebedarfs könnten damit nachhaltig gedeckt werden.

Die Holzverbrennung und das Kohlendioxid

Wenn jährlich nur soviel Holz verbrannt wird, wie im Wald neues Holz wächst, dann führt die Holzverbrennung zu keiner Veränderung des CO_2-Gehaltes der Atmosphäre. Beim Wachstum des Holzes wird genausoviel vom klimawirksamen „Treibhausgas“ Kohlendioxid gebunden, wie bei der vollständigen Verbrennung entsteht (Abb. 5).

Bleibt das Holz im Wald und verfault dort nach dem Tod der Bäume, ergibt dies im Kohlenstoffkreislauf dasselbe Resultat. Fäulnis ist eine sehr langsame „Verbrennung“. Nur wenn Holz auf Dauer vor dem vollständigen Abbau bewahrt bleibt, wird das in ihm gespeicherte CO_2 nicht frei. In einem Kubikmeter Holz sind rund 230 kg Kohlenstoff gebunden, das entspricht ca. 850 kg Kohlendioxid.

Das heute durch die Verbrennung von Kohle, Erdgas, Heizöl oder Benzin in die Luft gelangende Kohlendioxid wurde in früher Vorzeit auch von assimilierenden Pflanzen (z.B. auch Plankton) festgelegt. Der Kohlenstoffkreislauf zeigt dies (Abb. 7). Wir lösen in unserer energiehungrigen Zeit pro Jahr ein Kohlenstofflager auf, das in vielen hunderttausend Jahren durch Pflanzenwachstum entstanden ist.
Das Abbrennen von (tropischen) Wäldern erhöht den CO_2-Gehalt der Atmosphäre, weil dabei die Biomasse oxidiert. Umgekehrt sind holzreiche Wälder ein „Kohlenstofflager“.

Bei der in Deutschland praktizierten Forstwirtschaft hat der Holzvorrat in den letzten 200 Jahren ständig zugenommen, von den Zeiten der beiden Weltkriege abgesehen. Mitteleuropas Wälder sind heute holzreicher als sie je in den vergangenen 200 Jahren waren. Die Brennholznutzung wird diese Entwicklung nicht beeinflussen, solange sie in dem beschriebenen Rahmen bleibt.

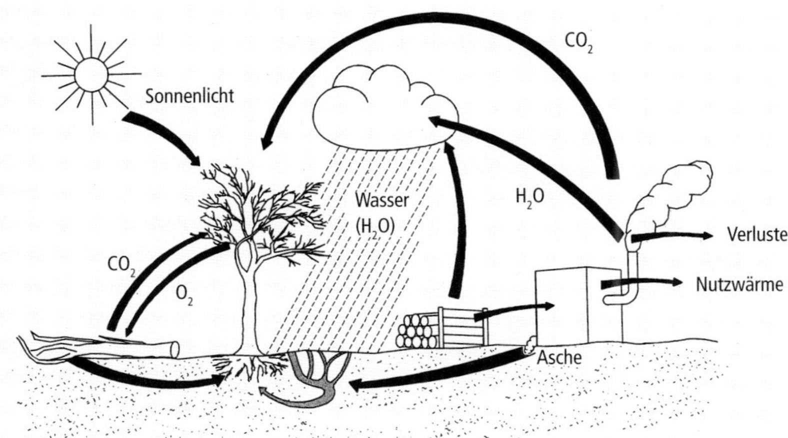

7
Der Kohlenstoff-Kreislauf der Holznutzung.
Quelle: Moderne Holzfeuerungsanlagen. Holzabsatzfonds, Bonn

Die nachhaltige Brennholzernte ist kein Raubbau am Wald

Über 100 Jahre dauert es, bis aus dem wenige Millimeter großen Samenkorn ein hoher und dicker Baum wird. Aber nur sehr wenige der aus dem Samen schlüpfenden Baumkeimlinge werden zu einem alten Baum. Auf einem Quadratkilometer Waldboden können in einer dichten natürlichen Baumsaat weit über 10.000.000 Baumsamen keimen. Die meisten dieser Baumkeimlinge werden in den ersten Lebensmonaten Opfer widriger Lebensverhältnisse.

Sie sterben an Wassernot, Licht- und Wärmemangel; sie werden von Tieren gefressen oder von Krankheiten dahingerafft. Rund 1.000.000 Bäumchen werden nach fünf bis zehn Jahren noch übrig sein. Einhundert oder zweihundert Jahre später, wenn aus den Bäumchen mächtige Bäume erwachsen sind, reicht der Platz nur noch für höchstens 30.000 von ihnen. Die Mehrzahl wird den erbarmungslosen Kampf um Licht, Nährstoffe und Wasser verlieren und absterben. Nur einer von dreihundert keimenden Samen wird also das Lebensziel „Baum" erreichen.

Wer im Naturwald im erbarmungslosen Konkurrenzkampf nicht vorne liegt, wer also vom Nachbarn überwachsen wurde, wird dürr, stürzt um und verfault. Doch auch der Baum, der sich durchsetzen konnte, lebt nicht ewig. Er stirbt den Alterstod, bricht allmählich zusammen und macht wieder jungen Pflanzen Platz.

Wirtschaftswald

Diesen Kreislauf des Lebens nutzen die Forstleute. Sie nehmen den natürlichen Existenzkampf zwischen den Bäumen vorweg, indem sie alle fünf bis zehn Jahre die Waldbestände durchforsten, d.h. pflegen. Sie schaffen so den geeigneten, gesunden und gut gewachsenen Bäumen den notwendigen Lebensraum. Damit wird vermieden, dass die überlebenden Bäume im natürlichen Existenzkampf „jeder gegen jeden" geschwächt und krankheitsanfällig werden. Ein gepflegter, durchforsteter Wirtschaftswald ist deshalb gesünder als ein Urwald oder ein ungepflegter Wald, dessen Bäume im Ausscheidungskampf untereinander stehen. Indem das natürliche Wachstum der Bäume gelenkt und das Holz geerntet wird,

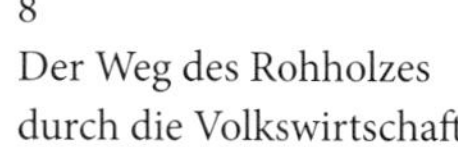

8
Der Weg des Rohholzes durch die Volkswirtschaft.

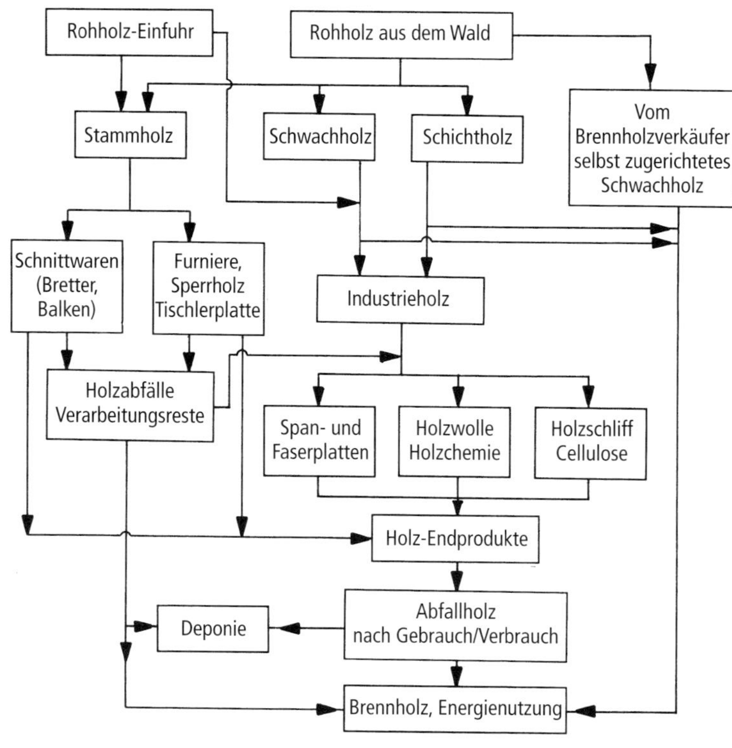

anstatt dass es verfault, wird aus einem zwangsläufigen Naturvorgang ein natürlicher Rohstoff, das Holz, gewonnen.

Raubbau

In vielen Teilen dieser Erde wird ein unverantwortlicher Raubbau mit dem Wald und seinem Holz getrieben: Es wird mehr Holz gefällt als wieder nachwachsen kann. Ähnliches haben auch unsere Vorfahren in Mitteleuropa bis um das Jahr 1800 getan. Abgeholzte, verwüstete Waldreste waren die Folge. Diese Erfahrung war der Geburtshelfer einer langfristig planenden Forstwirtschaft und der Grund für eine starke staatliche Kontrolle in der deutschen Waldwirtschaft. Die Forstbeamten sollen verhindern, dass aus kurzfristigem finanziellem Interesse der öffentlichen und privaten Waldeigentümer eine für Wald und Gesellschaft langfristig schädliche Entwicklung eintritt.

Nachhaltige Holzernte

Seit etwa 1800 darf in einem Jahr nur soviel Holz geerntet werden, wie jedes Jahr nachwächst. *Nachhaltigkeit* nennen die Forstleute diesen Grundsatz.

Gegen diesen Nachhaltigkeitsgrundsatz wurde bei uns in Notzeiten verstoßen. Nicht nur in den Wäldern wurde zeitweilig mehr Holz gehauen als nachwuchs, sondern auch in den Ballungsräumen der Großstädte wurde am Ende des Zweiten Weltkrieges manche „grüne Lunge" abgeholzt, um Brennholz zu gewinnen. Manch alte Baumallee verschwand damals im Ofen, wo sie den Frierenden wertvoller war.

Holz wird geerntet bei Durchforstungen, wenn den verbleibenden Bäumen der notwendige Lebensraum geschaffen werden muss und es wird gewonnen bei der Ernte der ältesten Bäume. Eine vom alten Waldbestand geräumte Fläche muss sofort wieder mit jungen Bäumen bepflanzt werden, und es darf nichts getan werden, was die Pflanzen- oder Bodengesundheit beeinträchtigt.

Die Pflege der Bestände, die sachgerechte Durchforstung, ist entscheidend für das Hochwachsen eines gesunden Waldes, der den Gefahren der Natur ein Höchstmaß an Widerstandskraft entgegensetzen kann. Hoffen wir, dass unsere menschliche Gesellschaft die Kraft aufbringt, die den Wald belastenden Luftschadstoffe zukünftig zu vermeiden, und dass sie Geldmittel bereitstellt, um die Bodenveränderungen rückgängig zu machen, welche durch die zugeführten Schadstoffe und die frühere Streunutzung ausgelöst wurden.

9
In einem nachhaltig bewirtschafteten Wald sind alle Altersstufen mit der gleichen Fläche vertreten.
Quelle: Ministerium für den ländlichen Raum. Landesforstverwaltung Stuttgart

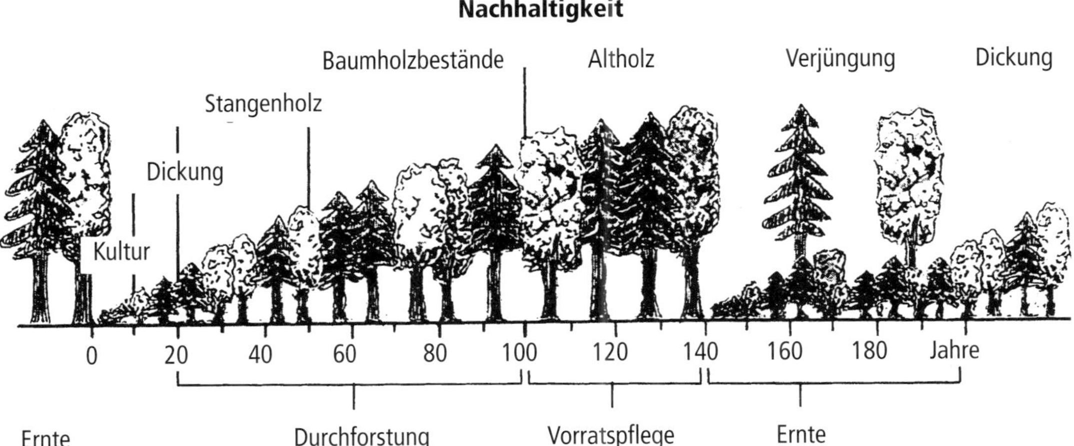

Der Kauf von Brennholz

Wo kann ich Brennholz kaufen?

Brennholz verkauft der Waldbesitzer bzw. dessen Förster. Wenn Sie noch keinen Brennholzverkäufer kennen, dann schauen Sie im Telefonbuch nach. Unter „Forstdienststellen“ finden Sie sicher einen Ansprechpartner, der Ihnen möglicherweise gleich Brennholz verkaufen kann; in jedem Fall kann er Ihnen aber raten, wie Sie zu Ihrem Brennholz kommen und was es etwa kosten wird.

Oft kann Ihnen auch die Gemeinde- oder Stadtverwaltung, der Waldbesitzerverband, die Landwirtschaftskammer, das Landwirtschaftsamt oder der Bauernverband sagen, wo Sie Brennholz bekommen können. Schließlich gibt es mancherorts auch noch einen Brennholzhändler, der – entsprechend teurer – das Brennholz ofenfertig frei Haus liefert – Anruf genügt.

Der Brennholzmarkt ist von Ort zu Ort verschieden, weshalb auch die Brennholzpreise unterschiedlich sind. Ein großräumiger Marktausgleich lohnt sich wegen der hohen Transportkosten nicht. Inzwischen gibt es wieder Händler (Baumärkte, landwirtschaftliche Warengenossenschaften), welche ofenfertiges Brennholz anbieten. Das kurz gesägte, gespaltene und getrocknete Holz ist einfach verpackt und kann im Kofferraum des PKW mitgenommen werden. Größere Mengen werden teilweise auch zugefahren. Natürlich hat der Komfort seinen Preis. Lose geschüttet wird der m^3 Hartlaubholz um 95 € angeboten, Nadelholz kostet um 80 € (2017).

Der lose geschüttete Kubikmeter gespaltenes ofenfertiges Holz ist (meist) deutlich weniger als ein Raummeter Schichtholz, weil verkantete Holzscheite in der Regel mehr Luftraum einschließen. Für ein gut geschichtetes Paket darf der Preis höher sein, weil es mehr Holz enthält.

Inzwischen ist auch eine Güteklasseneinteilung für ofenfertiges Schichtholz (RAL Gütezeichen) verfügbar und dürfte so oder in ähnlicher Form zukünftig angewendet werden. Meist werden folgende Merkmale unterschieden:

- ***Holzart:***
  - *Hartholz* (z.B. Buche, Eiche, Birke)
  - *Weichholz* incl. Nadelholz
- ***Holzfeuchte:***
  - *Trockenheit* entspricht einer Feuchte unter 25% = 20% Wassergehalt. Diesen Idealwert erreicht nur künstlich getrocknetes oder mindestens 1 Jahr perfekt gelagertes Holz = teuer.
  - *20 bis 35% Wassergehalt* erreicht Holz, das vom Einschlag an trokken lagert.

10
Die Formen des Brennholzangebotes.

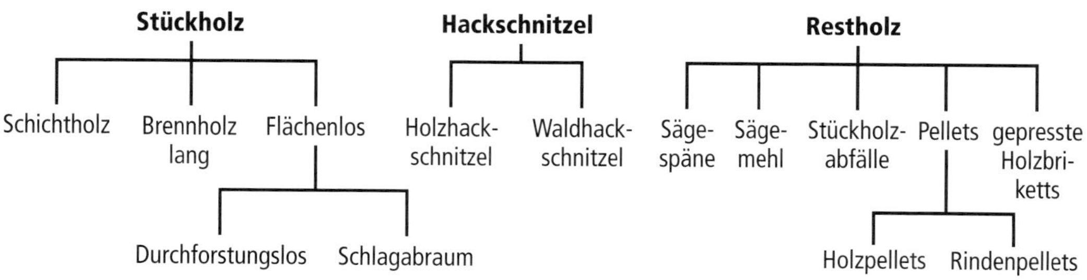

- *35 bis 50% Wassergehalt* ist typisch für frisch geschlagenes Holz.
- *Mehr als 50% Wassergehalt* kann auftreten, wenn das Holz durch starke Regenfälle oberflächlich nass wird und ungünstig lagert.

• ***Holzgesundheit:***
- *Gesundes Holz* ohne Verfärbungen oder Fäule;
- Holz *mit leichten Verfärbungen oder Fäule*;
- Holz *mit erheblicher Verfärbung und Fäule.*

• ***Bearbeitungsgüte:***
- *Güte der Schnitte* (glatt oder ausgefranst)
- *Genauigkeit des Maßes* in Länge und Scheitstärke.

Welche Brennholz-Sorten werden angeboten?

Üblicherweise wird in Deutschland beim Waldbesitzer *Stückholz* gekauft. Die *Hackschnitzel* werden meist nur in automatisierten und entsprechend großen Holzheizanlagen verfeuert. Der *Restholzkauf* ist die Ausnahme, weil Sägewerke und andere holzverarbeitende Betriebe ihre Holzreste oft selbst verwerten. Wenn in Ihrer Nähe ein holzverarbeitender Betrieb ist, bei dessen Produktion Holzreste anfallen, dann rufen Sie dort einmal an und erkundigen Sie sich.

Flächenlos

Am billigsten ist das Brennholz im Flächenlos. Das noch nicht zugerichtete Holz auf einer abgegrenzten Waldfläche wird als Flächenlos bezeichnet. Das Recht, in dieser Fläche das nutzbare Brennholz herausarbeiten zu dürfen, kann man kaufen. Der Kaufpreis hängt von der im Flächenlos liegenden Holzmenge und von den Holzarten ab. Die Flächenlose werden als Durchforstungslose oder Schlagabraumlose angeboten:

• ***Durchforstungslos:*** Es gibt Durchforstungslose, in denen die zu fällenden überzähligen, vom Förster markierten Bäume erst vom Brennholzkäufer umgesägt werden müssen. In anderen Durchforstungslosen ist diese Fällarbeit schon von Forstwirten getan worden.

• ***Schlagabraumlos:*** Wenn in einem Starkholzbestand die Forstwirte alles dicke Holz entnommen haben, bleibt gelegentlich noch eine ganze Menge dünneres Holz zurück. Dieses Holz kann der Käufer herausarbeiten. Gelegentlich muss er dafür alles zurückbleibende Reisig beseitigen (zum Beispiel verbrennen), damit die nachfolgende Pflanzung junger Waldbäume möglich ist. Dann ist der Preis entsprechend niedriger.

Schichtholz

Die meist ein Meter langen Stücke von Stämmen und starken Ästen werden zu Holzstößen aufgesetzt verkauft. Das Verkaufsmaß ist üblicherweise der Raummeter (= rm). Ein Raummeter ist ein Stapel von 1 m Breite x 1 m Tiefe x 1 m Höhe = 1 Kubikmeter aufgeschichtetes Holz. Dabei ist es handelsüblicher Brauch, dem Raummeter 4% Übermaß zu geben, ihn also um 4 cm höher aufzusetzen.

Im Raummeter befinden sich zwischen den Holzstücken mehr oder weniger große Lufträume, weshalb 1 rm nur etwa 0,7 m^3 massivem Holz (ohne Rinde) entspricht. Ster ist der in Süddeutschland übliche Begriff für Raummeter.

Ein Raummeter Brennholz am lastwagenbefahrbaren Hauptabfuhrweg ist teurer als am Erdweg. Außerdem schwankt der Preis mit der Holzart.

Brennholz lang

Auf Wunsch kann man meist auch Brennholz in langer Form kaufen. Dabei handelt es sich um an gut befahrbare Wege gerückte, dünnere, längere Baumstammstücke, deren Volumen geschätzt wird. Verkaufsmaß ist hier der Festmeter. Ein Festmeter entspricht einem Kubikmeter massivem Holz bzw. 1,4 Raummeter. Brennholz lang ist billiger als Schichtholz, da dem Waldbesitzer keine Einschneidekosten und vor allem keine Kosten für das Aufschichten in Raummeter entstehen. Die Preise liegen um 50 € je Festmeter (2008). Nadelholz ist billiger, gut spaltbares Laubholz etwas teurer. Der Käufer kann die Baumstücke an Ort und Stelle auf seine Wunschlänge zersägen und für die Heimfahrt aufladen.

Europäische Maß-Vorschläge

Das Europäische Komitee für Normung CEN in Brüssel hat 2004 eine „technische Spezifikation“ TS für „Feste Biobrennstoffe – Brennstoff-Spezifikationen und -klassen“ unter der Bezeichnung CEN/TS 14961 erlassen. Für das Scheitholz bietet das umfangreiche Regelwerk unter anderem folgende Klassen an: M20 = Wassergehalt unter 20%, also ofenfertig, M30 = Wassergehalt unter 30% und damit zur Lagerung geeignet. M40 = Wassergehalt unter 40%, M65 = Waldfrisch, nach der Fällung.

P200 = 20 cm lang und bis 15 cm dick, P330 = 33 cm lang und bis 16 cm dick, P500 = 50 cm lang und bis 25 cm dick, P1000 = 100 cm lang und bis 35 cm dick.

Geringe Abweichungen sind möglich. Es muss angegeben werden, ob es sich um Nadel- oder Laubholz handelt bzw. um eine Mischung.

Das Verkaufs-Maß muss genannt werden:

- Fest-Volumen [m^3] oder
- Raummeter geschichtet [Rm] oder
- Schütt-Volumen [sm^3].

Es muss angegeben werden, ob das Brennholz vom Stammholz oder Waldrestholz stammt, ob es sich um Rundholz (runde Rollen) oder um Spaltholz handelt. Spaltholz enthält meist weniger Rinde und ist deshalb besser. Auch ist anzugeben, ob die Schnittflächen eben/glatt oder uneben sind.

Wenn mehr als 10% der Holz-Masse faul ist, muss dies genannt werden.

Die Angabe des Heizwertes wird empfohlen. In der Praxis wird das Scheitholz bisher nach örtlichen Gebrauchsmaßen verkauft.

Beispiel für ein Angebot von kurz gesägtem und gespaltenem Brennholz nach EU-Norm:

Herkunft	Wald-Restholz
Wassergehalt	M30
Maße	P330
Holzart	Laubholz
Klassifizierung	glatte ebene Schnittflächen, faule Holzstücke vorhanden
Energiedichte	E 1.7 (= 1700 kWh/Rm)

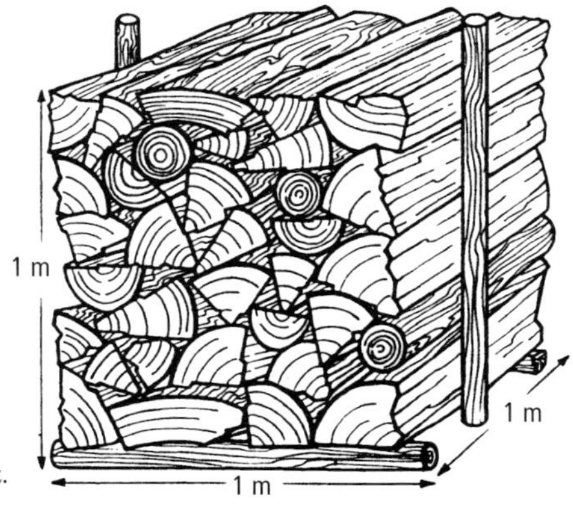

1 m
1 m
1 m

11
Ein Raummeter Brennholz.

Im Wald ist Holzauktion

Mancherorts wird das Brennholz öffentlich versteigert. Angeboten wird bei diesen Versteigerungen das Brennholz in „Losen". Lose sind die Verkaufseinheiten, in welche der Förster das Brennholzangebot eingeteilt hat. Zur Versteigerung einige Tipps:

- Schauen Sie sich das Holz vorher an.
- Erkundigen Sie sich bei einem „alten Hasen" nach den ortsüblichen Preisen.
- Suchen Sie sich etwa dreimal so viele Holzlose heraus wie Sie brauchen, damit Sie bei einem zu hohen Gegenangebot nicht mithalten müssen.
- Setzen Sie sich für die von Ihnen gewünschten Brennholzlose Preisobergrenzen.

Bieten Sie dann auf die von Ihnen gewünschten Lose unverzagt und ohne Wimpernzucken bis zu Ihrer Obergrenze mit, bis Sie Ihren Brennholzbedarf gedeckt haben. Wenn Ihre Preisobergrenze überschritten ist, sollten Sie, zumindest bei den ersten zwei Losen, konsequent aufhören mitzubieten. Ist die Nachfrage groß, werden die zuletzt angebotenen Lose besonders teuer, weil sich jetzt noch jeder schnell mit der notwendigen Brennholzmenge eindecken will. Wenn die Nachfrage mäßig ist, können die letzten Lose auch einmal besonders preiswert werden.

Mancherorts sind die Laub-Brennholzlose recht teuer, während das Nadelbrennholz noch billig zu bekommen ist. Wenn das Nadelbrennholz mehr als 25% billiger ist, sollten Sie diesen Modetrend preisbewusst ausnutzen und lieber Nadelholz kaufen. Nicht erst seit der Holzauktion im Grunewald können Holzversteigerungen unterhaltsam, ja lustig sein. Wenn Sie also nicht zum Zuge kamen, trösten Sie sich damit, wenigstens eine echte Holzauktion-Atmosphäre miterlebt zu haben.

Der Brennholz-Transport

Kleinere Mengen kurzgesägtes Brennholz können Sie nach getaner Waldarbeit im Pkw-Kofferraum mit nach Hause nehmen. Denken Sie dabei aber daran, dass das zulässige Gesamtgewicht Ihres Autos nicht überschritten werden darf. Ein halber Raummeter waldfrisches Holz wiegt immerhin soviel wie vier erwachsene Personen. Falls Sie einen Landwirt mit Schlepper und Pritschenwagen für Ihren Holztransport suchen, kann Ihnen der Förster oder Waldbesitzer meist mit Rat helfen. Manche Forstbetriebe bieten auch „Brennholz frei Haus" an. Billiger wird's allerdings, wenn Sie beim Auf- und Abladen mit zupacken.

Brennholz selbst gemacht gibt mehrmals warm

1 

2 

3 

4

5 

6 

Weil das im Wald selbst aufbereitete Brennholz besonders billig sein kann, enthalten die folgenden Abschnitte Tipps für den Hobbywaldarbeiter. Diese Hinweise machen aus Ihnen zwar keinen „Forstwirt", wie der ausgebildete Waldfacharbeiter genannt wird, aber sie können helfen, grobe Fehler zu vermeiden.

Das selbst aufbereitete Brennholz ist eine herz- und kreislaufanregende Energiequelle. Der zivilisationsträge Mensch kann beim Brennholzmachen seine Muskeln trainieren und zugleich seinen Geldbeutel schonen. Gehen Sie aber überlegt und konzentriert ans Werk. Fragen Sie im Zweifel den Fachmann um Rat.

Arbeitskleidung

Ihre Arbeitskleidung soll bequem sein, aber doch ausreichend eng am Körper anliegen. Eine zu weite oder eine offene Jacke behindert bei der Arbeit; sie kann in die laufende Motorsägenkette geraten und zu üblen Unfällen führen. Da der Umgang mit Motorsäge und Axt gefährlich ist, trägt inzwischen nicht mehr nur der Profi besondere Schutzkleidung:

- Schutzhelm mit Gehör- und Gesichtsschutz,
- Arbeitshandschuhe,
- Arbeitshose mit Schnittschutzeinlagen (welche Beinverletzungen durch die Motorsäge vermeiden hilft),
- Arbeitsjacke mit Signalfarbpartien,
- Schuhwerk mit Stahlkappen und Schnittschutzeinlagen.

Gerade für den wenig geübten Freizeitwaldarbeiter kann diese Schutzkleidung besonders wertvoll sein: Ihrer Gesundheit zuliebe. Allerdings ist sie auch recht teuer; beispielsweise kostet eine Schnittschutzhose mit Rundumschutz im Wadenbereich ca. 80 €, ein Helm mit Zubehör ca. 50 bis 60 €.

12 Prüfzeichen.
Dieses Zeichen (1) wird verliehen, wenn der Test die Brauchbarkeit bestätigt. Dies schließt die Arbeitssicherheit mit ein. Beim KWF können die Prüf- und Testberichte gegen eine Gebühr erworben werden (www.kwf-online.de). Die Beispiele (2) und (3) zeigen die Prüfzeichen der DLG und des KWF vom Mai 2003 für eine Motorsäge. CE (4) steht für die Conformität mit den Richtlinien der Europäischen Gemeinschaft. Wurde nur die Einhaltung der Sicherheitsanforderung geprüft, kann das GS- (5) oder ET-Zeichen (6) verliehen werden.

Gutes Werkzeug für den Hobbywaldarbeiter

Gutes Werkzeug fördert die Leistung und damit die Freude an der selbstgewählten Waldarbeit. Beachten Sie die *Prüfzeichen*, die sicherheitsüberprüftes und für die Waldarbeit geeignetes Gerät und Werkzeug ausweisen. Aktuelle Informationen über technisch anspruchsvolle Arbeitsgeräte und Motorsägen finden sich bei *www.kwf-online.de*.

Motorsäge

Holz lässt sich senkrecht zu den Holzfasern nicht spalten, sondern nur sägen. Für das Fällen und Einschneiden wie auch für das Entasten hat sich inzwischen auch beim Hobbywaldarbeiter die Motorsäge durchgesetzt. Diese erstaunlichen Kraftpakete mit dem Leistungsgewicht eines Formel-II-Rennwagens sind allerdings nicht gerade billig. Für den nur selten mit einer Säge arbeitenden Brennholzwerker lohnt sich eine Profisäge kaum. Ihm genügt in der Regel ein als „Farmersäge“ bezeichnetes einfacheres Gerät. Eine Säge für den gelegentlichen Gebrauch wird bei einer Leistung um 1,5 bis 2 kW etwa 4 bis 5 kg wiegen und um 450 € kosten. Auch hier haben Komfort und Sicherheit ihren Preis. Den Bedienungskomfort erhöht eine gute elektronische Zündanlage, eine automatische Kettenschmierung, eine Schnellspannung für die Sägenkette, ein das Anwerfen erleichterndes Startsystem. Schwingungsgedämpfte Handgriffe reduzieren die gesundheitsschädlichen Vibrationsbelastungen. Wer eine besonders leise Motorsäge will, muss bei gleichem Gewicht etwas weniger Leistung akzeptieren. Profisägen können über 1.100 € kosten. Bei ihnen können die Handgriffe beheizbar und ein Katalysator eingebaut sein. Sie zeichnen sich aus durch große Zuverlässigkeit und Robustheit für die rauhe Arbeit im Wald, durch hohe Leistung und eine längere Lebensdauer. Als mittelschwere Sägen wiegen sie um 5 bis 7 kg und bringen 3 bis 5 kW Leistung auf die Kette.

Eine 30 bis 40 cm lange Führungsschiene genügt für Freizeitarbeiten. Selbst gut 60 cm starke Stammteile lassen sich damit noch durchtrennen. Wählen Sie eine Halbmeißel-Sägekette, die Sie relativ einfach von Hand nachschärfen können. Ungeeignet ist die aggressive Hochleistungskette des Profis.

Achten Sie darauf, dass Ihre Motorsäge in puncto Sicherheit auf dem Laufenden ist:

- Die *Gashebelsperre* verhindert ungewolltes Gasgeben.
- Die *automatische Quickstop-Kettenbremse* bringt die Sägekette schlagartig zum Stehen, wenn Ihre linke Hand vom Griff nach vorne abrutscht oder wenn die Säge unvermutet hochschlägt.

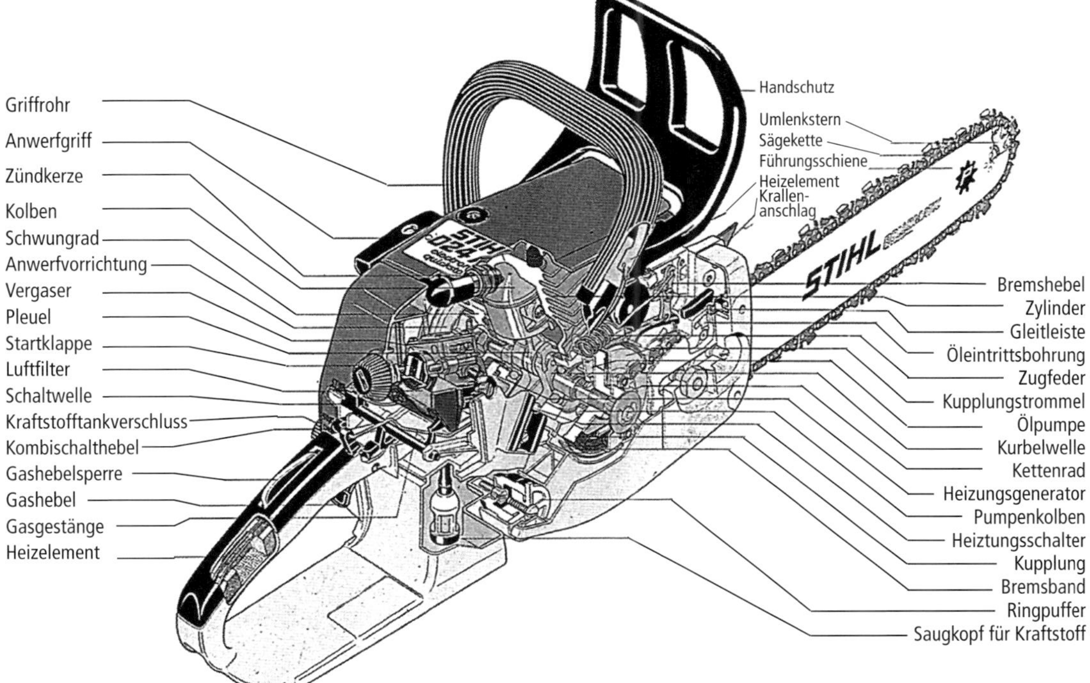

13
Eine moderne Motorsäge. Foto: Fa. A. Stihl, Maschinenfabrik, 71336 Waiblingen

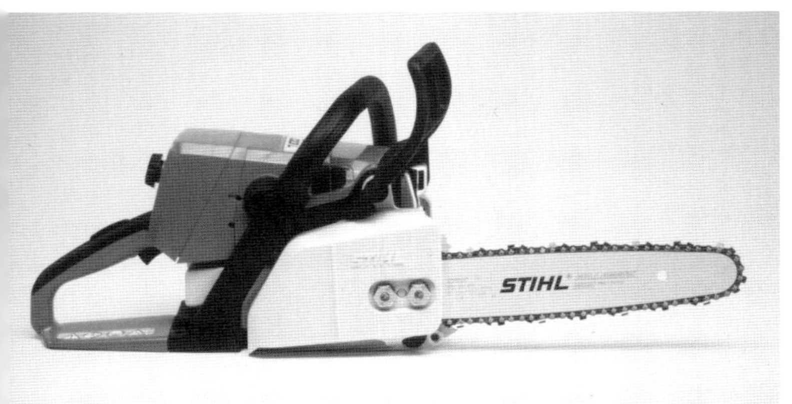

14
Eine besonders leise und kompakte „Farmersäge“ des Hobbybereichs.
Foto: Fa. A. Stihl, Maschinenfabrik, 71336 Waiblingen

- Der *Handschutz* vor dem vorderen Griffrohr (verbunden mit der Kettenbremse) und unter dem hinteren Griff schützt Ihre Hände vor Prellungen, Quetsch- und Schürfverletzungen.
- Der *Kettenfangbolzen* unterhalb des Ketteneinlaufs am Motorgehäuse fängt die gerissene Sägekette auf. *Sicherheitsketten* verringern das Rückschlagrisiko, wenn versehentlich mit der Schienenspitze gesägt wird.
- Der *Schutzköcher* verhindert beim Transport der Säge Beschädigungen und Verletzungen durch die scharfkantige Sägekette.

Für die Arbeit mit der Motorsäge benötigen Sie jetzt noch die passende Feile zum Nachschärfen der Kette und einen Zündkerzen- und Kettenspann-Kombinationsschlüssel sowie einen Doppelkanister für Kraftstoff und Kettenschmieröl. Alle modernen Motorsägen arbeiten mit bleifreiem Kraftstoff. Der Handel bietet außerdem für die Kettenschmierung sogenannte Bio-Öle auf pflanzlicher Basis an, die biologisch rasch abbaubar und technisch zum Teil ebenso geeignet sind wie die herkömmlichen Produkte. Strikt verboten und obendrein maschinenschädigend ist übrigens die Verwendung von Altölen zur Kettenschmierung!

Der Luftfilter sollte nach jedem längeren Einsatz gereinigt werden. Profi-Sägen besitzen einen Vorabscheidekanal, damit dem Luftfilter weniger Schmutz zugeführt wird. Auch das Gehäuse muss regelmäßig gesäubert werden. Angetrocknetes Harz lässt sich später nur schwer entfernen. Ketten-Spannung, Ketten-Schärfe und Sägeschiene müssen kontrolliert werden. Eine längere Zeit nicht benutzte Kette kann leicht rosten und verliert dadurch ihre Schärfe. Wenn beim Sägen Sägemehl anstelle von Holzstückchen entsteht, dann ist die Kette stumpf. Vor einer längeren Lagerung muss ein spezieller Kraftstoff (z.B. Alkylat, der sich nicht entmischt) eingefüllt werden. Wie bei jedem technisch anspruchsvollen Gerät ist die Hersteller-Anleitung zu beachten.

Bügelsäge

Als Handsäge eignet sich eine etwa 80 cm lange Bügelsäge aus gehärtetem nahtlosem Ovalstahlrohr mit Spann-

15
Motorsägenzubehör: Doppelkanister, Ketten-Feilgerät und Kombi-Schlüssel.
Fotos: Forstgerätestelle W. Grube KG, 29646 Bispingen

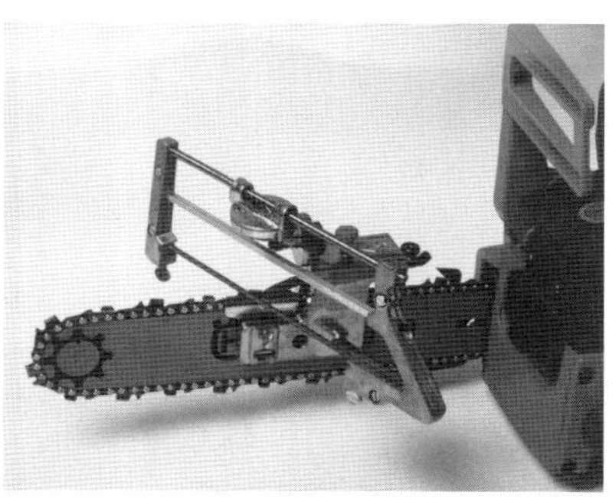

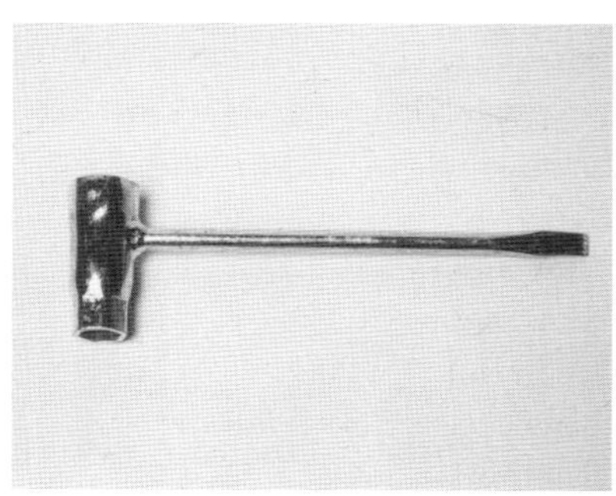

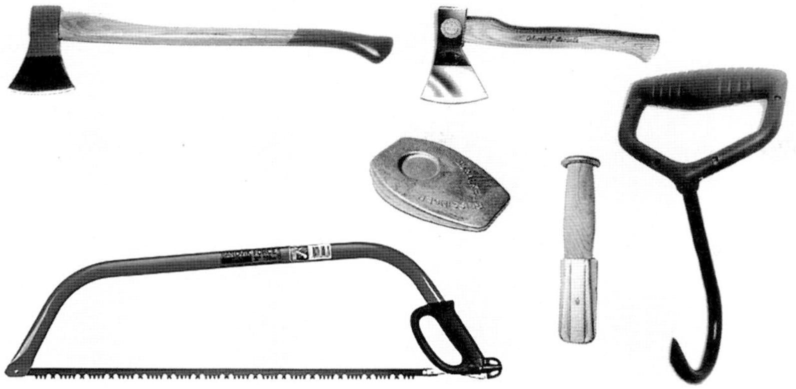

16
Axt, Beil, Bügelsäge, Taschenkeil, Fäll- und Spaltkeil, Packhaken.
Fotos: Forstgerätestelle Waldemar Grube KG, 29646 Bispingen

vorrichtung. Gute Sägeblätter sind mit gehärteten Sägezahnspitzen versehen.

Keile

Vor hinderlichen Verklemmungen bewahrt Sie der geeignete und richtig gesetzte Keil. Sie sollten sowohl einen in die Hosentasche passenden Aluminiumkeil mitführen als auch einen großen Fäll- bzw. Spaltkeil aus Duraluminium mit Holzeinsatz und Aluminiumring. Stahl- und Eisenkeile werden bei evtl. Sägekettenkontakten gefährlich und sind deshalb verboten.

Axt

Für die Arbeit im Schwachholz genügt eine 800 bis 1000 g wiegende Axt. Für stärkeres Holz ist eine 1200 bis 1400 g schwere Axt zweckmäßig. Der Axtstiel aus Hickory, Feldahorn, Weißbuche oder Esche ist zwischen 70 und 80 cm lang und soll die geschwungene Form eines „Kuhfußes" besitzen. Zum Holzspalten gibt es eine mit Spreizbacken versehene, etwa 3000 g schwere Axt, die einen Teil der senkrechten Spaltkräfte in waagerechte Spreizkräfte umwandelt und so die Spaltwirkung verstärkt.

Beil

Zum Spalten der kurzgesägten Holzrollen in Holzscheite benutzen Sie ein 600 bis 800 g schweres Beil mit 40 bis 50 cm langem Stiel.

Profi-Geräte

Die 1 Meter langen Holzrollen lassen sich mit Packhaken bzw. Packzangen gut manipulieren bzw. über kurze Entfernungen schleifen. Wer oft in schwächeren Durchforstungsbeständen Bäume selbst fällt, für den kann ein Fällhebel mit Wendehaken sinnvoll sein, insbesondere wenn dieser zugleich als Sägebock eingesetzt werden kann.

Sägebock

Wenn Sie Ihren Sägebock nicht selbst anfertigen, sondern kaufen, dann achten Sie darauf, dass der Sägebock eine Halterung für das Holz hat und dass die Holzauflage an einer Stelle unterbrochen ist, damit das Holz dort ohne

17
Vielzweckgerät verwendbar als
a) Stammheber beim Fällen,
b) niedriger Sägebock,
c) Wendehaken.
Bilder: Forstgerätestelle Waldemar Grube KG, 29646 Bispingen

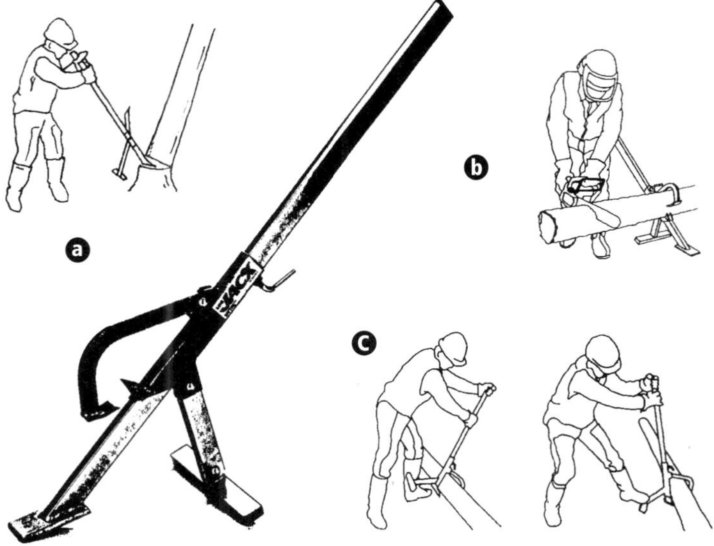

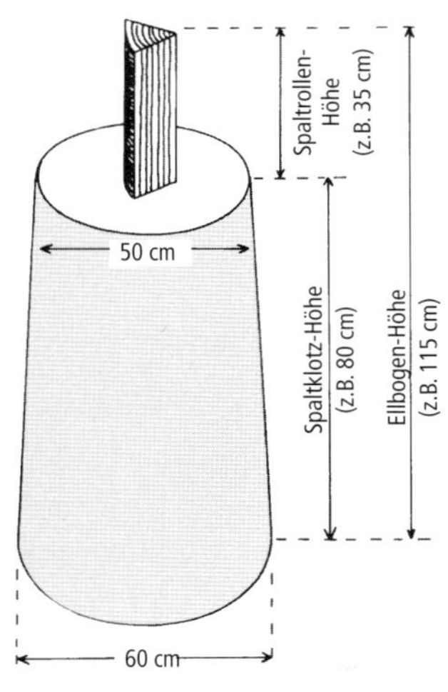

18 Der Spaltklotz.

Gefahr für die Sägekette durchgesägt werden kann.

Spaltklotz

Der Spaltklotz muss kippfest auf dem Boden stehen und eine ausreichend große Spaltfläche besitzen. Ein Spaltgerät in der Form eines hydraulischen Anbaugerätes an einen landwirtschaftlichen Schlepper ist für den privaten Bedarf nur dann interessant, wenn Sie regelmäßig in größerem Umfang mit starkem Holz zu kämpfen haben. Vielleicht können Sie ein solches Gerät samt Schlepper und fachkundiger Bedienung stundenweise mieten.

Grundsätzliche Arbeitsregeln

Helfer: Der Profi arbeitet im Wald niemals allein! Wer allein arbeitet, läuft Gefahr, sich bei einem Unfall nicht selbst helfen zu können. Das kann folgenschwer sein. Die Arbeit zu zweit (oder zu dritt) bietet mehr Sicherheit. Sie können sich z.B. auch mit Ihren Flächenlos-Nachbarn absprechen.

Helfer dürfen nicht zu Opfern werden! Wenn gefällt wird, soll sich im Umkreis der doppelten Baumlänge um den zu fällenden Baum keine zweite Person aufhalten. Beim Entasten und Einschneiden darf sich keine zweite Person im Schwenkbereich, d.h. innerhalb der Reichweite der Motorsäge befinden. Gleiches gilt für die Arbeit mit der Axt.

Jeder darf nur mit den Geräten arbeiten, die er beherrscht! Besondere Umsicht ist geboten, wenn Kinder und Jugendliche mithelfen.

Verbandkasten: Der Verbandkasten (z.B. aus dem Auto) muss vollständig sein und soll sich in der Nähe der Arbeitsstelle befinden.

Versicherung: Als Freizeitwaldarbeiter sind Sie nicht durch den Forstbetrieb versichert. Ihre gesetzliche oder private Krankenversicherung wird zwar ggf. für direkte Heilbehandlungskosten aufkommen, aber darüber hinaus kann nur eine private Unfallversicherung mögliche Schadensfolgen abdecken.

Sie können einen Unfall dadurch zwar nicht ausschließen, aber durch das Tragen geeigneter Schutzkleidung schränken Sie nicht nur die Verletzungsgefahr ein, sondern Sie beugen auch dem Vorwurf grober Fahrlässigkeit vor. Der Verzicht auf geeignete Schutzkleidung kann versicherungs- und arbeitsrechtlich dieselben unangenehmen Folgen haben wie z.B. ein Verstoß gegen die Gurtpflicht im Pkw!

19
Für die Motorsägenarbeit geeigneter Sägebock.
Foto: Fa. Stihl Maschinenfabrik, 71336 Waiblingen

Arbeit mit der Motorsäge

Motorsägearbeit bleibt selbst für den erfahrenen Profi immer eine gefährliche Arbeit.

- Wenden Sie deshalb bitte nicht die „Versuch und Irrtum"-Methode an, sondern lesen Sie zuerst die Bedienungsanleitung sorgfältig durch. Nur wer seine Maschine samt ihren Eigenarten kennt, kann erfolgreich damit umgehen.
- Stellen Sie Ihre Säge zum Anwerfen auf den Boden. Die linke Hand gehört an den vorderen Griff, die rechte Stiefelspitze steht im hinteren Griff auf dem Handschutz.
- Gehen Sie mit laufendem Motor nur kürzeste Strecken und legen Sie dabei immer die Kettenbremse ein.
  Die Sägekette darf im Leerlauf nicht mitlaufen.
- Vermeiden Sie das Sägen mit der Schienenspitze (bzw. Bodenkontakt mit der Schienenspitze), denn die Säge kann dabei blitzartig hochschlagen. Sägen Sie möglichst mit einlaufender Kette, also mit der Schienenunterseite.
- Unnötige Leerlaufzeiten erhöhen Ihre Abgas- und Lärmbelastung.
- Die Motorsäge mit Verbrennungsmotor darf nicht in geschlossenen Räumen eingesetzt werden.
- Sorgen Sie stets für ausreichende Kettenschärfe, richtige Kettenspannung und gute Kettenschmierung.
- Vergessen Sie nicht die tägliche Wartung Ihrer Säge. Reparaturen, von denen auch Ihre Sicherheit abhängen kann, gehören allerdings in die Hand des Fachmannes.

Nicht nur empfehlenswert, sondern bei der Brennholzaufarbeitung im öffentlichen Wald inzwischen oftmals schon vorgeschrieben ist die Teilnahme an einem Motorsägenkurs! Ihr Fachhändler oder das Forstamt können über entsprechende Möglichkeiten Auskunft geben.

Fällen von Bäumen

Wer ein Durchforstungs-Flächenlos kauft, muss oft auch selbst Bäume fällen. Dabei wird es sich in aller Regel um Schwachholz handeln, so dass auch der Freizeit-Waldarbeiter das Fällen wagen kann.

Schwierige Bäume – wie stark zu einer Seite hängende, einseitig bekronte Bäume, holzfaule oder sehr dicke Stämme – sollen grundsätzlich nur vom Profi gefällt werden, denn dazu sind Fachkenntnisse und Erfahrung notwendig.

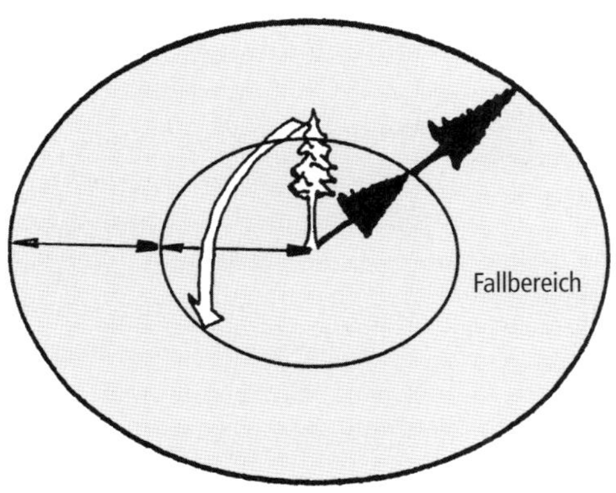

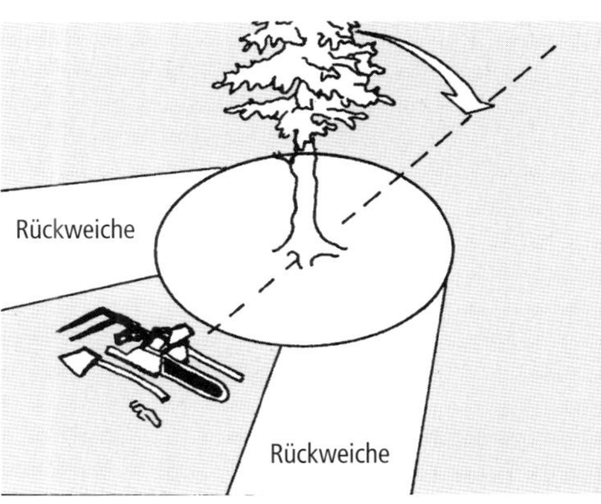

20
Gefahrenzonen beim Baumfällen: Fallbereich = doppelte Baumlänge rundum.
Quelle: „Sichere Waldarbeit und Baumpflege". BAGUV, Karlsruhe 1986

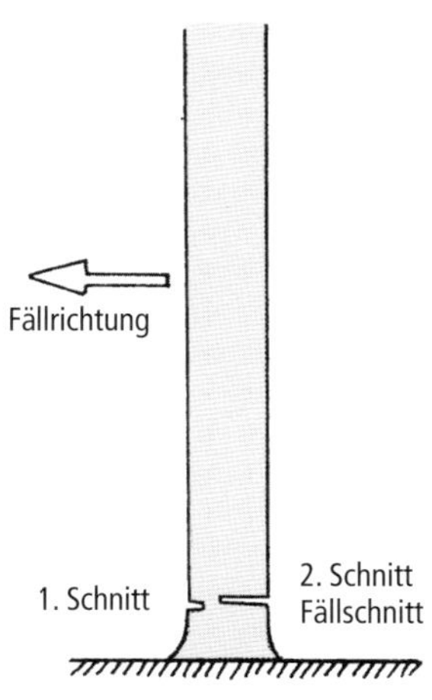

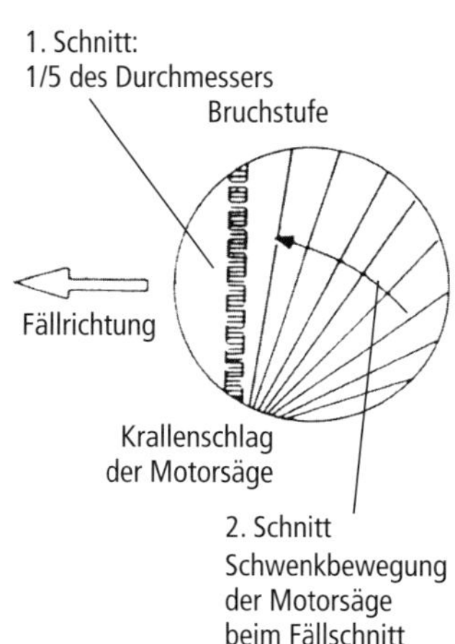

21
Eine früher in schwächerem Holz angewandte Fälltechnik.

Fällrichtung

Sie bestimmen zunächst in welche Richtung der Baum fallen soll. Zwei Dinge sind dabei zu überlegen:

- Wo befindet sich der nächste Weg bzw. die nächste Fahrlinie? Dorthin sollte der Baum fallen, um die Tragestrecken zu verkürzen.
- Ihr Baum soll nicht in der Krone anderer Bäume hängenbleiben, d.h. Sie suchen nach einer Lücke, die das Zufallbringen erleichtert.

Die letztendliche Fällrichtung wird meist ein Kompromiss zwischen beiden Bedingungen sein. Sollten Sie ein Laubholz-Flächenlos am Hang gekauft haben, so bestimmt der talseits verlagerte Kronenschwerpunkt der Bäume weitgehend die Fällrichtung: Hang abwärts. Teilen Sie Ihre Arbeit so ein, dass Sie jeweils dorthin fällen, wo bereits fertig aufgearbeitet ist. Sie haben dadurch mehr Spielraum zum Zufallbringen und stehen nicht im Reisig liegender Bäume.

Fallbereich

Fallende Bäume können andere Bäume mitreißen. Als Fallbereich (= Gefahrenbereich!) gilt deshalb die doppelte Baumlänge rundum. In diesem Bereich darf sich außer Ihnen niemand aufhalten! Wenn die Fällrichtung festliegt, legen Sie Ihr Werkzeug (Motorsäge, Keil, Axt) hinter dem Baum ab. Schräg nach hinten werden hindernisfreie „Rückweichen“ (Rückzugswege) vorbereitet (z.B. altes Reisig entfernen). Wenn der Baum schließlich fällt, treten Sie auf die Rückweiche zurück, denn der Stammfuß kann beim Fallen nach oben oder zur Seite ausschlagen. Sie beobachten den Kronenraum wegen eventuell herabfallender Äste und warten, bis die Kronen der stehenden Bäume nicht mehr schwingen. Unter hängengebliebenen Ästen weiterzuarbeiten, ist gefährlich.

Fälltechnik

Bevor Sie die Säge ansetzen, befreien Sie den Stammfuß von Steinen, Erde und Bodenbewuchs. Sie arbeiten sicherer und die Kette bleibt länger scharf. Im Nadelholz kommen Sie dem Stamm besser bei, wenn Sie zuvor mit der Axt die Äste bis in Brusthöhe entfernen.

Schwache Bäume (bis 15 cm Durchmesser) fällen Sie durch einen einfachen *Schrägschnitt* mit einlaufender Kette. Dabei stehen Sie seitlich (links vorn) vom Baum. Der Stamm rutscht über die Führungsschiene nach vorn vom Stock ab. Ein hängengebliebener Baum dieser Dicke lässt sich oft leichter mit der Schulter nach hinten bzw. bergab „abtragen“ (wegtragen) als mit der Hand nach vorne umdrücken.

Erkennen Sie schon vor dem Fällen, dass der Baum abgetragen werden muss, damit er zu Fall kommt, dann sägen Sie zuerst einen waagerechten Fällschnitt über ca. 9/10 vom Durchmesser und trennen dann mit auslaufender Kette durch einen schrägen Schnitt von oben nach unten im Fallkerbbereich das restliche 1/10 durch. Der Baum rutscht über die Schiene nach hinten und lässt sich so leichter abtragen.

22 Der Fällschnitt im stärkeren Holz.

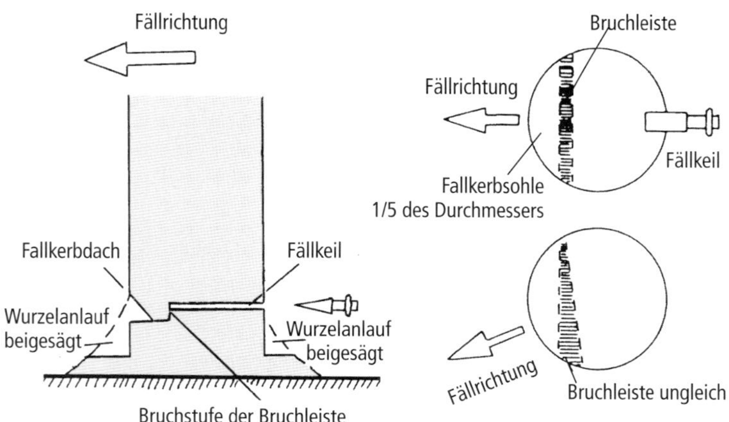

Bei stärkeren Bäumen (ab 15 cm ø) wird ein *Fallkerb* angelegt:

- Ausladende Wurzelanläufe beisägen, so dass nur noch senkrecht ziehende Holzfasern den Stamm halten (Ausnahme siehe unten).
- Der Fallkerb gibt dem Baum Richtung und Führung. Er reicht 1/5 (max. 1/3) des Durchmessers in den Stamm hinein. Der Winkel zwischen der waagerechten Fallkerbsohle und dem Fallkerbdach soll ca. 45° betragen. Wenn Sie zuerst den Dachschnitt anlegen, lässt sich durch die Schnittfuge beobachten, wann der Sohlenschnitt den Dachschnitt erreicht. Die Gefahr, den Baum „totzusägen", wird dadurch geringer (siehe unten). Sie stehen rechts neben dem Baum und sägen mit einlaufender Kette.
- Der Fällschnitt wird waagerecht von hinten geführt. Dazu wechseln Sie nach links neben den Baum, um wiederum mit einlaufender Kette sägen zu können. Das Niveau des Fällschnitts liegt bei 2 bis 3 cm (1/10 des Durchmessers) über dem Niveau der Fallkerbsohle. Dadurch entsteht eine Bruchstufe, die gemeinsam mit der Bruchleiste, welche zwischen Fallkerb und Fällschnitt stehen bleibt, den kontrollierten Fall des Baumes gewährleistet. Die Bruchleiste soll ebenfalls 1/10 des Durchmessers stark sein. Sie ist das Scharnier, über das der Baum abkippt. Der Baum fällt allerdings nur dann in die gewünschte Richtung, wenn die Bruchleiste auf ganzer Länge gleich breit ist. Ist sie auf einer Seite breiter, zieht der Baum mehr in diese Richtung. Wenn Sie die Bruchleiste durchtrennen (d.h. „totsägen"), gerät der Baum außer Kontrolle und kann in jede Richtung fallen.

Der Profi keilt seinen Baum um!

Schalten Sie den Motor der Säge aus und stellen diese (nach hinten) weg. Treiben Sie den Fällkeil mit der Axt in den Fällschnitt, bis der Baum über die Bruchstufe nach vorne abkippt. Im Fallen reißt der Baum die Bruchleiste ab. Im etwas stärkeren Holz wird es oft notwendig sein, den Keil bereits zu setzen, bevor der Fällschnitt fertig schließt. Wenn Sie beim Beisägen der Wurzelanläufe einen nach hinten führenden Wurzelanlauf belassen, haben Sie später mehr Spielraum für Keil und Führungsschiene.

Hänger

Mit der Krone in anderen Bäumen hängengebliebene Bäume können im Schwachholzbereich in der Regel abgetragen oder mit dem Wendehaken heruntergedreht werden.

- Arbeiten Sie auf keinen Fall unter Hängern weiter!
- Versuchen Sie niemals, z.B. hindernde Äste zu entfernen, den aufhaltenden Baum zu fällen, einen anderen Baum über den Hänger zu werfen oder den Hänger stückweise abzuklotzen!

Hänger reagieren oft sehr plötzlich, schnell und gefährlich. Deshalb im Zweifel Finger weg, Fallbereich meiden, Förster oder Waldbesitzer informieren.

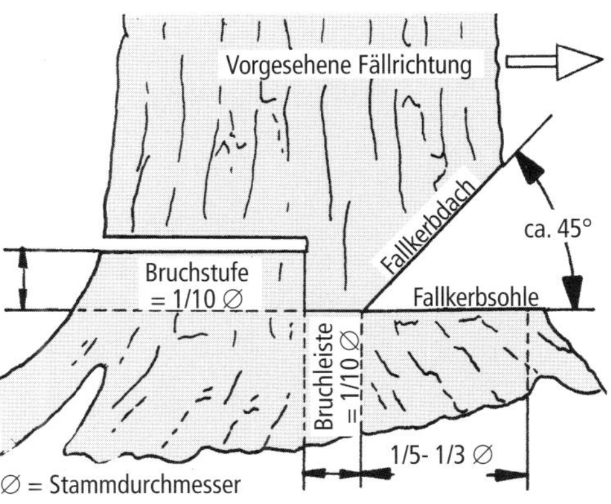

23
Führung der Schnitte im Detail.
Das Beischneiden der Wurzelanläufe kann je nach Ausformung und Stärke des Stammfußes vor oder nach der Fällung zweckmäßig sein, faule Stämme dürfen jedoch niemals vor der Fällung beigeschnitten werden. Quelle [1]

Entasten von Bäumen

Der Profi kennt eine Reihe von Entastungsverfahren, die hohe Leistung, Kraftersparnis, Sicherheit und günstige Körperhaltung zum Ziel haben. Die Leistung bestimmt im Zeitakkord den Verdienst.

Gerade beim Entasten sollte sich aber der Hobbywaldarbeiter nicht unter Leistungsdruck setzen, auch dann nicht, wenn der Flächenlos-Nachbar bereits seine fertigen Raummeter zählt.

Das Entasten zählt zu den unfallträchtigsten Aufgaben des Waldarbeiters. Arbeiten Sie deshalb ruhig und überlegt und versuchen Sie, ganz bewusst jeden Schnitt bzw. Hieb kontrolliert zu führen.

24
Reihenfolge der Schnitte beim Entasten.

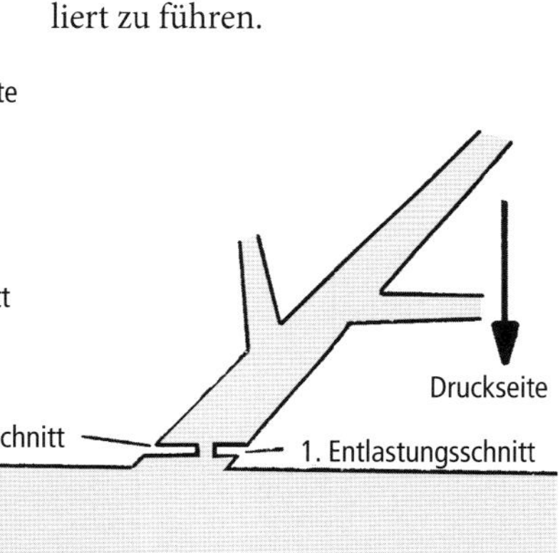

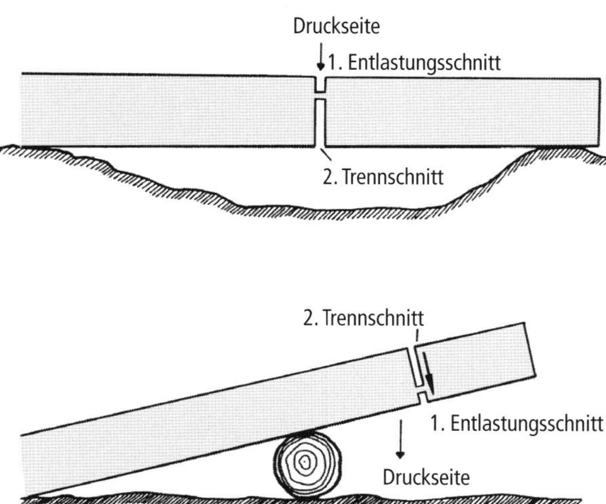

25 Zersägen von Bäumen mit der Motorsäge.

Beachten Sie folgende Grundregeln:

- Auf sicheren Stand achten.
- Nur vorwärtsgehen, wenn die Säge leer läuft und die Führungsschiene auf der körperabgewandten Stammseite liegt. Niemals gehen und zugleich sägen.
- Nicht mit der Schienenspitze sägen. Rückschlaggefahr!
- Astspannungen beurteilen. Unter Spannung stehende stärkere Äste erst stummeln und dann die jetzt spannungsfreien Stummel vom Stamm trennen.
- Stamm durch Unterlagen (z.B. anderer Stamm, selbstgebauter Bock) auf günstige Arbeitshöhe bringen. Das schont die Wirbelsäule und mindert die Gefahr, in den Boden zu sägen.
- Motorgehäuse am Stamm abstützen bzw. auflegen. Das spart Kraft.
- Mit der Axt immer so entasten, dass sich der Stamm zwischen Axt und Mann befindet.
- Axthiebe vom Körper weg führen, damit abprallende Schläge ins Leere gehen.

Zersägen von Bäumen: Das Einschneiden

Auch hier gelten die Grundregeln:

- Auf sicheren Stand achten.
- Nicht mit der Schienenspitze sägen. Rückschlaggefahr.

Von besonderer Bedeutung ist die Beurteilung von Spannungen im Holz. Überlegen Sie, in welche Richtung die Längskräfte (axialen Kräfte) an der geplanten Schnittstelle wirken und sprechen Sie jeweils die Druckseite und die Zugseite an.

Der erste Schnitt ist immer ein Entlastungsschnitt in die Druckseite (aber nicht so weit, dass die Führungsschiene eingeklemmt wird). Der zweite Schnitt ist der Trennschnitt von der Zugseite her.

Überlegen Sie vorher, ob und ggf. wohin der Stamm ausschlagen kann, und wählen Sie Ihren Stand so, dass Sie nicht in Gefahr geraten (d.h. bei seitlicher Spannung immer auf der Druckseite stehen, denn der Stamm schlägt zur Zugseite hin aus).

Legen Sie das einzuschneidende Holz möglichst auf Unterlagen, um nicht in den Boden zu sägen.

Arbeit am Hang

Spätestens bei der Aufarbeitung wird Ihnen einleuchten, weshalb Sie der Einzige waren, der für dieses Flächenlos geboten hat. Die Arbeit am Hang ist in aller Regel zeitaufwendiger, schwieriger und gefährlicher als in der Ebene.

Das Bemühen um sicheres Gehen und sicheren Stand bei der Arbeit wird hier zwangsläufig in den Vordergrund treten. Hast, Eile und ungeeignete Kleidung (Schuhwerk!) sind hier noch weniger am Platz als unter einfachen Geländeverhältnissen.

Arbeiten Sie möglichst von der Bergseite her, um nicht durch abrollendes Holz in Gefahr zu geraten. Arbeiten Sie nicht in Falllinie untereinander, sondern seitlich versetzt.
Soweit sich die Fällrichtung frei bestimmen lässt (z.B. im Nadelholz), sollten Sie bemüht sein, bergauf zu fällen, um ggf. Hänger bergab abtragen und um in relativ aufrechter Körperhaltung bergauf gehend entasten zu können.

Gut beraten sind Sie, wenn Sie nach einer günstigen Seilwinde Ausschau halten, mit deren Hilfe sich das Holz in langer Form zum nächsten Weg hochziehen lässt, um es dort ggf. zu entasten und einzuschneiden.

Der Abtransport

Das von Ihnen selbst aufbereitete Brennholz muss zunächst einmal dorthin gelangen, von wo Sie es schließlich auf den Anhänger laden und nach Hause fahren können. Sofern Sie nicht auf eine Seilwinde zurückgreifen können, um Ihr Holz in langer Form an Wege und Fahrlinien zu ziehen, um es dort einzuschneiden – ein Verfahren, das sich natürlich auch in der Ebene anbietet –, bleibt eigentlich nur die Methode „Ameise“: Kleine Lasten, viele Schritte.

Denken Sie rechtzeitig daran, dass die Waldfläche selbst nur auf den vom Förster ausgewiesenen Fahrlinien (den Rückegassen) befahren werden darf. Dadurch sollen die seit einiger Zeit kritisch beurteilten Schäden am Boden wie auch am verbleibenden Baumbestand vermieden bzw. auf möglichst wenige Linien beschränkt werden. Fahren deshalb auch Sie nicht mit Schlepper und Anhänger kreuz und quer zwischen den Bäumen herum. Der Wald wird es Ihnen danken und der Waldbesitzer sollte sich im Gegenzug über den Holzpreis erkenntlich zeigen.

26
Nehmen Sie sich genügend Zeit, die Spannungen richtig zu beurteilen.
Quelle [1]

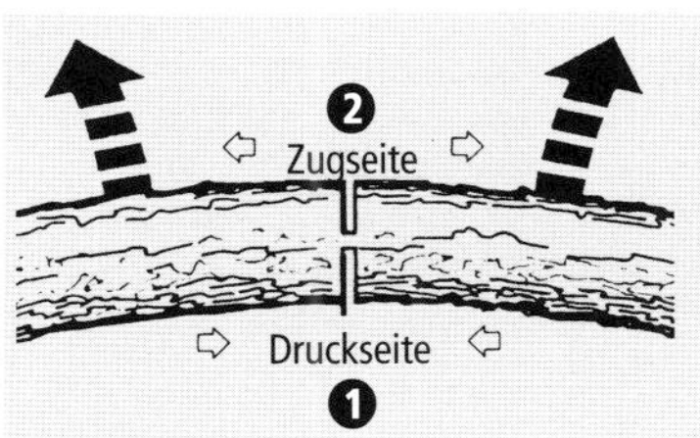

Stamm auf der Oberseite in Zugspannung
Gefahr: Baum schlägt hoch!

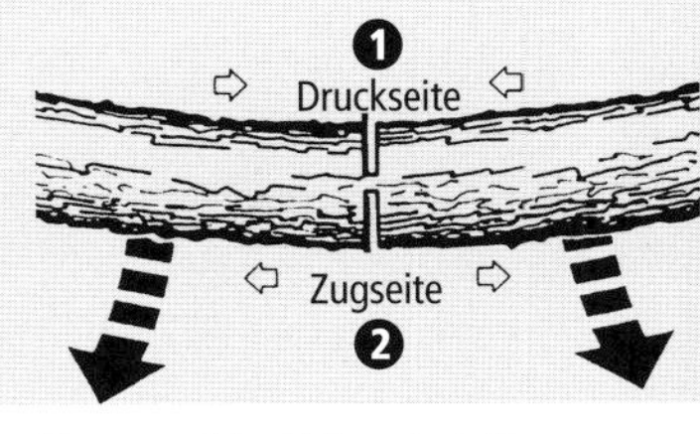

Stamm auf der Unterseite in Zugspannung
Gefahr: Baum schlägt nach unten!

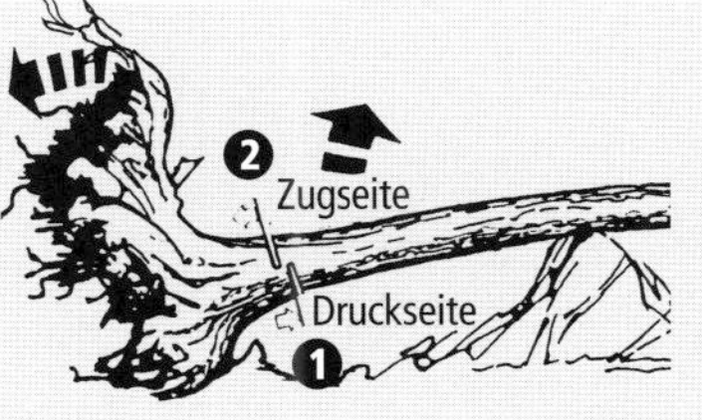

Starke Stämme und starke Spannung
Gefahr: Baum schlägt blitzartig aus!

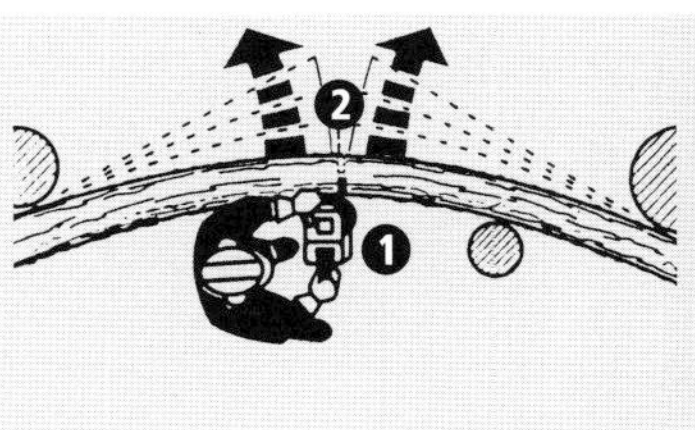

Stamm seitlich eingespannt
Gefahr: Baum schlägt zur Seite aus!

Eigenschaften des Brennholzes

Wie trocken ist Holz?

Beim frisch geschlagenen „grünen“ Holz kann die Hälfte des Holzgewichtes aus Wasser bestehen. Wenn das Brennholz ein Jahr gut belüftet gelagert war und völlig trocken aussieht, enthält es immer noch zwischen 15 und 20% Wasser. Man bezeichnet es dann als „lufttrocken“. Nach trockenen Sommertagen kann die Feuchte um 15% liegen, an neblig feuchten Herbsttagen steigt der Feuchtegehalt wieder und kann dann über 20% betragen. Das Holz tauscht nämlich mit der Umgebungsluft Feuchtigkeit aus: es ist (schwach) hygroskopisch, so dass sich je nach natürlicher Luftfeuchtigkeit ein „Feuchtegleichgewicht“ im Bereich von 15 bis 25% Holzfeuchte einstellt. Gut luftgetrocknetes Holz enthält also im Mittel zwischen 15 und 20% Wasser, bezogen auf das Darrgewicht.

Darrgewicht oder *absolutes Trockengewicht* (atro) ist das Gewicht des vollkommen trockenen Holzes. Wenn Sie den Feuchtigkeitsgehalt messen wollen, dann sägen Sie mit einer ganz scharfen Kettensäge, mit kalter Kette, die zu prüfenden Holzstücke in der Mitte durch. Fangen Sie die Sägespäne auf, wiegen Sie die Sägespäne, und schreiben Sie das Gewicht G_u auf. Jetzt trocknen Sie die Sägespäne bei 100 bis 110°C im Backofen, mindestens zehn Stunden lang. Dann wiegen Sie die Späne erneut und notieren Sie das jetzt erreichte Darrgewicht G_o.

Der relative Feuchtegehalt (in %) vor der Trocknung betrug

Rel. Feuchte = $((G_u - G_o)/ G_o) \cdot 100\%$

27
Aufgeschichtete Brennholzstapel an einer Hauswand.

Beispiel:

Gewicht der Sägespäne vor der Ofentrocknung G_u = 180 g

Gewicht der Sägespäne nach der Ofentrocknung G_o = 150 g

- Relative Feuchte = (180 – 150)/150 · 100% = (30/150) · 100% = 20%

Das Holz war also lufttrocken.

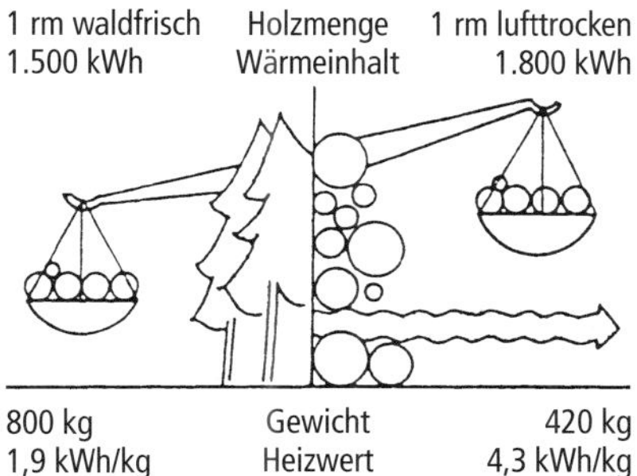

28
Wärmeinhalt und Trocknung.
Quelle [2]; (verändert durch d. Verfasser)

Einfacher ist die Ermittlung der Holzfeuchte mit marktüblichen elektronischen Messgeräten. Allerdings sind diese teuer und ihr Messbereich liegt meist unter 25% Feuchtigkeit (bezogen auf das Darrgewicht). Unmittelbar vor der Messung muss das Holzstück gespalten werden, damit die Meßstelle in der Scheitmitte liegt.

Die Formeln zur Berechnung der Holz-Feuchte und des Wassergehaltes lauten:

Holz-Feuchte u (in %) =
$= [(G_u - G_0) \cdot 100] / G_0$

Holz-Wassergehalt w (in %) =
$= [(G_u - G_0) \cdot 100] / G_u$

Folglich entspricht eine Holzfeuchte von 100% einem Wassergehalt von 50%. Ein Stück Holz, dessen Gewicht zur Hälfte vom Wasser verursacht wird, hat einen Wassergehalt w von 50%. Es besteht aus ebensoviel Wasser wie trokkener Holzsubstanz. Weil das Wasser die gleiche Masse wie die Holzsubstanz hat, wird die Feuchte u mit 100% (bezogen auf die Holzsubstanz) angegeben.

Weil normalerweise der Wassergehalt im Holz nicht bekannt ist, wird Brennholz nach Volumengrößen (Raummeter, Ster, Festmeter) gehandelt. Wenn der Wassergehalt bekannt ist, dann ist ein Verkauf nach Gewicht fairer. 500 kg lufttrockenes Buchenholz entsprechen einem Raummeter. Bei trockenem Nadelholz wiegt ein Raummeter 370 kg. Bei geschüttetem Holz ist der Handel nach Gewicht üblich und fair, wenn der Wassergehalt bekannt ist.

Teurer Wasserschaden durch feuchtes Holz

Frisch geschlagenes „grünes" Holz oder schlecht gelagertes Holz enthält zuviel Wasser; deshalb sollten Sie schon in Ihrem eigenen Interesse solches Holz nie als Brennholz verwenden. Denn das im Brennholz enthaltene Wasser hat teure Folgen.

Das Wasser muss „herausgekocht" werden, bevor das Holz verbrennt. Der dadurch eintretende Wärmeverlust setzt sich zusammen aus der Energie, welche notwendig ist, um das Wasser bis zum Siedepunkt zu erhitzen, aus der Verdampfungswärme und aus der Energie, die für die weitere Erhitzung des Dampfes notwendig ist. Jeder Liter Wasser verbraucht so ungefähr 700 Wh Energie, die mit dem Wasserdampf den Schornstein verlassen.

Bei guter Brennholzlagerung werden Feuchtigkeitsgehalte von 15 bis 20% erreicht. Führt eine etwas weniger optimale Lagerung zu einer nur um 10% höheren Feuchte, dann bedeutet dies schon einen Heizwertverlust von rund 9%.

Der Wassergehalt verringert aber nicht nur den Heizwert, sondern er senkt als Folge auch die Temperatur in der Brennkammer. Da durch diese Temperaturabsenkung die zur vollständigen Verbrennung notwendige Hitze meist nicht mehr erreicht wird, verbrennen nicht mehr alle Holzbestandteile. Unverbrannte Holzgase verlassen den Schornstein oder schlagen sich als Teer und Ruß an den Abgasklappen und im Schornstein nieder. Energiereiche Holzteile bleiben so unverbrannt, weitere Holzenergie geht damit verloren.

Der nicht verbrannte Teer und Ruß verschmutzt die Rauchgaszüge und den Schornstein, er „isoliert" die wärmeabgebenden Heizflächen und verhindert so die vollständige Wärmeabgabe. Dadurch wird eine zusätzliche dritte Wärmeverlustquelle mit dem Verbrennen zu feuchten Holzes geschaffen. Schließlich verschmutzen die unverbrannten Ruß- und Holzgasebestandteile auch die Luft unserer Umgebung.

Fazit:
Frisches, feuchtes Holz brennt schlecht, qualmt stark, heizt weniger, verrußt Ofen samt Schornstein und belastet die Umwelt. Erst mit dem Trocknen wird aus Holz wertvolles Brennholz.

Trocknen von Brennholz

Beim Fällen trocknen: Wer sein Durchforstungsholz im Sommer einschlägt, der kann die „Laubtrocknung" (auch „Sauerfällung" genannt) ausnützen. Die Äste mit Blättern oder Nadeln bleiben noch drei bis fünf Wochen am Stamm. Über die Nadeln oder Blätter verdunstet der Baum eine Zeit lang reichlich Wasser, so dass nach trockenem Sommerwetter die Holzfeuchtigkeit auf 30 bis 40% gesunken sein kann. Die „Laubtrocknung" funktioniert natürlich nur dann, wenn die Bäume gesunde Blätter oder Nadeln besitzen. Wegen der Borkenkäfergefahr wird dieses Verfahren beim Nadelholz nicht überall erlaubt!

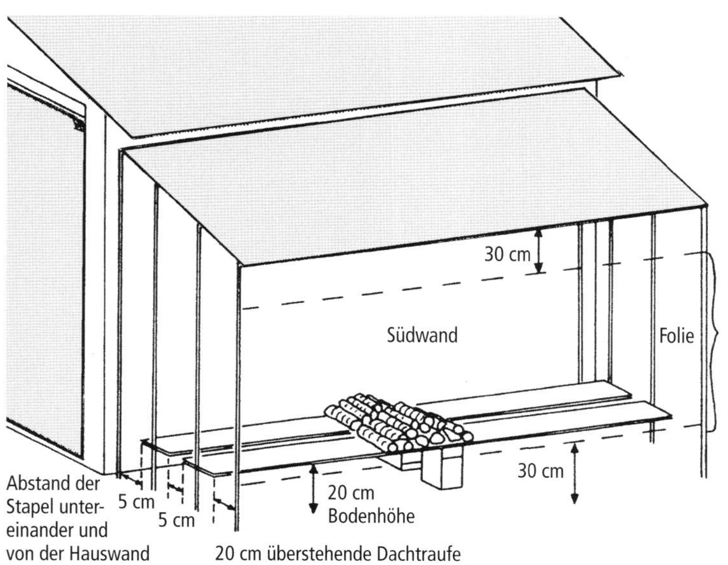

29
Günstige Situation für die Lagerung von Brennholz an einer Gebäudewand.

Trocknen durch richtiges Lagern:
Folgende Grundsätze müssen beim Lagern von Brennholz beachtet werden:

- Das Holz gebrauchsfertig zersägt und gespalten lagern, weil die kleineren Holzstücke rascher trocknen als die Meterrollen.
- Holz auf etwa 20 cm hohe luftdurchlässige Unterlagen legen, damit die Luft unter dem Holzstapel hindurchblasen kann.
- Hinter der Holzbeige (dem Holzstapel) einen mindestens 5 bis 10 cm breiten senkrechten Luftspalt lassen.
- Holzbeige mit einem überkragenden Dach vor dem Regen schützen.
  Luftzugarme Räume sind für Brennholz schädlich, denn Brennholz muss trocken und möglichst luftig gelagert werden.

30
Viele Raummeter Schichtholz warten auf Käufer.

Weil Holz in Richtung der Leitungsbahnen (Holzgefäße) die Feuchtigkeit schneller verliert als quer zur Faser, wird kurzgesägtes Holz rascher trocknen, wenn die Stirnflächen von Luft umweht sind.

Einen fachkundigen Holzstapel mit Dach an einer Gebäudewand zeigt Abb. 29. Steht dieser Holzstapel an einer Südwand, kann an der Vorderfront eine windfeste, durchsichtige, UV-stabilisierte Folie angebracht werden, die oben und unten je 30 cm offen lässt. Die Sonne heizt die Luft hinter dieser Folie auf (Treibhauseffekt) und sorgt so für eine noch raschere Trocknung. Damit die Holzbeige nicht nach vorn umkippt, sollten vorn zwei Latten kreuzweise und zwei Latten waagerecht angenagelt werden. Am besten steht ein offener Holzstapel an einer Südwand, keinesfalls soll er an der Nordwand des Gebäudes stehen. Eine alle physikalische Gesichtspunkte berücksichtigende, patentierte Brennholz-Lagerhütte, in der das Holz auf ideale Weise trocknet und zugleich vor Diebstahl geschützt ist, zeigt Abb. 31.

Neben diesen optimalen Lagerformen gibt es noch eine Reihe befriedigender Holzlagermöglichkeiten:

- *Die Kreuzbeige*: Besonders gut können so 1 m lange Spaltstücke gelagert werden. Auf zwei Unterlagen kommen zwei Querlagen. Darüber werden die Spaltstücke dicht in einer Lage quer gelegt, darauf die nächste dichte Querlage. Nur oben wird die Beige (z.B. mit Wellbitumen) abgedeckt. Diese Kreuzbeigen stehen zwar ziemlich zuverlässig, aber es schadet nicht, wenn Sie an den Seiten eine Stütze sicherheitshalber einschlagen.
- *Die Finne*: Eine kreisrunde Fläche im Hof wird mit Steinen belegt, damit der darauf aufzubauende Holzstapel nicht direkt auf der Erde aufliegt. Nun wird eine runde Holzbeige kunstvoll gesetzt. Dabei sehen die dickeren Teile der Holzstücke stets nach außen. In

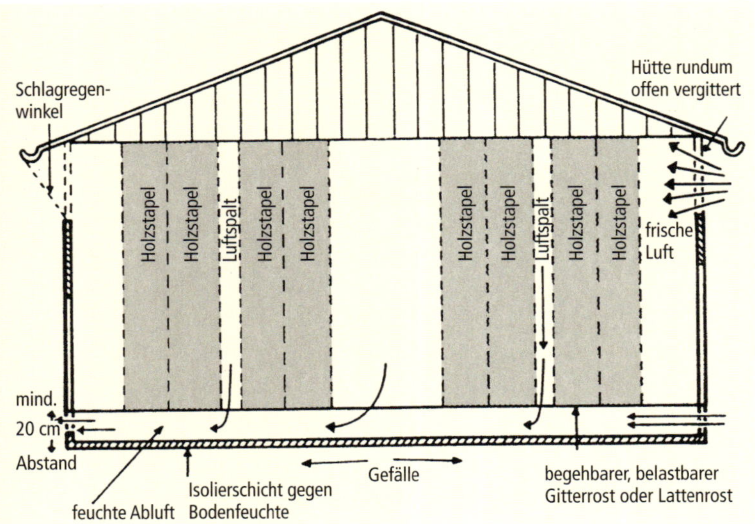

31
Die ideale Brennholz-Hütte.

den in der Mitte entstehenden hohlen Turm wird das gespaltene Holz locker geworfen. Oben – jedoch nicht seitlich! – wird die Finne gegen Regen abgedeckt.

Bei der Finne für Arbeitsscheue befindet sich außen keine Halt schaffende kunstvolle Holzbeige, sondern ein stabiler Maschendraht, der das locker eingeworfene Holz am Herausfallen hindert.

Feucht und warm gelagertes Holz wird durch Pilze und Bakterien zu Komposterde abgebaut, wodurch der Brennwert sinkt.

Lagerplatz für Brennholz

Beim Trocknen verliert das Brennholz geringfügig an Volumen (bis zu 10%), vor allem aber an Gewicht (bis zu 40%). Wer mit Holz heizen will, muss einen Lagerplatz schaffen, auf dem mindestens der 1,5-fache Jahresbedarf an Holz Platz findet. Nur dann kann er stets ausreichend trockenes Holz verfügbar haben. Für den Ersatz von 1000 l Heizöl sind 6 Raummeter (= Kubikmeter) Laubholz notwendig. Das 1,5-fache dieses Volumens sind 9 Raummeter. Also ist für den Ersatz von 1000 l Heizöl ein Holz-Lagervolumen von mindestens 9 Kubikmetern notwendig.

Weil laut Bundesimmissionsschutzverordnung Scheitholz wenigstens ein Jahr lang getrocknet sein muss, sind ausreichende Lagerräume notwendig. In manchen Ländern dürfen sehr große Mengen an Brennholz nur in speziellen Brennstofflagerräumen aufbewahrt werden. Beispielsweise gilt dies in Baden-Württemberg für mehr als 15 Tonnen Brennholz (das entspricht rund 35 Raummetern). Solche Lagerräume müssen bestimmte Regeln in der Bauweise einhalten.

32
Die Kreuzbeige an den Enden gibt dem Brennholzstapel sicheren Halt.

33 Brennholz-Finne.

Der Heizwert von Holz

Im Holz sind folgende chemische Elemente enthalten:

- Kohlenstoff mit etwa 50%,
- Sauerstoff mit etwa 43%,
- Wasserstoff mit etwa 6%,
- kleine Mengen von Stickstoff und nicht brennbaren Materialien.

Holz enthält fast keinen Schwefel, deshalb entsteht beim Verbrennen von Holz auch nahezu kein giftiges und die Umwelt belastendes Schwefeldioxid. Die genannten chemischen Elemente bilden folgende Holzinhaltsstoffe:

- Cellulose (ca. 45% der trockenen Holzsubstanz) mit 4,8 kWh/kg Heizwert,
- Lignin (25 bis 30% der Holzsubstanz) mit 7,5 kWh/kg Heizwert,
- celluloseähnliche Polysaccharide wie Polyosen, Hemicellulosen (zusammen 25% der Holzsubstanz) mit 4,5 kWh/kg Heizwert,
- Harze, Wachse, Fette, Öle oder ähnliches (bis 5% der Holzsubstanz) mit bis zu 10 kWh/kg Heizwert.

Der Heizwert des Holzes ist deshalb um so größer, je mehr Harze und Lignin das Holzstück enthält. Da Nadelbäume mehr Harze und Lignin als Laubbäume enthalten, besitzen die Nadelbäume mit durchschnittlich 4,4 kWh/kg einen höheren Heizwert als die Laubbäume mit durchschnittlich 4,2 kWh/kg Holz.

Aufgrund der höheren Dichte der Laubbäume ist der Heizwert je Raummeter Derbholz bei den Laubbäumen mit 2.100 kWh/rm deutlich höher als bei den Nadelbäumen mit durchschnittlich 1.600 kWh/rm. Die Spanne zwischen den einzelnen Baumarten ist bei den Laubbäumen besonders groß. Beispielsweise liegen Pappel, Erle und Weide im Heizwert je rm an der unteren Grenze, verglichen mit der Nadelbaumskala. Die vom Flächengewicht in Deutschland weit überwiegenden Laubbäume besitzen jedoch deutlich höhere Heizwerte als das Nadelholz.

Tabelle 4:
Heizwert von lufttrockenem Derbholz in kWh pro rm (gerundet auf 100 kWh/rm) bzw. in kWh/kg für verschiedene Holzarten (Feuchte: 15 bis 18% v. Darrgewicht).

Holzart	Heizwert von Derbholz		Holzart	Heizwert von Derbholz	
	kWh/rm	kWh/kg		kWh/rm	kWh/kg
Weißbuche	2.200	4,2	Weide	1.400	4,1
Rotbuche	2.100	4,2	Pappel	1.400	4,2
Eiche	2.100	4,2	Laubbäume im Mittel	**2.100**	**4,2**
Esche	2.100	4,2	Douglasie	1.700	4,4
Robinie	2.100	4,1	Kiefer	1.700	4,4
Birke	1.900	4,3	Lärche	1.700	4,4
Ulme	1.900	4,1	Fichte	1.600	4,4
Ahorn	1.900	4,1	Tanne	1.500	4,4
Erle	1.500	4,1	Nadelbäume im Mittel	**1.600**	**4,4**
			Brennholz im Mittel	**1.800**	**4,3**

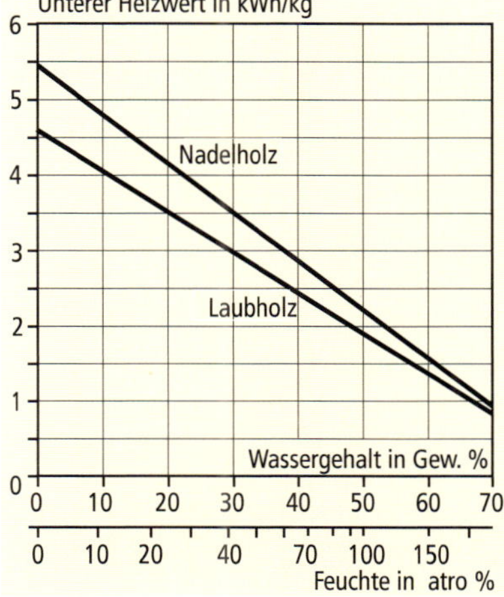

34
Abhängigkeit des unteren Heizwertes von der Holzfeuchtigkeit, bezogen auf das Darrgewicht und auf das Nassgewicht.

Tabelle 5:
Heizwerte je Kubikmeter Lagervolumen von lufttrockenem Holz, gerundet auf 100 kWh.

Heizwert je m³ Lagervolumen Stückgröße	Laubholz (Buche/Eiche) kWh/rm	Nadelholz kWh/rm
Holzscheite und Rollen mit über 14 cm ø	2.200	1.700
Holzprügel und Rollen mit 7 – 10 cm ø	1.800	1.400
Reisigprügel (4 – 7 cm ø gebündelt)	1.300	1.100
kurzgesägtes, gespaltenes Holz ungeordnet (Sackholz)	1.200	1.000
Holz-Hackschnitzel	1.000	800

35 Hackschnitzel.

Die Heizwerte variieren nicht nur von Baumart zu Baumart, sondern auch innerhalb der Baumart von Baum zu Baum erheblich. Die angegebenen Werte sind mittlere Werte für ein durch die Natur recht verschieden gewordenes Gut. Auch die Größe der Holzstücke beeinflusst den Heizwert je Volumeneinheit (vgl. Tab. 5).

Der verwendete Heizwert entspricht dem „spezifischen Heizwert" bzw. „unteren Heizwert". Mit beidem ist die nutzbare Wärme gemeint. Eigentlich enthält Holz etwas mehr Energie (entsprechend dem „oberen Heizwert" oder „Brennwert"), aber das im Holz immer enthaltene Wasser geht als energiereicher Wasserdampf meist ungenützt verloren.

Die nutzbare Heizwärme des Holzes hängt in ganz bedeutenden Maße ab von:

- dem Wassergehalt des Holzes,
- der technischen Eignung des Ofens für die Holzverbrennung.

Hackschnitzel

Vor allem für automatische Holzheizanlagen und für Vorofenfeuerungen werden möglichst einheitlich kleingehackte Holzstücke gebraucht, die Holzhackschnitzel. Während im normalen Holzofen die Hackschnitzel nicht kleiner als 6 cm sein sollen, weil sie sonst zu dicht gepackt liegen, sind für automatische Holzheizanlagen Schnitzelgrößen von 2 bis 3 cm besser, weil diese von den Transportschnecken zuverlässiger bewegt werden, eine geringere Rückbrandgefahr darstellen und im Vorofen optimal vergasen. In allen Fällen sollen aber die Hackschnitzel in einem engen Raum einheitlich groß sein, weil nur so eine optimale Feuerqualität erzielbar ist. Je ungleichmäßiger die Hackschnitzel sind, um so schwieriger ist eine vernünftige Steuerung der Verbrennung.

Nicht überall können Hackschnitzel gekauft werden, denn die relativ teuren Hacker sind erst dann wirtschaftlich einsetzbar, wenn eine ausreichende Hackschnitzelnachfrage besteht.

Der Kauf der Hackschnitzel erfolgt am besten nach dem absoluten Trockengewicht. Dazu werden mehrere gleichmäßig verteilte Proben aus dem Hackschnitzelberg gezogen und gewogen (G_u). Nach dem Trocknen dieser Proben im Backofen bei 105°C über mindestens zwölf Stunden werden diese Proben erneut gewogen und damit das absolute Trockengewicht G_o festgestellt.

Das Trockengewicht des gesamten Hackschnitzelberges beträgt dann:

- Gesamt-Trockengewicht = Gewicht des Hackschnitzelberges · G_o/G_u

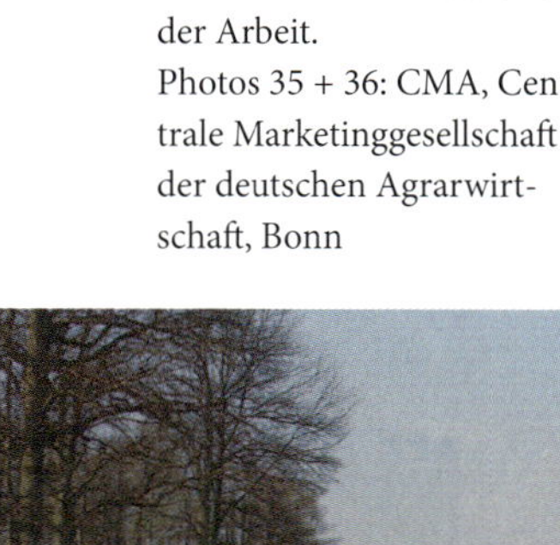

36
Ein Hackschnitzelhacker bei der Arbeit.
Photos 35 + 36: CMA, Centrale Marketinggesellschaft der deutschen Agrarwirtschaft, Bonn

Beispiel:

Hackschnitzel-Lieferung = 7 t
Gewicht der Probe
vor der Trocknung (G_u) = 800 g
Gewicht der Probe
nach der Trocknung (G_o) = 580 g
Trockengewicht der Lieferung:
7 t · 580/800 = 7 t · 0,725 = 5,075 t

Die Schnitzel sollen möglichst wenig biologisch aktive Laub- und Nadelbestandteile enthalten, weil diese die Gärung und Selbsterhitzung verstärken. Auch Verunreinigungen durch Erde sind nachteilig, weil sie zu bezahltem Gewicht ohne Heizwert führen und u.U. Heizungsstörungen sowie Schlakkenbildung hervorrufen.

Ein Problem ist die Trocknung der Hackschnitzel. Nicht ausreichend trockene Schnitzel erwärmen sich stark, weshalb bei Kontakt mit leicht entzündlichen Stoffen wie Heu, Stroh etc. das Risiko der Selbstentzündung gegeben ist. Die Lagertemperatur der Hackschnitzel beträgt normalerweise nicht mehr als 80°C. Für eine Selbstentzündung reicht diese Temperatur bei Holz nicht aus, da der Flammpunkt bei 230°C liegt. Damit auch bei einem größeren Anteil von Blättern keine Selbstentzündung auftritt, wird oft empfohlen, die Schütthöhe nicht über 7 m zu vergrößern. Bei einer manuellen Umschichtung der Schnitzelberge können die im Hackgut wachsenden Pilze (Sporen) für die damit Beschäftigten kritisch werden.

Die Schnitzel sollen auf einer trockenen Unterlage (z.B. Plane, Betonboden) unter einem seitlich offenen Dach zwischengelagert werden. Durch die Wärmeentwicklung bei der Gärung können die waldfrisch über 70% feuchten Hackschnitzel in zwei bis drei Monaten auf unter 35% getrocknet werden. In speziellen Schnitzellagerräumen (Silo, Bun-

Brennstoffart (Holz lufttrocken)	Menge	Preis je Menge incl. Mwst (2011) €	Heizwert kWh	angenomm. feuerungstechn. Wirkungsgrad	nutzbarer Heizwert kWh	Preis je 1.000 kWh € /MWh
Hart-Laub-Brennholz lang ab Weg	1 m³ = 1 fm	52,00	3000	80%	2400	21,70
Laubderbholz selbstaufbereitet	1 rm	20,00	2070	80%	1656	12,10
Nadelbrennholz lang ab Weg	1 m³ = 1 fm	40,00	2300	80%	1840	21,70
Nadelderbholz selbstaufbereitet	1 rm	10,00	1570	80%	1256	10,00
Brennholz i.D. lang ab Weg	1 m³ = 1 fm	46,00	2600	80%	2080	22,00
Brennholz i.D. lang ab Weg	1 rm	32,00	1800	80%	1440	22,00
Brennholz i.D. geschichtet ab Weg	1 rm	70,00	1800	80%	1440	48,60
Hackschnitzel frei Lager	sm³ = rm	25,00	850	85%	722	34,70
Pellets frei Haus	100 kg	23,00	500	90%	450	51,10
Heizöl leicht	1 l	0,85	10	90%	9	94,40
Erdgas H	1 m³	0,65	10	95%	9	72,20
Strom	1 kWh	0,22	1	100%	1	220,00
Kokskohle	50 kg	30,00	415	85%	353	85,00
Braunkohlebrikett	50 kg	18,00	280	80%	224	80,40

Tabelle 6: Nutzbare Heizwerte und Preisvergleich verschiedener Brennstoffe.

Feuchtewerte von Hackschnitzeln

- Trockenheit – unter 20% Wassergehalt: Diesen idealen Wert erreichen nur künstlich getrocknete Schnitzel, die recht teuer sind.
- 20 bis 35% Wassergehalt: Diesen Wert erreichen Hackschnitzel nach optimaler Vortrocknung des Holzes und bei trockener Lagerung der Schnitzel.
- 35 bis 50% Wassergehalt: Diesen Wert erreichen Hackschnitzel aus frisch geschlagenem Holz, welches vor Regen/Schnee geschützt ist.
- Schnitzel mit mehr als 50% Wassergehalt können nur in speziellen Anlagen verfeuert werden. Solche Werte werden erreicht, wenn die Hackschnitzel durch starke Regenfälle oberflächlich nass werden.

Tabelle 7: Feuchtewerte von Hackschnitzeln.

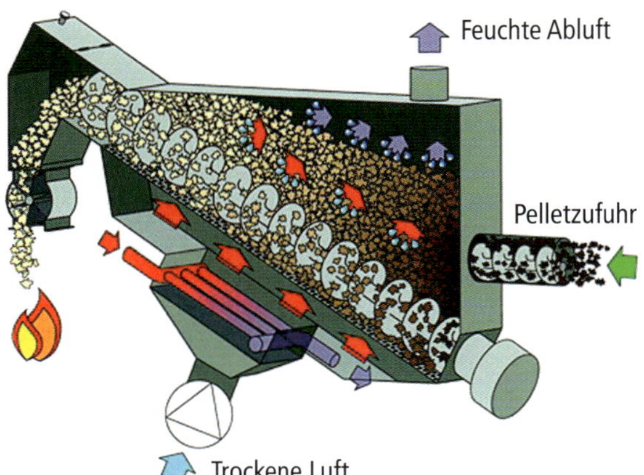

37
Vortrockner für die Transportschnecke.
Quelle: Fa. KÖB & Schäfer.

ker) befinden sich am Boden Luftkanäle (ähnlich den Dränagerohren). Über diese Kanäle kann erwärmte und damit trockene Luft (z.B. aus einem Getreidetrockner) durch das Hackgut geblasen werden. So lassen sich die Hackschnitzel schon in einer Woche auf 25% herunter trocknen. Die künstliche Hackschnitzeltrocknung benötigt allerdings mehr Energie, als bei der Verbrennung feuchter Schnitzel verloren geht. Bevor jedoch beispielsweise bei einer Biogasanlage o.ä. Wärmeproduzenten die überschüssige Wärme über Notkühler abgeführen, erscheint die Trocknung von Brennholz weniger sinnlos. Bei der Belüftung des Silos und für den Transport der Schnitzel in einer Schnecke können Zuführungen von trockener Luft vorgesehen werden.

38
Förderschnecke für den Transport von Holzhackschnitzeln oder Holzpellets.
Quelle: Fa. Wodtke, 72070 Tübingen

Optimal sind um 20 bis 25% liegende Feuchtewerte (bezogen auf das Darr- oder atro Gewicht). Im Feuchtigkeitsrahmen um 25 bis 45% (vom Darrgewicht) senkt eine um 10% höhere Holzfeuchte den Heizwert um 3 bis 5%. In modernen automatischen Heizanlagen können Holzschnitzel mit hoher Feuchte (bis 150%) verbrannt werden. In handbeschickten Feuerungsanlagen dürfen in der Bundesrepublik nur lufttrockene Hackschnitzel verbrannt werden.

Hackschnitzel mit weniger als 30% Wassergehalt gelten als "lagerbeständig". Waldfrische Hackschnitzel besitzen meist um 50% Wassergehalt. Je trockener die Schnitzel sind, um so teurer sind sie und um so mehr Heizkraft besitzen sie. Der Heizwert beträgt bei 50% Wassergehalt nur knapp zwei Drittel vom Heizwert bei 30% Wassergehalt.

Je mehr Holz die Hackschnitzel enthalten, desto mehr Heizkraft besitzen sie. Je größer der Anteil an Rinde und Nadeln oder Blätter ist, desto kleiner ist die Heizkraft und um so größer ist die anfallende Menge an Asche.

Kleinere Heizanlagen verlangen meist ein gleichmäßig klein gehacktes Material, sogenanntes „Feinhackgut" mit maximal 3 cm Stücklänge. Dieses ist teurer. Größere Anlagen sind oft robuster und verarbeiten auch größere Hackschnitzel-Stücke (z.B. bis 25 cm).

Mindestens 80% der Masse muss in dem für die Feuerungs-Anlage optimalen Größenrahmen liegen. Der Staubanteil (Teile mit 1 mm und weniger Größe) soll gering sein (unter 5% der Masse).

Mit dem Lieferanten kann eine Gütevereinbarung nach maximaler Länge und maximalem Querschnitt getroffen werden.

Beispielsweise kann für eine kleine Anlage maximal 12 cm Länge und maximal 3 cm Querschnitt sinnvoll sein, während eine robuste Anlage mit maximal 25 cm Länge und max. 4 cm Querschnitt zurechtkommt.

Beim Transport der Hackschnitzel (in der Förderschnecke) können zu große Stücke zu erheblichen Störungen und Schäden führen.

Mit der technischen Spezifikation CEN/TS 14961 für „Feste Biobrennstoffe – Brennstoff-Spezifikationen und –klassen" hat das Europäische Komitee für Normung CEN auch für Hackschnitzel einheitliche Kenngrößen und Eigenschaften definiert. Viele Anbieter beschreiben ihr Angebot nach diesen Vorgaben. Aus dem umfangreichen Regelwerk sind folgende Angaben für den Verbraucher besonders wichtig:

M30 = Wassergehalt unter 30% und damit zur Lagerung geeignet.
A 07 = Aschegehalt unter 0,7% oder A1.5 = Aschegehalt unter 1,5%.
P16 = Haupt-Fraktion (mehr als 80% der Masse) ist zwischen 3,15 und 16 mm groß oder bei P 45 zwischen 3,15 und 45 mm groß. Kleine Anteile (unter 5%) sind unter 1 mm und geringe Anteile (unter 1%) sind größer.

Getrennt von Hackschnitzeln wird *Schredder-Holz* gegliedert. Hackschnitzel stammen aus Hackern mit scharfen Messern. Schredder-Holz stammt aus Zerkleinerungs-Anlagen mit stumpfen Schlagwerkzeugen. Immer wenn die Gefahr besteht, dass Erde mit dem zu hackenden Holz in den Hacker gelangt, sind Schredder günstiger, weil die scharfen Hackmesser durch die Erde stumpf werden.
Analog zu den Hackschnitzeln gilt:

M30 = Wassergehalt unter 30% und damit zur Lagerung geeignet.
A07 = Aschegehalt unter 0,7% oder A1.5 = Aschengehalt unter 1,5%. Wenn Erde mit eingezogen wird, steigt der Aschengehalt stark an.
P45 = Haupt-Fraktion (mehr als 80% der Masse) ist zwischen 3,15 und 45 mm groß oder bei P63 = zwischen 3,15 und 63 mm groß. Kleine Anteile (unter 5%) sind unter 1 mm und geringe Anteile (unter 1%) sind größer.

Zusätzlich wird die Angabe des Heizwertes und der Schüttdichte empfohlen.

Lagerung von Hackschnitzeln

Das Hackschnitzelsilo soll so gebaut sein, dass es direkt mit dem Transportfahrzeug befüllt werden kann. Es muss aus feuerfestem Material in geschlossener Bauweise erstellt werden, damit keine Katastrophe eintritt, wenn ein solcher Schnitzelbunker einmal in Brand gerät.

Das Volumenmaß für Hackschnitzel ist der Schütt-Kubikmeter (sm^3 oder m_s^3). Ein Festmeter Derbholz gibt rund 2,5 bis 2,8 sm^3 Hackschnitzel, aus einem Raummeter Schichtholz werden etwas weniger als 2 sm^3 Hackschnitzel. Der Heizwert für Hackschnitzel schwankt zwischen 500 und 1.000 kWh/sm^3. Der Mittelwert bei 30% Wassergehalt beträgt um 850 kWh/sm^3. Wenn der Verkauf nach Gewicht erfolgt, können 100 kg Hackschnitzel bei 30% Wassergehalt mit rund 0,4 sm^3 angesetzt werden und diese enthalten um 320 kWh/100 kg. Je höher der Anteil an energiearmem Weichholz (Pappel, Weide) ist, um so geringer wird der Heizwert, je höher der Anteil an Hartholz ist, um so höher wird er.

Wenn stärkeres Holz gehackt wird, dann steckt die Heizenergie von 1.000 kWh bei einer Feuchte der Hackschnitzel von 25% in

- 1,0 m_s^3 Buchen-/Eichenhackschnitzel,
- 1,2 m_s^3 Kiefer- /Lärchenhackschnitzel,
- 1,3 m_s^3 Fichtenhackschnitzel.

Beispiel für ein Angebot von Hackschnitzeln nach EU-Norm:

Herkunft:	Stammholz
Wassergehalt:	M30
Maße:	P45
Energiedichte:	E0.9
	(= 900 kWh/sm^3)

1.000 l Heizöl entsprechen damit im Heizwert etwa 10 m_s^3 Buchen/Eichen- oder 13 m_s^3 Fichten-Hackschnitzeln. Als Regel kann von einem jährlichen Bedarf von 2 bis 3 m_s^3 Schnitzel je kW Nennheizleistung ausgegangen werden.

Werden jedoch die Hackschnitzel aus rindenreichem Reisig und schwachem Holz hergestellt, liegen die Heizwerte niedriger. Am niedrigsten sind sie, wenn Blätter und Nadeln mitgehackt wurden. Dieses feine Material ist für kleine Öfen nicht geeignet und kann nur in technisch raffinierten größeren Anlagen ordentlich verbrannt werden. Oft ist es sinnvoll, das feine Grüngut auszusieben und zu kompostieren.
Lieferanten für Hackschnitzel finden sich heute in der Nähe jedes größeren Waldgebietes. Adressen ortsnaher Anbieter können Sie meistens über die Forstämter erfahren. Manche Sägewerke verkaufen aus den Resten von verarbeitetem Waldholz hergestellte Schnitzel. Wer waldfrische Schnitzel kauft, muss entweder eine Anlage betreiben, welche diese noch sehr feuchten Hackschnitzel gut verbrennen kann, oder eine für die Trocknung geeignete Lagermöglichkeit besitzen. Für die Herstellung von Hackschnitzeln wird weniger als 0,8% der im Holz enthaltenen Energie verbraucht. Die Technik der Häcksler ist sehr unterschiedlich. So gibt es langsam und schnell laufende Hackwerkzeuge, Schnecken-, Scheibenrad- und Trommelsysteme.

Die Kosten für Hackschnitzel schwanken stark je nach den Vorkosten für das zu hackende Material, nach der Lieferentfernung und der Auslastung des Schnitzelherstellers. Der untere Preis für Waldholz-Hackschnitzel lag 2011 bei 15 €/m_s^3, der obere bei 25 €/m_s^3.

Pellets – Presslinge aus Holz

Künstlich hergestellte Holzbrennstoffe sind unter hohem Druck gepresste „Presslinge“ aus Sägespänen, Sägemehl, Holzstücken und Rinde. Sie sind als „Pellets“ oder Briketts im Handel und werden aus naturbelassenem Holzrohstoff gepresst. Das im Holz enthaltene Lignin besorgt bei dem hohen Druck den bindenden Zusammenhalt. In Europa darf eine geringe Menge von unter 2% Stärke (aus Kartoffeln, Mais) zugemischt werden, um die Bindung zu verbessern.

Die Dichte ist hoch (1 bis 1,4 g/cm³). Trotzdem wiegt ein geschütteter Kubikmeter wegen der zwischen den Presslingen vorhandenen Luft nur rund 550 bis 650 kg. Weil die Presslinge meist wenig Feuchte (unter 12%) enthalten, liegen ihre Heizwerte je kg höher als bei normalem Holz. Ein Kilogramm kommt auf einen Heizwert von 4,9 bis 5,4 kWh. Die im Handel angebotenen Pellets gehören meist zur Pressling-Klasse HP 5. Es sind etwa 6 mm dicke und bis 4 cm lange runde Rollen. Gute Pellets haben fast keinen Abrieb, weil sie unter sehr hohem Druck „verklebt” wurden. Ihre Oberfläche ist glatt und glänzend. Raue Oberflächen oder Risse deuten auf Abrieb hin. Der Staubanteil darf trotz des rauhen Transports in Schläuchen etc. maximal ein Hundertstel des Gewichts ausmachen. Wesentlich ist ein geringer Aschegehalt der Pellets. Er sollte unter 0,5% liegen. Beim Kauf ist es sinnvoll, sich eine Qualität (z.B. ENplus) zusichern zu lassen.

Von außen erkennbare Merkmale für gute Pellets sind:

- eine glatte, leicht glänzende Oberfläche,
- ein geringer Staubanteil und relativ wenige Querrisse im Pellet, an denen es leicht zerbricht, und
- eine relativ einheitliche Stückgröße.
- Pellets, die Sie in ein Wasserglas werfen, dürfen darin nicht schwimmen.

Wegen des hohen Drucks werden die Pellets an der Oberfläche teilweise schwarz (Holzkohle). Dies ist kein Mangel. Wenn der Pressvorgang langsam abläuft, das Holzmehl also länger unter hohem Druck steht, wird mehr Lignin plastisch und klebt beim Kühlen die Teile gut zusammen. Ein langsamer Pressvorgang führt allerdings zu einem geringeren Durchsatz und damit zu einem höheren Pellet-Preis.

Für die Herstellung aus Sägemehl und den Transport (im Nahbereich bis 150 km) von Pellets sind weniger als 3% der im Holzpressling enthaltenen Energie erforderlich. Wird die zur Holzgewinnung, luft- und technischen Trocknung sowie Zerkleinerung notwendige Energie hinzugerechnet, dann sind rund 17% der im Pellet enthaltenen Energie zur Herstellung notwendig. Auch dieser Brennstoff ist in der europäischen Norm CEN/TS 14961 enthalten.

Besonders wichtig sind folgende Angaben:

M10 = Wassergehalt unter 10%
A07 = Aschegehalt unter 0,7% oder zumindest
A1.5 = Aschengehalt unter 1,5%.
DU97,5 = nach der Festigkeitsprüfung waren noch mindestens 97,5% fest gebunden.

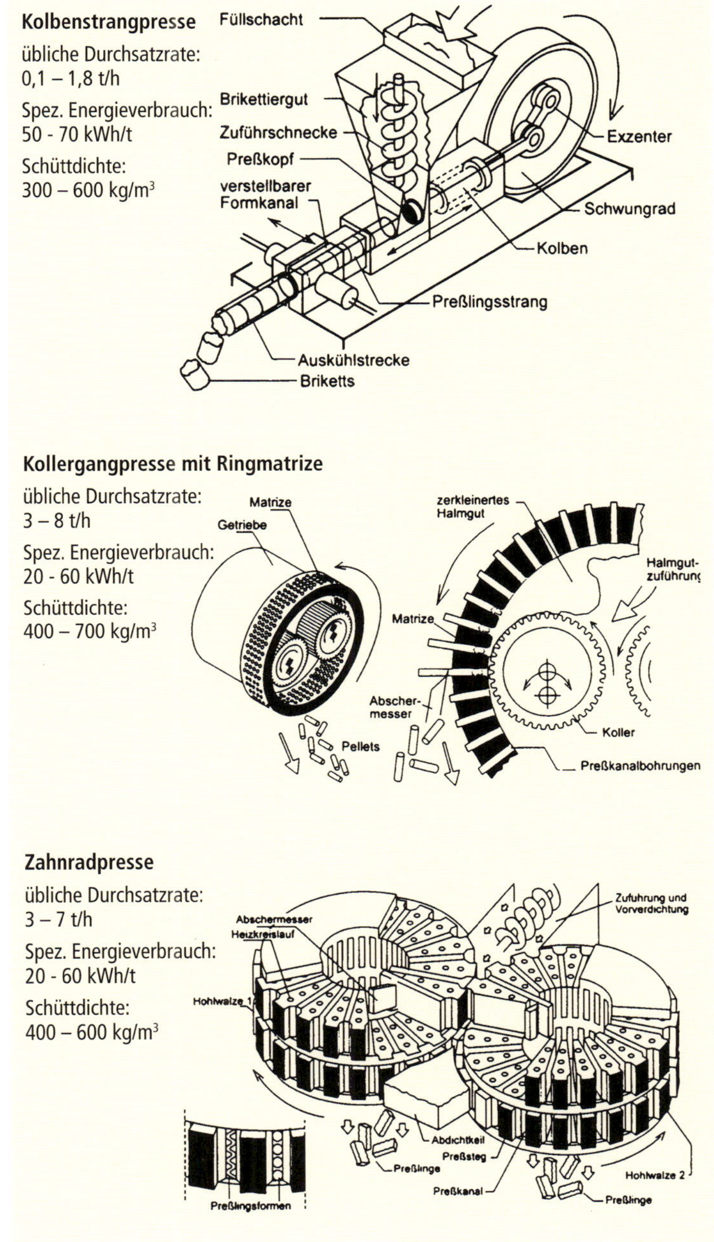

39
Funktionsprinzipien und Merkmale von Brikettier- und Pelletierpressen.
Quelle: Hartmann, H.: Leitfaden Bioenergie

Beispiel für ein Angebot von Holz-Pellets nach EU-Norm:

Herkunft:	Chemisch unbehandeltes Holz, ohne Rinde
Wassergehalt:	M10
Mech. Festigkeit:	DU97,5
Feingutanteil:	F1.0
Maße:	D06
Aschegehalt:	A0.7
Schwefelgehalt:	S0.05
Additiv:	1% Stärke
Heizwert:	E 4.7 = 4,7 kWh/kg

Außerdem wird der Durchmesser (z.B. D06 = bis 6 mm und D08 = bis 8 mm) angegeben. Die Länge darf 4 – 5mal so groß sein. Geringe Anteile dürfen die Maße überschreiten. Auch der Feingutanteil, das Bindemittel (falls welche verwendet wurden) und einige weitere Daten werden angegeben. Die Angabe des Heizwertes und der Schüttdichte wird empfohlen.

Das ENplus-Zertifikat für Holzpellets wird in zwei Klassen (A1 und A2) angeboten, die am unteren Zeichenrand erscheinen. A1 kennzeichnet ENplus-Premiumpellets mit einem besonders niedrigen Aschegehalt für kleine und mittlere Feuerungsanlagen. Pellets der Klasse A2 kommen mit einem etwas höheren Aschegehalt für mittlere und große Feuerungsanlagen in Frage. ENplus bezieht erstmals Pellethandel und Logistik ein und nimmt für sich in Anspruch, die Vorgaben der EU-Norm in vielen Punkten zu übertreffen.

Die Pellets bieten mehrere Vorteile:

- Der Ofen kann automatisch versorgt und die Brennstoffzufuhr gut dosiert werden. Die für einen kalten Tag erforderliche Brennstoffmenge findet im Vorratsbehälter Platz.
- Die Verbrennungsgüte ist sehr hoch, weil die Pellets eine genormte Größe besitzen und sie jeweils nur in der erforderlichen Menge dem Brennraum zugeführt werden.
- Einkauf, Lagerung und Transport im Haus sind relativ sauber und problemlos. Es sind weder Säge- noch Spaltarbeiten notwendig.

Andere Brennstoff-Formen

Holz-Briketts sind Presslinge aus Holzmehl und kleinen Spänen etc. von rund 10 cm Durchmesser und rund 30 cm Länge. In der Mitte befindet sich zum besseren Abbrennen eine Luft-Röhre. Holz-Briketts haben eine hohe Dichte, enthalten kaum Feuchtigkeit und verfügen deshalb über einen großen Heizwert.

Auch dieser Brennstoff ist in der CEN/TS 14961 enthalten. Besonders wichtig sind:

M10 = Wassergehalt unter 10%, bzw.
M15 = Wassergehalt bis 15%.
A07 = Aschegehalt unter 0,7% oder zumindest
A1.5 = Aschengehalt unter 1,5%.
DE1.0 = Partikeldichte von 1,0 bis 1,09 g/cm^3 oder höhere Dichte.

Außerdem werden der Durchmesser (z.B. D100 = bis 100 mm) und die Länge (z.B. L300 = bis 300 mm) angegeben. Auch Partikeldichte, Bindemittel (falls welche verwendet wurden) und einige Daten mehr werden angegeben. Die zusätzliche Angabe des Heizwertes und der Schüttdichte wird empfohlen.

Rinden-Briketts sind Presslinge aus gemahlener Rinde und etwas Holz von rund 10 cm Durchmesser. Sie sind massiv. Sie werden zum Gluterhalt verwendet, weil sie langsam brennen. Sie bilden relativ viel Asche.

Herkunft:	Chemisch unbehandeltes Holz, ohne Rinde; bzw.
bei Rindenbriketts:	chemisch unbehandelte Rinde und Holz
Wassergehalt:	M10
Dichte:	DE1.0
Maße:	D80, L300
Aschegehalt:	A1,5
Additiv:	1% Stärke
Heizwert:	E4.7 (= 4,7 kWh/kg)

Loses Sägemehl, Sägespäne, Schleifstaub oder Rinde darf nur in speziellen Anlagen verbrannt werden (über 15 kW

Nennheizleistung). Diese unterliegen strengeren gesetzlichen Bestimmungen als kleinere Öfen. Gestrichenes, lackiertes oder beschichtetes Holz, Abfälle aus Sperrholz, Spanplatten oder Faserplatten dürfen nur in Betrieben der Holzbe- und -verarbeitung mit speziellen Auflagen und Grenzwerten verbrannt werden. Mit Holzschutzmitteln behandeltes Holz darf nicht verfeuert werden! Zu den Holzschutzmitteln zählen alle Stoffe mit biozider Wirkung gegen holzzerstörende Insekten oder gegen Pilze, ferner Stoffe, welche die Entflammbarkeit von Holz erschweren.

Mit ligninfreien *Holzlamellen* kann jeder heizen, indem er Papier verwendet. Ein 10 cm hoher, dicht gepackter Stoß alter Zeitungen, einmal gefaltet, brennt auf einer ausreichenden Holzglut wie ein Braunkohlenbrikett als Dauerglüher und kann die Glut zwischen drei und fünf Stunden halten.

Wo kaufe ich Pellets?

Inzwischen gibt es viele Lieferanten von Pellets. Oft beschaffen große Händler fossiler Brennstoffe auch Holzpellets (z.B. Raiffeisen, BayWa). Über die Postleitzahl lassen sich unter www.pelletverband.de regionale Hersteller ermitteln, die auf Anfrage ihre örtlichen Lieferanten nachweisen.

Pellets kosten ca. 230 - 245 €/t (incl. MWSt.) frei Haus (Abnahme von 6 t Pellets, Lieferung im Umkreis 50 km, inkl. Nebenkosten und MwSt., März 2017). In Säcken abgepackt liegen die Preise über 4,10 € für den 15 kg schweren Sack entsprechend über 270 €/t. Für diesen Betrag werden sie oft frei Haus geliefert. Der Preis von etwa 0,045 - 0,05 € je kWh liegt höher als im Sommer 2016 (210 €/t) und und entwickelt sich tendenziell ähnlich wie die Öl- und Gaspreise.

Beim Preisgespräch ist die Mindestabnahmemenge entscheidend. Wenn sich mehrere Verbraucher zu einem gemeinsamen Kauf mit z.B. drei Abladestellen verabreden, ist der Preis meist niedriger. Klären Sie, ob ggf. Zuschläge anfallen (z.B. für eine größere Einblasstrecke). Günstige Preise werden außerhalb der Heizperiode gewährt, weil die Hersteller bisher nur einen Teil der Jahresproduktion einlagern können.

Der Lagerraum muss für Pellets geeignet sein (siehe S. 88 - 91). Der Lieferant darf die Pellets nicht mit zu hohem Druck einblasen, günstig ist ein Druck bis maximal 0,5 bar. Bei zu hohem Druck entsteht zuviel Abrieb (Holzmehl) und auf der Prallseite des Lagers können Schäden entstehen. Damit sich die Pellets trotz geringem Druck gut einblasen lassen, ist im Schlauch innen eine glatte Oberfläche notwendig. Der Schlauchdurchmesser soll nicht zu klein sein, sonst dauert das Befüllen zu lange.

Zur Befüllung muss die Heizung ausgebrannt und abgestellt sein, damit keine Ofenglut aus der Anlage abgesaugt werden kann. Alle Türen zum Lagerraum müssen dicht geschlossen sein. In Lagerraum/Silo darf der Luftdruck während des Befüllens nur um maximal 0,2 bar steigen. Vor dem Einblasen der Pellets wird der „Staubsauger" eingeschaltet, der Luft aus dem Lager absaugt und dadurch einen Überdruck im Lager vermeidet.

Wichtig ist, dass der für die Pellets verwendete Holzrohstoff überwiegend aus Holz und kaum aus Rinde besteht. Je höher der Rindenanteil, umso größer ist die Schlackenbildung in der Feuermulde. Lassen Sie sich beispielsweise ENplus als Qualität zusichern.

Die eingeblasene Pellet-Menge wird über die Änderung des Tankgewichts am LKW ermittelt.

Prinzipien der Holzverbrennung

Der Aufbau des Holzfeuers

Zum Anfeuern brauchen Sie

- locker zerknülltes Papier mit Hohlräumen,
- schmal gespaltene Holzspäne (die „Spächele“) oder Reisig und
- normale Holzscheite.

Für Durchbrandöfen und offene Kamine gibt es nichts Besseres als das, was Winnetou und Rulaman auch schon taten. Obgleich diese beiden durch 10.000 Jahre und 25.000 Kilometer getrennt waren, entzündeten sie ihr Lagerfeuer auf gleiche Weise: Sie errichteten einen Zeltstapel. In die Mitte des „Zeltes“ kommt das sich am leichtesten entzündende Material – heutzutage zusammengeknülltes Zeitungspapier. Über diesen Papierkern werden die fein gespaltenen Anfeuerspäne (oder Reisig) gelegt. Wer mit dem fein gespaltenen Holz zu sparsam umgeht oder wer zu grobes Holz verwendet, dessen Feuer brennt nicht, weshalb dann die Übung so lange wiederholt werden muss, bis die falsche „Sparsamkeit“ überwunden ist. Über das Spanholz-Zelt wird das Holzscheit-Zelt aufgebaut.

Beim gut gebauten Anfeuerzeltstapel genügt ein Streichholz, um die Energielawine auszulösen: Mit dem Streichholz wird das Papier entfacht, dessen Verbrennungswärme entzündet die Anfeuerspäne, und diese entzünden die normalen Holzscheite. Feuerungen mit unterem oder seitlichem Abbrand werden besser mit im Haushaltsgeschäft angebotenen Anzündhilfen (z.B. wachsgetränkte Holzspäne) entfacht. Auf drei bis vier dünneren Holzscheiten wird die Anzündhilfe nahe bei der Öffnung vom Rauch-Abzug platziert. Dahinter und darüber kommen nochmals vier schmale Holzscheite. Über diesen kann dann der normale Holzstapel folgen.

Weil Anzündhilfen länger brennen, ist das Anfeuern mit ihnen meistens erfolgreich. An Harz reiches Nadelholz ist beim Entzünden besser als Laubholz, weil Harz rascher Feuer fängt. Zündende Tipps finden sich z.B. bei www.holzenergie.ch .

Manchmal zieht zunächst der Schornstein nicht. Die kalte Luft steckt, einem Pfropfen vergleichbar, in Rauchrohr und Schornstein. Den Kaltluftpfropfen schießen Sie aus dem Kamin, indem Sie etwa zehn Zeitungsseiten zusammenknüllen, entzünden und unter den Rauchgasabzug halten. Wenn die Flammen dieses Papierbrandes auflodern und in den Rauchabzug hineingezogen werden, ist der Kaltluftpfropfen ausgetrieben.

Weil eine höhere Sauerstoffdichte die notwendige Zündtemperatur verringert, kann ein träges Feuer durch Anblasen aufgemuntert werden. Allerdings sollte diese „künstliche Beatmung“ bei richtiger Technik nicht notwendig sein.

40
Im Zeltstapel zündet das Holz zuverlässig.

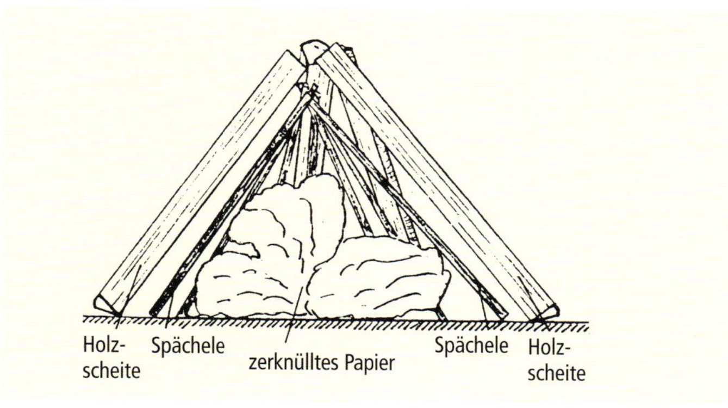

Entzünden von Holz

Je größer die Oberfläche eines Holzstückes im Verhältnis zu seinem Volumen ist, um so größer ist seine Zündbereitschaft. Deshalb eignen sich kleingespaltene Anfeuerspäne oder Reisigholz besonders gut zum Anheizen. Die dünnen Streichhölzer entflammen noch leichter als die Holzspäne. Feinstverteilter Holzstaub kann sich in einer sauerstoffreichen Umgebung sogar explosionsartig entzünden. Weil Fichtenholz eine niedrige Holzdichte besitzt und kaum anorganische Mineralstoffe enthält, entzündet es sich besonders leicht. Holz, welches dichter ist und mehr Mineralstoffe enthält, wie z.B. Eichen-Kernholz, entzündet sich langsamer. Der Grund liegt vermutlich darin, dass bei dichten und mineralstoffreichen Hölzern die Wärmeleitfähigkeit höher ist, wodurch der Wärmestau an der mit der Zündflamme in Kontakt kommenden Oberfläche verkleinert wird.

Brennbare und nichtbrennbare Holzbestandteile				
Stoffeigenschaft	Stoffart	Aggregatzustand bei der Verbrennung	Gewichtsanteil in %	Elementbestandteile in Gewichts-%
brennbare Bestandteile	Holzkohle Kohlenwasserstoffe	fest gasförmig	14% 67%	43% Kohlenstoff 5% Wasserstoff 33% Sauerstoff
nicht brennbare Bestandteile	Wasser (als Dampf) Asche	gasförmig fest	18% unter 1%	2% Wasserstoff 16% Sauerstoff 1% Mineralien

Tabelle 8
Holz-Energiebestandteile und deren Eigenschaften.

Die Holzoberfläche eines dichten und mineralstoffreichen Holzes erreicht deshalb die notwendige Entzündungstemperatur nicht ganz so schnell. Die mittlere Wärmeleitzahl in Richtung der Holzfaser ist mit 0,27 W/mK doppelt so hoch wie quer zur Holzfaser mit 0,14 W/mK. Dank der niedrigen spezifischen Wärme von lufttrockenem Holz (0,5 - 0,7 Wh/kg) genügt eine bescheidene Wärmezufuhr, damit die Entzündungstemperatur von etwa 230°C überschritten wird.

Die Zündtemperatur von Holz liegt nur halb so hoch, wie die von Eierbriketts, welche erst bei 500°C zünden. Die verschiedenen Holzinhaltsstoffe haben nicht nur unterschiedliche Heizwerte, sondern auch verschiedene Brenneigenschaften. So entzünden sich Lignine schwerer als Zellulosen und Zellulosen schwerer als Hemizellulosen.

Im Hinblick auf die entstehende Feinstaubbelastung ist das Vorgehen beim Entzünden von Holzfeuern von Bedeutung. In Städten wie Stuttgart wird das Betreiben von sogenannten Komfortkaminen, also Holzfeuerungen, die nicht zwingend zur Beheizung von Wohnräumen eingesetzt werden müssen, in Zeiten hoher Feinstaubbelastung schon eingeschränkt. Aber jeder, der ein Holzfeuer entfacht, kann durch Einhaltung einiger Verhaltensweisen die Belastung der Umgebung senken helfen.

Sofern der Ofenhersteller keine andere Empfehlung gibt, kann man ein Feuer mit sehr wenig Rauchbildung von oben anzünden. Dazu werden die großen, wärmespendenden Holzscheite unten in den Ofen gelegt und auf diese Scheite stapelt man ein kleines „Anzündmodul". Dies besteht aus etwa fünf kleineren Scheiten mit einer Kantengröße von etwa 5 cm und einer Länge von ca. 20 cm. Zwei der Hölzer werden mit einem Abstand von etwa 6-8 cm parallel direkt auf das Scheitholz gelegt und die anderen 3 dann quer darauf. In den Zwischenraum zwischen die 2 unteren Hölzer legt man eine Anzündhilfe aus wachsgetränkter Holzwolle oder einen Grillanzünder und entzündet die-

Anzündemodul aus Grillanzünder und darübergelegten Scheiten

41
Das Entzünden des Holzfeuers mit einem obenliegenden Anzündemodul (Grillanzünder unter 2 querliegenden Scheiten) hilft, die Entstehung von Feinstaub beim Anfeuern zu vermeiden. Unten ein professionelles aus Holz gefrästes Anzündemodul aus der Schweiz. Bilder: www.fair-feuern.ch und http://luftaus.ch/

	Anteil an der Trockenmasse	Beginn des Zerfalls bei	Zwischenprodukte beim Zerfall unter anderem	Höchste Zerfallsgeschwindigkeit bei
Holzpolyosen, Hemizellulose	20%	150°C		230 – 270°C
Zellulose	50%	170 - 270°C	Lävoglukosan,Holzessig, Aceton, Phenole	330 – 370°C
Lignin	26%	200 - 280°C	Methanol, Holzessig, Aceton, Ameisensäure	über 375°C
Öle, Harze, Fette	4%		sehr inhomogene Gruppe	

Tabelle 9
Reaktion der Holzbestandteile beim Verbrennen.

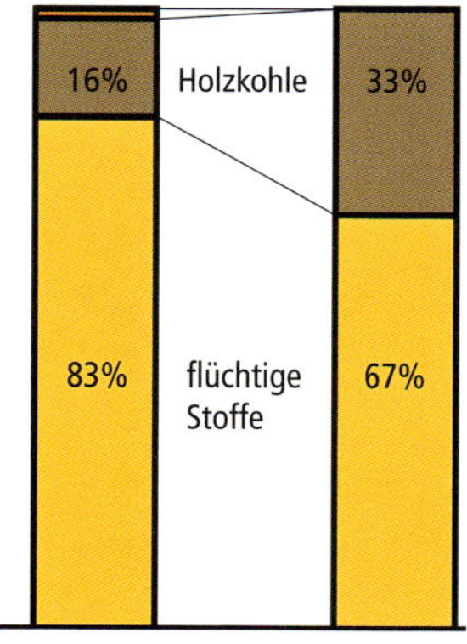

42
Gewichts- und Energieanteil der festen und flüchtigen Stoffe im Holz.
Quelle [2], (verändert durch den Verfasser).

sen. Das Feuer wird dann gleichmäßig von oben nach unten den gesamten Scheitholzhaufen abbrennen. Der Vorteil dabei ist, dass die Verbrennung dabei sehr kontrolliert abläuft und immer eine ausreichend heiße Flamme für die zu erwärmende und dann zu verbrennende Holzmenge zur Verfügung steht. Die ausreichend heiße Flamme stellt sicher, dass die entstehenden Holzgase auch gut verbrannt werden können. Entzündet man das Feuer unter einem Holzstapel, dann entstehen durch die Verteilung der noch geringen Wärmemenge der kleinen Flamme viele unerwünschte Abgasbestandteile, die als Rauch sichtbar werden und maßgeblich zur Umweltbelastung durch Holzfeuerungen beitragen. Ursache dafür ist die geringe Flammentemperatur, die dann in Teilen des Holzes wie ein Schwelbrand wirkt und Abgase produziert. Grundsätzlich gilt: eine gute Verbrennung ist dann gegeben, wenn das Feuer ausreichend Sauerstoff zur Verfügung hat und heiß genug brennen kann.

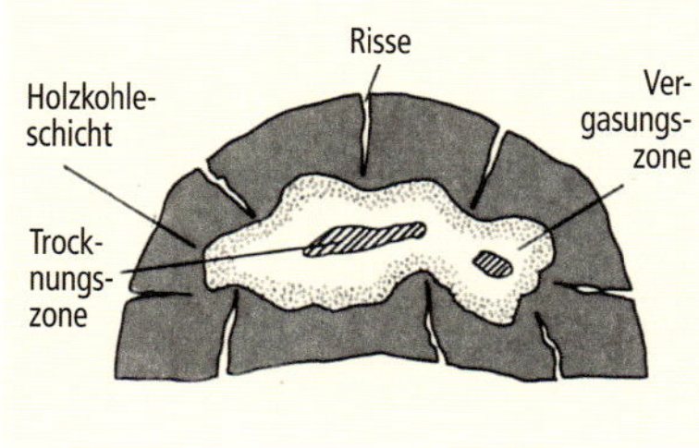

43
Brandzonen in einem aufgeschnittenen angebrannten Holzstück.

Dieser Zusammenhang wird im Kapitel „Stufen der Holzverbrennung“ näher erläutert.

Holzverbrennung

Holz ist zwar ein fester Brennstoff, aber wenn Holz verbrennt, dann tut es dies vorwiegend als Holzgas. Weil rund 83% (Gewicht) der brennbaren Holzsubstanz als Gas verbrennen, gilt das Holz neben Stroh als der gasreichste Brennstoff unter den Heizmaterialien. Diese 83% der als Gas verbrennenden Holzsubstanz erzeugen knapp 70% des Holzheizwertes. Beim Koks verbrennen weniger als 10% der brennbaren Substanz gasförmig. Dieser Unterschied ist verantwortlich dafür, dass ein guter Holzofen andere technische Eigenschaften besitzen muss als ein Kohleofen. Die langen Flammen des offenen Holzfeuers mit seiner wärmeausstrahlenden Farbe wären ohne das Holzgas nicht vorhanden.

Weil Holz vorwiegend in einer großen Holz-Gasflamme verbrennt, braucht es zur guten Verbrennung einen großen Brennraum. Außerdem muss der Gasflammzone eine zusätzliche (sauerstoffreiche) erhitzte Frischluft zugeführt werden. Diese vorerwärmte „Sekundärluft“ ist notwendig, damit das vorhandene energiereiche Holzgas möglichst vollständig ausbrennt.

Holz ist ein naturgewachsener, nicht genormter Stoff. Deshalb lassen sich die Entwicklungsstufen eines Holzfeuers nicht in einen ganz exakten Rahmen stellen. Die je nach Holzstück verschiedenen Stoffzusammensetzungen und Brennfaktoren führen zu unübersichtlichen Mischvorgängen. Zusätzlich treten in einem brennenden Holzstück die einzelnen Brandstufen zeitweilig gemeinsam auf, da die Temperaturerhöhung und die Brennvorgänge allmählich von außen nach innen vordringen.

Stufen der Holzverbrennung

Trocknen der Restfeuchte: Auch im lufttrockenen Holz ist noch eine Restfeuchtigkeit zwischen 15 und 20% des Gewichtes vorhanden. Diese Restfeuchtigkeit wird bei Temperaturen um 100°C aus dem Holz ausgetrieben.

Beginnende Zersetzung: Etwa gleichzeitig beginnen einzelne, im Holz enthaltene Stoffe, flüssig zu werden; ihre Moleküle fangen an, sich aufzuspalten und zu verdampfen. Allerdings entweichen die sich bildenden Gase zwischen 100 und 200°C noch sehr langsam.

Holzgas entsteht: Die zunächst entstehenden Holzgase entzünden sich an der Flamme des Anzündpapiers, aber sie würden noch nicht selbständig weiterbrennen, wenn die Zündflamme weggenommen würde. Bis zu diesem – bei etwa 225°C liegenden – Reaktionspunkt muss dem Holz Wärmeenergie zugefügt werden, damit der Verbrennungsvorgang weiterläuft. Bis hierher findet also eine endotherme Reaktion statt.

Wärmeenergie wird frei: Ab 260°C tritt ein deutlicher Wärmeüberschuss bei der stattfindenden Umwandlung (Pyrolyse) im Holzfeuer auf. Die Reaktion ist jetzt exotherm. Wegen des Sauerstoffmangels in der Nähe des sich rasch zersetzenden Holzstückes entflammen die Holzgase oft erst ein gutes Stück vom Holzscheit entfernt, wenn sie sich genügend mit Luftsauerstoff vermischt haben. Die Flammentemperatur, bei der das vollständig in seine reaktionsfähigen Bestandteile Kohlenstoff und Wasserstoff zersetzte Holzgas oxidiert, liegt bei 1000°C.

Nur wenn das Holzgas bei hoher Temperatur ausreichend mit Sauerstoff vermischt ausbrennen kann, wird die im Holz enthaltene Heizenergie auch ausgenutzt. Zugleich werden dann keine unvollständig aufgespaltenen Kohlen-Wasserstoff- (Sauerstoff-) Verbindungen durch den Schornstein in den unschuldigen Himmel transportiert. Bei vollständigem Ausbrennen der Holzgase entsteht Kohlendioxid CO_2 und Wasser H_2O – beides natürliche, die Umwelt nicht belastende Stoffe.

Die Holzkohle verbrennt: Durch die Hitze wurden die Wasserstoff enthaltenden Bestandteile aus den Kohlenwasserstoffverbindungen des Holzes abgespalten und als Gas verbrannt. Wegen des rasch entweichenden Holzgases konnte nicht genügend Sauerstoff an die Oberfläche des Holzstückes gelangen, weshalb sich dieses zunehmend in Holzkohle verwandelt hat. Sobald das Holz entgast ist, kann diese Holzkohle bei einer Temperatur von 500 bis 800°C verglühen. Reine Holzkohle verbrennt praktisch ohne Flamme, weshalb Holzkohle für Kaminfeuer nicht geeignet ist.

Wird ein brennendes, dickes, außen schon verkohltes Holzstück quer durchgeschnitten, dann findet man folgende Zersetzungszonen (Abb. 43):

- Außen hat sich schon Holzkohle gebildet. Diese Schicht ist teils wegen des Masseschwunds aufgerissen, teils

44
Der Brandverlauf eines Holzfeuers.

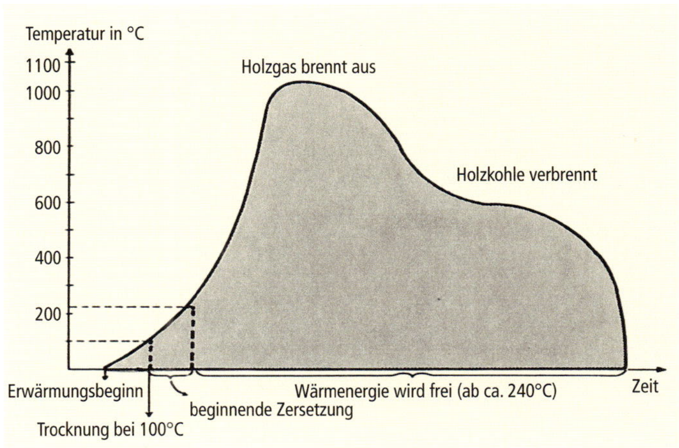

durch das sich Platz schaffende Holzgas aufgesprengt.

- Darunter befindet sich ein schmaler Bereich, in dem sich das Holz gerade thermisch zersetzt. Hier läuft die Holzvergasung auf vollen Touren.
- Im Kern des Holzstückes kann noch eine unverbrannte Zone gesunden Holzes vorhanden sein, wenn dort die Zersetzungstemperatur von 100 bis 150°C noch nicht erreicht wurde.

Das Holz klein zu spalten, kostet zwar mehr Arbeit, aber weil bei kleinen Holzstücken die Verbrennung über das Holzstück einheitlicher abläuft, führen kleine Stücke zu einer besseren Verbrennungsqualität und einfacheren Feuerregelung.

Holzfeuer braucht zweimal Luft

80% der Verbrennungsluft soll als Erstluft dem Holzfeuer zugeführt werden. Diese „Primärluft“ sorgt für die Zersetzung der Holzbestandteile und die Holzgasbildung, außerdem ist sie für den Holzkohleabbrand notwendig.

45
Ein einfacher Stubenofen für Holz.

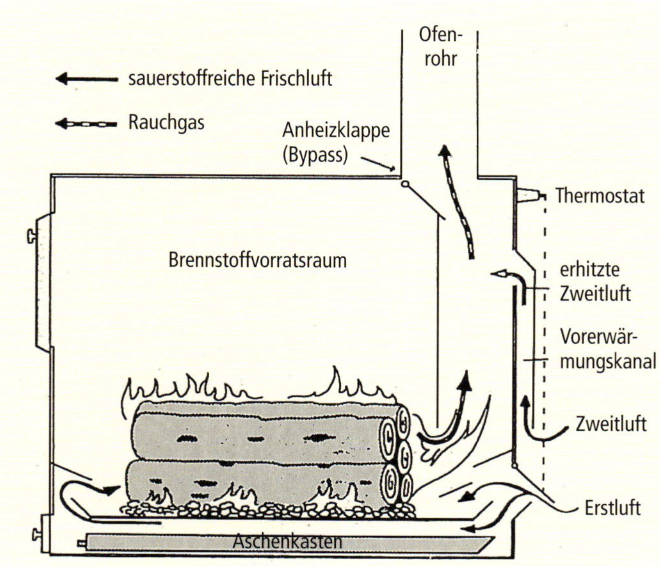

20% der Verbrennungsluft sollen als Zweitluft in den Gasbereich der Holzgasflammen gebracht werden. Diese „Sekundärluft“ sorgt für den vollständigen Ausbrand des Holzgases. Damit durch die Zweitluftzufuhr die Holzgasflammen nicht abgekühlt werden, weil sie dann nicht vollständig ausbrennen, muss diese Zweitluft möglichst hoch erhitzt den Holzgasflammen zugeführt werden.

Die Durchmischung der Sekundärluft mit den sehr heißen Holzgasen stellt eines der technischen Probleme beim Bau von Öfen dar. Heiße Gase vermischen sich aus physikalischen Gründen nur sehr schlecht. Durch Wirbelstrecken oder enge Düsen wird die Vermischung in guten Öfen verbessert. Nach der Sauerstoffanreicherung sollte das Holzgas zunächst vollends ausbrennen können (es sollte mindestens eine Sekunde Ausbrennzeit haben), bevor es an die Wärmetauscher gelangt (Abb. 45 u. 46). Eine ideale Gasdurchmischung von sauerstoffreicher Luft und Holzgasen wird nicht erreicht. Deshalb muss mehr sauerstoffhaltige Luft zugeführt werden, als rechnerisch zur vollständigen Verbrennung notwendig wäre. Dieser „Luftüberschuss“ sollte erfahrungsgemäß beim 1,7 fachen der für die Verbrennung unbedingt nötigen Luftmenge liegen.

In einigen Öfen wird die primäre Luftzufuhr über einen Thermostat gesteuert, der die Temperatur der abziehenden Rauchgase misst und je nachdem die Luftklappe mehr oder weniger weit öffnet. Beachten Sie bitte: Durch Unterbrechen der Luftzufuhr wird die Zersetzung des Holzes beim üblichen Durchbrandofen nicht gestoppt, sondern im Tempo nur etwas verringert, was den Wirkungsgrad ganz erheblich verschlechtert.

Die Wärmeleistung darf nicht durch eine Verringerung der Frischluftzufuhr oder durch die Drosselung des Schornsteinzuges gesenkt werden, weil das Holzgas dann nicht mehr vollständig ausbrennen kann. Besser ist es, die Wärmeleistung durch eine sparsame Brennstoffzufuhr zu regeln, indem mäßig, aber regelmäßig nachgelegt wird.

Nicht nur zu wenig Luft bringt Nachteile, zu viel Luft ist ebenso ungünstig. 10 kg lufttrockenes Holz braucht zwischen 30 bis 40 m^3 Luft zum Verbrennen. Wenn zuviel Luft zugeführt wird, muss dieses „Zuviel" auch erwärmt werden und trägt Energie in Form heißer Luft durch den Schornstein nutzlos davon. Bei rund 200°C heißen Rauchgasen bedeutet jeder unnötig zugeführte und erwärmte Kubikmeter Luft einen Wärmeverlust von etwa 70 Wh.

Für den Betrieb von Öfen in den gut isolierten und abgedichteten Räumen moderner Wohnungen müssen spezielle Zuluftkanäle vorhanden sein. Diese Frischluft sollte, bevor sie in den warmen Wohnraum strömt, an Wärmeaustauschflächen des Ofens vorbeiziehen, damit sie als warme Frischluft in den Raum gelangt; dies erhöht den Wohnkomfort. Deshalb sollte am Kachelofen ein entsprechender Frischlufterwärmungskanal vorgesehen werden.

Eine intelligente Luftsteuerung benötigt Messtechnik (z.B. Lambda-Sonde) und ein Gebläse für die Verbrennungsluft. Meist sind es Saugzug-Gebläse, welche im Feuerraum einen Unterdruck erzeugen. Bei diesen kann die Ofentüre geöffnet werden, ohne dass Feuerflammen austreten. Bei Druck-Gebläsen muss dieses zuerst abgeschaltet werden, weil sonst durch den Überdruck im Feuerraum die Flammen aus der Feuerraumtüre schlagen. Die Mess-Sonde orientiert sich z.B. an der Temperatur und/oder am Kohlenmonoxid-Gehalt vom Rauchgas. Ein hoher CO-Anteil zeigt, dass Sauerstoff knapp ist, weshalb das nur teilweise verbrannte CO als ein an Energie reiches Gas nutzlos den Ofen verlässt. Je nach dem Messergebnis steuert die Sonde mehr oder weniger Luft hinzu.

Ein geschlossener Luftkreislauf ist für Holzöfen nicht möglich, sowenig wie für Gas- oder Ölbrenner. Die nach der Verbrennung in der Brennkammer an Sauerstoff arme Luft muss über den Schornstein in das Freie gelassen werden. Dafür muss frische, sauerstoffreiche Luft der Verbrennung im Ofen zugeführt werden. Vor dem Ofen darf kein Unterdruck entstehen, damit die Brenngase in den Schornstein ziehen und nicht aus dem Ofen in den Heizraum gelangen. Am einfachsten erfolgt die Zufuhr der frischen Luft über ein (teilweise) offenes Fenster im Heizraum. Raffinierter ist ein offener Kanal (Rohr), durch den von außen die Frischluft einströmen kann. Dieser Kanal soll von außen zum Ofen hin leicht ansteigend geführt werden.

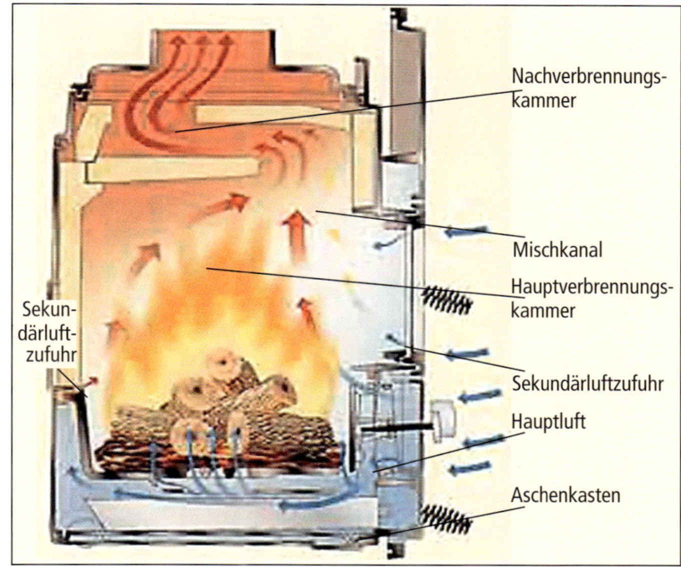

46
Heizeinsatz mit Primär- und Sekundärluftzufuhr.
Quelle: LEDA-Werk GmbH, 26789 Leer

47
Heizeinsatz für Grundöfen mit Verbrennungsluftzufuhr von außen. Der raumluftunabhängige Betrieb des Kachelofens ist in gut abgedichteten Niedrigenergiehäusern unumgänglich.
Quelle: Fa. U. Brunner, 84307 Eggenfelden

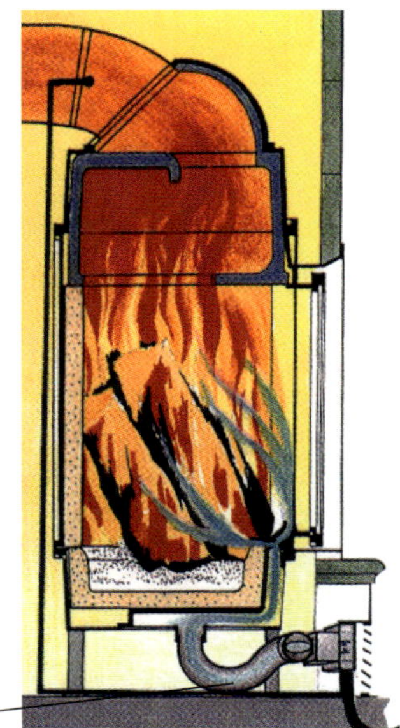

Das Rohr für die Verbrennungsluftzufuhr kann auch in einen Belüftungsschacht im Schornstein geführt werden (hier erfolgt die Luftzufuhr aus dem Wohnraum).

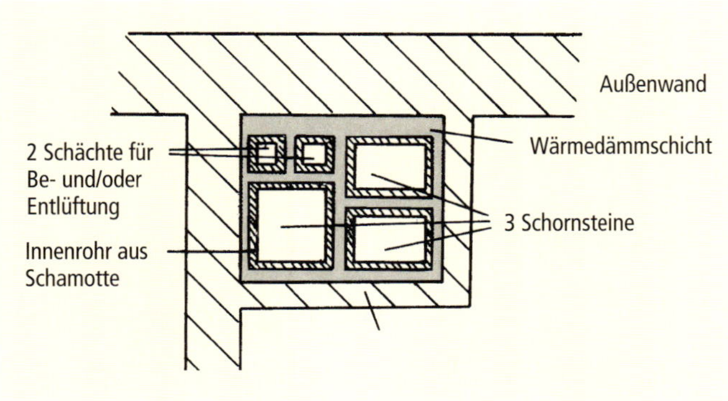

48 Querschnitt durch einen Schornstein mit mehreren Zügen.

49 Holzfeuerstellen im Haus.

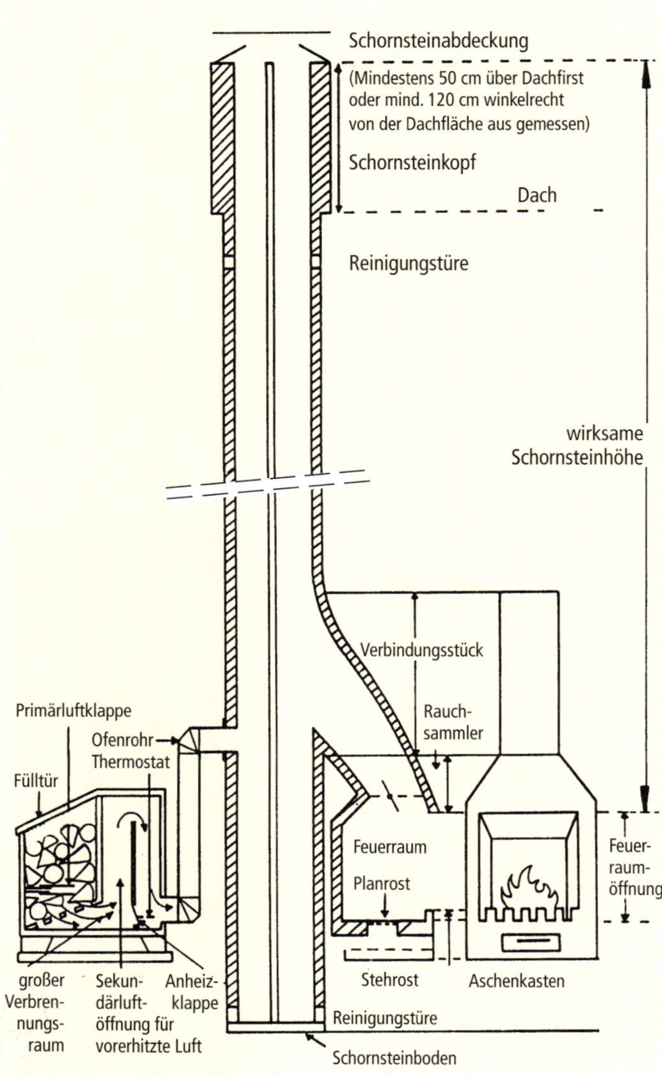

Der Schornstein

Schornsteine müssen aus nichtbrennbarem Baustoff mit hohem Wärmedurchlasswiderstand hergestellt sein. Der Schornstein muss für eine Festbrennstofffeuerung mindestens 5 m hoch sein und er muss – auch unverputzt – vollständig dicht sein.

Ein stärkerer Schornsteinzug ist besser als ein zu schwacher, weil das Drosseln des Schornsteinzuges auf einen optimalen Wert relativ leicht möglich, eine Zugverstärkung (zum Beispiel durch den Einbau eines Ventilators) dagegen technisch aufwendig ist. Der Zug eines Schornsteins hängt von dessen Höhe (Höhendifferenz vom Feuerrost bis zur Schornsteinmündung) und dem Innenquerschnitt ab; er kann für verschiedene Kaminbauarten anhand von speziellen Tabellen oder Grafiken ermittelt werden. Der ohne Gebläse schon vorhandene natürliche Rauchzug, der „Naturzug", muss einen festgelegten Mindestwert erreichen. Der bei der Holzverbrennung entstehende Entgasungsdruck wirkt wie ein Rauchgasgebläse und verstärkt den Naturzug.

Ein zu starker Kaminzug oder eine zu kleine Brennkammer führen dazu, dass die Nachverbrennung in den Wärmetauschflächen oder im Schornstein stattfindet. Beides führt zu Energieverlusten.

In dem Geschoss, in dem der Holzofen steht, muss er an den Schornstein angeschlossen sein. Ein Ofenrohr über zwei Stockwerke ist nicht zulässig.

Einige Länder verlangen generell einen zweiten Schornstein, wenn im Doppelbetrieb ein Holzofen neben einem Ölkessel angeschlossen werden soll. Andere Bundesländer gestatten den Doppelbetrieb, wenn durch die Technik garantiert ist, dass der Ölkessel stillsteht, wenn der Holzkessel brennt. Die Steuerung erfolgt dann nach folgendem

Regelkreis: Der Holzrauch wird über 100°C heiß. Ein Thermostat, der dies registriert, schaltet den Strom für den Ölbrenner ab und schließt mit einer zeitlichen Verzögerung die Rauchgasklappe des Ölbrenners. Nur der Holzbrenner raucht dann noch durch den Schornstein. Wenn das Holzfeuer erlischt, wird die Blockade aufgehoben, und bei weiterem Wärmebedarf kann dann der Ölbrenner wieder einschalten.

Ist der Schornsteinquerschnitt so groß, dass die Rauchgase beider Feuerungsanlagen bei gleichzeitigem Volllastbetrieb abgeführt werden können, dann kann ein Parallelbetrieb der Holzheizung mit der Öl- oder Gasheizung in Ausnahmefällen genehmigt werden. Auf jeden Fall ist ein eigener Schornstein erforderlich für offene Kamine, Kaminöfen und Anlagen über 20 kW Gesamtnennwärmeleistung.

Naturzug: Das Holzfeuer reguliert seinen Luftbedarf in weiten Grenzen selbständig. Wird weiteres Holz nachgelegt, entwickeln sich Holzgasflammen, diese stoßen durch ihre Ausdehnung den Luftstrom in den Rauchgaszügen und im Schornstein an. Außerdem beschleunigt die Erwärmung des Luftstromes den Rauchgasstrom. Umgekehrt verlangsamt sich der Rauchgasstrom, wenn das Holz entgast und die Rauchgaszüge wieder kühler sind.

Trotzdem muss die Luftklappe beim ausgebrannten Ofen geschlossen werden, da sonst der immer vorhandene schwache Naturzug die Ofenzüge auskühlt. Dies kann vor allem beim wärmespeichernden Kachelgrundofen zu erheblichen Verlusten führen.

Schornsteinbrand: Wenn mit einem bollernden, fauchenden oder röhrenden Feuer der Schornstein ausbrennt, dann sind daran Holzteerablagerungen schuld, die bei einem starken Ofenfeuer sich entzünden können. Was tun?

- Als erstes sind alle Luftklappen am Ofen zu schließen, damit dem Feuer die Frischluft abgestellt wird.
- Dann sind alle Hausteile um den Schornstein herum auf Schäden zu prüfen. War der Schornstein in einwandfreiem Zustand – hatte er also keine noch so kleinen Risse –, dann erstirbt der Schornsteinbrand ohne Folgeschäden. Im anderen Fall muss schnellstens die Feuerwehr her. Im Zweifel ist es immer besser, die Feuerwehr zu rufen!

Weder die Hausratversicherung, noch die Gebäudeversicherer verlangen eine höhere Versicherungsprämie bei Holzheizungen, weil nämlich technisch einwandfreie und richtig betriebene Holzheizungen genauso sicher sind wie andere Heizmethoden.

Rußablagerung: Die nicht vollständig gecrackten Holzbestandteile können sich auf kalten Oberflächen als schwarzer Ruß niederschlagen. Der Vorgang ist vergleichbar mit dem Rußniederschlag auf einem kalten Teller, der über eine Kerzenflamme gehalten wird. Ruß ist ein Zeichen für eine unvollständige Verbrennung. Brennt sich der teerartige Holzruß ein, entsteht lackähnlich aussehender Glanzruß. Leider lässt sich die Rußbildung beim Anheizen im kalten Feuerraum nicht vermeiden, aber nach der Anheizphase darf kein Ruß mehr entstehen. Eine Rußschicht erschwert die Wärmeabgabe an die darunter liegende Wand, sie ist daher im Wärmetauscher besonders unerwünscht.

Feinstaub: Mit dem Rauch kommt auch Feinstaub aus dem Kamin. Damit sind Staubteile mit weniger als einem tausendstel Millimeter Durchmesser ($< 10^{-6}$ m) gemeint, die somit kleiner sind als ein Zehntel vom Durchmesser eines Haares. Am niedrigsten sind die emittierten Staubmengen, wenn das

Maßnahmen zur Emissionsminderung

1. Hauptforderung
Kesselkonstruktion, mit welcher hohe Temperaturen in der Brennkammer und damit hohe Flammtemperaturen erreicht werden können.

2. Holzsortimente
verwenden, welche für den Kessel geeignet sind.

3. Beschickung und Betrieb
so einrichten, dass eine vollständige Verbrennung mit nur geringer Schwelgasbildung erreicht wird.

4. Rauchgasreinigung
Mit der Rauchgasreinigung kann bei automatischen Feuerungen mit hohem Aschenanteil (Unterschub-, Einblasfeuerung usw.) der Flugaschenanteil wirksam reduziert werden.

Tabelle 10
Wie Emissionen gering gehalten werden können.
Quelle [2]

Tabelle 11
Die wichtigsten Emissionen bei der Holzverbrennung.
Quelle [2]

Emissionen bei der Holzverbrennung		
Stoff im Rauchgas	**Beschreibung / Ursache**	**Beurteilung**
Asche	feste, unbrennbare Rückstände	lästig
Kohlendioxid CO_2	natürliches Zerfalls-/Abbauprodukt	Teil des natürlichen Kreislaufs
Ruß	unverbrannter Kohlenstoff wg. unvollständiger Verbrennung	lästig vor allem in Feuerungsanlage und Kamin
Stickoxid NO_X	Brennstickstoff und Luftstickstoff + Luftsauerstoff -> NO_X Ursache: Luftüberschuss, hohe Verbrennungstemperaturen	ähnlich wie vergleichbare Öl- und Gasfeuerungen
Kohlenmonoxid CO	giftiges Gas, wegen unvollständiger Verbrennung	höher als bei vergleichbaren Öl- u. Gasfeuerungen
Kohlenwasserstoffe HC	fest, flüssig, gasförmig (Hauptanteil des sichtbaren Rauches). Entsteht durch unvollständige Verbrennung	je nach Feuerung u. Verbrennungsqualität stark bis schwach toxisch u./o. umweltschädigend

Feuer ruhig und heiß brennt. Bei großen Holzfeuerungen sind schon lange Staubfilter üblich. Ofenhersteller arbeiten an technischen Methoden, mit denen auch bei Hausfeuerungen die Staubmengen gesenkt werden können.

Die einen arbeiten mit porösen Keramikfiltern im Rauchgas-Strom, die anderen mit einem kleinen Elektrofilter, bei dem sich mitten im Rauchgasstrom eine Elektrode befindet, die ihre Ladung aus einem Netzstromanschluss bezieht. Feinstaub-Teilchen werden damit ionisiert (aufgeladen), so dass sie von der nachfolgenden geerdeten Metallwand angezogen werden und sich dort ablagern. Eine Reinigung des Rauchgasrohres – wie üblich vom Kaminfeger – nach 4 Monaten Betriebszeit soll ausreichen. Die Investitionskosten für Sonde und Stahlrohr liegen um 1500 €, hinzu kommen Betriebskosten.

Schornsteindurchnässung: Im Holzrauch ist immer auch Wasser enthalten. Dieser Wasserdampf führt zu einem weißen Rauchwölkchen im kalten, klaren Winterhimmel. Ist die Temperatur im Schornstein zu niedrig, dann kondensiert das Wasser schon im Kamin und durchnässt die Schornsteinwände. Die Kaminversottung mit all ihren teuren Folgen ist das schädliche Ergebnis. Bei gut lufttrockenem Holz liegt die kritische Untergrenze des Rauches – der Taupunkt – bei 45°C (ist feuchteabhängig). Folglich muss eine über dieser Temperatur liegende Mindestwärme am Schornsteinkopf noch vorhanden sein. Bei feuchtem Holz wird diese kritische Grenze schon bei 60°C unterschritten.

Rund 130 bis 150°C soll das Rauchgas vor dem Eintritt in den Schornstein noch heiß sein. Bei schlechter Schornsteinisolierung müssen es entsprechend höhere Temperaturen sein. Vor der Kaminversottung schützt trockenes Holz, eine ausreichend heiße Verbrennung und eine gute Schornsteinisolierung.

Holzfeuerrauch: Feuerungsanlagen für den Einsatz fester Brennstoffe sind laut Bundesimmissionsschutzverordnung „raucharm“ zu betreiben. Diese Anforderung gilt als erfüllt, wenn sie mit raucharmen Brennstoffen betrieben werden. Nur „trockenes Holz“ ist ein raucharmer Brennstoff.

Beim Verbrennen des Lignins entsteht meist ein für den Holzrauch typischer aromatischer Geruch. Solange das Holzgas nahezu vollständig ausbrennt, dürfte dieser Restgeruch von keinem Gericht als „unangenehm“ verurteilt werden. Auch Kohle- oder Ölheizungen haben einen spezifischen Geruch.

Holz enthält (fast) keinen Schwefel, keine Chlorverbindungen und keine Schwermetalle. Deshalb können Holzheizungen auch ohne spezielle Filter umweltfreundlich betrieben werden. Wird in der Brennkammer des Holzofens die zur vollständigen Zersetzung notwendige hohe Temperatur erreicht, dann verbindet sich in der heißen Zone

Spezifische Emissionen verschiedener Feuerungen						
Schadstoffe Feuerung	Kohlendioxyd mg/MJ	Kohlenmonoxid mg/MJ	Schwefeldioxid mg/MJ	Stickoxide mg/MJ	Kohlenwasserstoffe mg/MJ	Partikel mg/MJ
Öl	76.000	17	95	50	15	5
Gas	60.000	8	0,2	35	12	0,2
Kohle	100.000	1.500	700	50	330	330
Holz konventionell	122.000	1.500 – 6.500	0	40 – 250	100 – 700	50 – 150
Holz modern	122.000	130 – 650	0	40 – 150	26 – 50	5 – 26

Tabelle 12
Spezifische Emissionen verschiedener Feuerungen bezogen auf den unteren Heizwert (1 MJ = 0,278 kWh). Quelle [2]

ein (kleiner) Teil des Luftstickstoffes mit dem Luftsauerstoff zu Stickoxiden. Bei niedriger Brennkammertemperatur bildet sich zwar (fast) kein Stickoxid, dafür aber geraten unvollständig verbrannte Holzgasbestandteile in die Luft. Nach der bisherigen Sachlagebeurteilung ist eine vollständige Holzverbrennung unter Inkaufnahme von Stickoxid besser als die umgekehrte Lösung mit zu niederen Brennkammertemperaturen.

Der Rauch von unvollständig verbranntem Holz enthält eine Reihe organischer Verbindungen (z.B. Kohlenwasserstoffe wie Benzole, diverse organische Säuren, Aldehyde, Kresole, Phenole und andere Aromate). Einige dieser Stoffe sind starke Geruchsträger und einzelne gelten als gesundheitsschädlich. Schon deshalb ist es notwendig, durch eine gut geregelte Verbrennung in einem geeigneten Holzofen dafür zu sorgen, dass das Brennholz vollständig ausbrennt.

Auf lange Sicht werden die bei einer unvollständigen Verbrennung freigesetzten Stoffe von den natürlichen Kräften zu waldüblichen Grundbestandteilen abgebaut. Eine langfristige Umweltgefahr geht von ihnen somit nicht aus. Unser Ziel muss sein: Ein das Holz vollständig verbrennender und damit die Holzenergie vollständig ausnutzender Holzofen. Dieser ist energiewirtschaftlich sinnvoll, und der erzeugte Holzrauch ist umweltfreundlicher als der Rauch aus Kohle- oder Ölfeuerungen und hält sogar einem Vergleich mit Gasfeuerungen stand.

Holzasche

Die ausgebrannte Asche enthält in der Regel noch gut 24 Stunden lang Glutteile. Deshalb muss sie eine ausreichende Zeit in einem Metallbehälter ausglühen. Normalerweise entspricht die Menge der anfallenden Holzasche nur 0,3 bis 0,5 Gewichts-% des eingebrachten Holzes. Wenn jedoch Rinde, Blätter und Zweige mit verfeuert werden, nimmt der Aschenanteil deutlich zu. Wenn das Holz verschmutzt ist und damit Erdreich in den Ofen kommt, steigt der Aschenanteil ebenfalls und kann schließlich mehr als 10% betragen. Es

50
Reaktionsverlauf bei der Holzverbrennung.

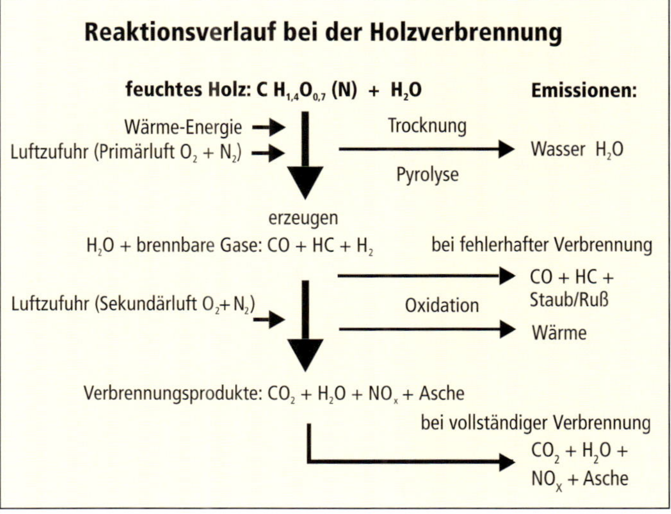

51
Alter Prachtofen mit einer großen Oberfläche zum Wärmeaustausch oberhalb vom Feuerraum.
Quelle: Dr. Lange, 41751 Viersen

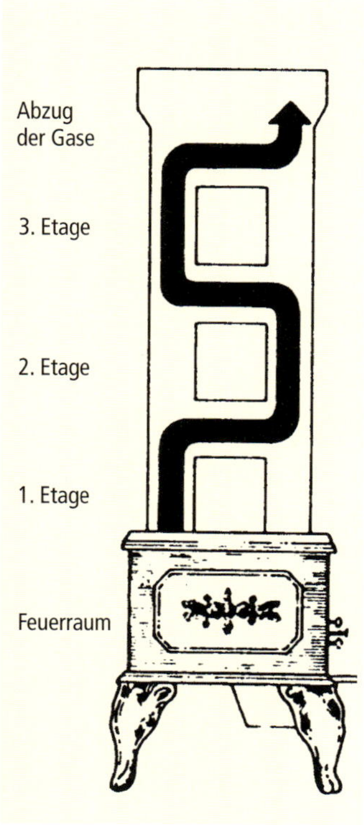

gibt mineralstoffreiche Tropenhölzer, deren Aschenanteil ein Mehrfaches unserer Holzarten beträgt. Holzasche schmilzt meist nicht zu Schlacken, weil die Verbrennungstemperatur in der Regel unter 1.200°C beträgt. Der Schmelzpunkt der Holzasche liegt jedoch bei 1.300 bis 1.400°C. Wenn Strohhäcksel mit verfeuert werden, kann die Temperatur über dem Aschenbereich so hoch ansteigen, dass die Asche schmilzt, also verschlackt. Solche verschlackten Ofenteile sind schlecht zu reinigen.

Die Holzasche besteht zum größten Teil aus Calcium, Kalium und Magnesium. Die mittleren Werte liegen bei 50% CaO Calcium, 16% K_2O Kalium, 15% MgO Magnesium, 7% P_2O_2 Phosphor, 5% SiO_2 Silizium, 5% Na_2O Natrium und kleine Mengen Eisen, Mangan etc. Die Schwankungsbreite der Inhaltsstoffe ist sehr hoch, wie fast alle Werte beim Naturprodukt Holz. Holzasche kann als Gartendünger verwendet werden, allerdings nur, wenn es reine Holzasche ist.

Brennkammer

Voraussetzungen für eine vollkommene Verbrennung sind:

- Eine hohe Temperatur in der Brennkammer. Optimal sind um 850 bis 1000°C. Mindestens 600°C müssen erreicht werden.
- Eine ausreichende Reaktionszeit, damit die heißen Holzgase mit den sauerstoffreichen Luftgasen sich gut vermischen und ausreagieren können.
- Ein ausreichender Sauerstoffgehalt.

Kritisch ist selten der ausreichende Sauerstoffgehalt, da bei der Holzverbrennung mit Luftüberschuss gefahren wird. Problematisch ist eher eine zu geringe Reaktionszeit, indem bei einer zu kleinen Brennkammer die heißen Holzgase zu rasch aus der heißen Brennkammer weggeführt werden. Davor bewahrt eine größere Brennkammer oder – falls der Schornsteinzug zu stark ist – eine Verringerung dieses Zuges. Damit sich die Holzgase und die Verbrennungsluft gut vermischen, werden sie in Verengungen (Düsen) verwirbelt. Dies ist umso wichtiger, je heißer die in die Brennkammer gelangenden Gase sind, weil sich heiße Gase nur schwer vermischen.

Der häufigste Mangel liegt in zu niedrigen Brennkammertemperaturen. Deshalb sind mit Schamotte ausgemauerte und gut wärmeisolierte Brennkammern zu empfehlen. Sie können auch mit Keramik oder mit Edelstahlblechen ausgekleidet sein. Inzwischen wurden Feuerfestauskleidungen entwickelt, welche sich ab Anheizbeginn sehr rasch erwärmen, weil sie die Wärme relativ schlecht ableiten. Dadurch entsteht schnell eine hohe Feuerraumtemperatur und somit eine gute Verbrennungsqualität.

Ein Wärmeaustausch vor dem vollständigen Ausbrennen der Holzgase stoppt die Verbrennung und ist deshalb schädlich. Die Verbrennung der heißen Holzgase und der Wärmeaustausch im Holzofen müssen somit zeitlich wie räumlich deutlich getrennt ablaufen.

Um die Mängel schlecht gebauter Holzöfen auszugleichen, werden gelegentlich „Nachbrennkammern“ empfohlen. Diese Nachbrennkammern können dort eingebaut werden, wo das Holzgas erst im Rauchrohr oder gar erst im Schornstein ausbrennt. Nachbrennkammern bestehen aus feuerfestem Beton oder Schamottesteinen und weisen eine Sekundärluftzufuhr auf.

Das Ziel einer vollständigen Nutzung der Holzenergie wird nur erreicht, wenn die Holzgase möglichst lange in einer heißen, sauerstoffreichen Brennkammeratmosphäre ausreagieren können!

Wärmetauscher

Im Wärmetauscher wird die bei der Verbrennung entstandene Hitze aus den Rauchgasen entnommen.

Bei den Öfen unserer Großeltern wirkten als Wärmetauscher

- die Ofenoberfläche: Diese strahlte einen Teil der Hitze als Strahlungswärme in das zu heizende Zimmer. Außerdem heizte sich die Zimmerluft an der heißen Ofenwand auf (Konvektion).
- das Ofenrohr: An diesem Ofenrohr erwärmte sich die Raumluft. Die Wärme wurde also ausgetauscht zwischen den heißen Rauchgasen im Ofenrohr, welche sich dabei abkühlten, und der kühlen Zimmerluft, die sich so erwärmte.

Merkmal jedes Wärmetauschers ist, dass sich die heißen Rauchgase abkühlen und dafür einen anderen Stoff, den „Wärmeträger", erwärmen. Bei den genannten Öfen war dieser Stoff die Luft. Beim Kessel einer Wasser-Zentralheizung ist das Wasser im Heizungskreislauf der Wärmeträger.

Die Wärmetauschflächen müssen stets sauber sein. Jeder Millimeter Schmutz erschwert den Wärmedurchgang und verringert dadurch die Wärmeabgabe. Die Wärmetauschflächen verteeren, wenn die Rauchgase nicht ausreichend ausgebrannt sind. Der dann sich bildende Rußbelag behindert den Wärmeübergang und verengt die Rauchgaskanäle. In den Wärmetauscher dürfen folglich nur vollkommen ausgebrannte Holzgase kommen.

Deshalb ist für die Anheizphase ein Rauchgas-Bypass notwendig. Dieser führt die in der Anheizphase stets zu kalten Holzgase aus der Brennkammer direkt in den Schornstein. Dadurch bleiben die Wärmetauschflächen sauber. Der Rauchgas-Bypass wird über einen Thermostat gesteuert, der die Rauchgastemperatur misst und entsprechend die Rauchgase entweder direkt zum Schornstein oder über den Wärmetauscher leitet. Achten Sie beim Ofenkauf darauf, dass die Flächen des Wärmetauschers ggf. leicht zu reinigen sind.

Abgaswärmetauscher

Wenn die Rauchgase am Schornsteineintritt zu heiß sind, wird gelegentlich ein Abgaswärmetauscher empfohlen. Ein solches Gerät kann nur bei Holzheizkesseln mit Wasser als Wärmeträger verwendet werden. Die Gefahr beim Einsatz eines Abgaswärmetauschers besteht darin, dass dieser Wärmetauscher die Abgastemperatur zu sehr abkühlt, beispielsweise unter 140 bis 160°C. Dann könnte Kondenswasser ausfallen und den Schornstein durchfeuchten, so dass der Schaden durch den Abgaswärmetauscher größer wäre als der Nutzen. Ist der Wärmetauscher des Holzofens zu klein, ist es meist vernünftiger und auf längere Sicht wirtschaftlicher, anstelle eines Abgaswärmetauschers einen besseren Ofen zu kaufen. Der Abgaswärmetauscher lohnt sich nur in seltenen Fällen. Vor einem Kauf sollten ein unabhängiger Heizungsfachmann und der Schornsteinfeger zu Rate gezogen werden.

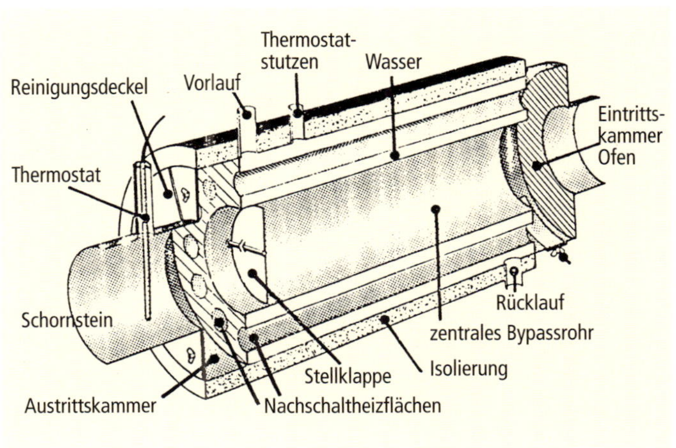

52
Schnitt durch einen Abgas-Wärmetauscher
Quelle: Fa. Tritschler, Aschaffenburg

Wärmetransport und Wärmeträger

Die im Holzfeuer frei werdende Wärme kann auf verschiedenen Wegen an die zu heizenden Räume übertragen werden,

- durch die unsichtbare, aber fühlbare *Wärmestrahlung*,
- durch *Wärmeströmung* (Konvektion) von heißem Wasser und/oder von erhitzter Luft. Die Luft oder das Wasser wirken dabei als Wärmeträger.

Auch der Mensch ist ein kleiner Ofen, allerdings mit einem sehr teuren Brennstoff (kostspielige Nahrungsmittel). 42% seiner Wärmeenergie gibt der Mensch durch Strahlung, 26% durch Konvektion über die Haut ab, der Rest wird über die Atmung abgegeben. Eine Wärmezufuhr, welche die insgesamt rund 68% Wärmeverluste über die Haut in Form von Wärmestrahlung wieder ausgleicht, wird deshalb als besonders behaglich empfunden.

Die *Wärmestrahlung* kann so wenig wie das Licht um die Ecke strahlen. Deshalb sind Öfen mit einer hohen Wärmestrahlung so aufzustellen, dass sie in dem zu heizenden Zimmer von allen Punkten aus zu sehen sind. Am besten werden sie gegenüber der Außenwandmitte aufgestellt, weil sie dann diese kalte Wandfläche auf voller Breite bestrahlen und erwärmen können.

Wärmestrahlung heizt die Zimmerluft, die sie durchdringt, kaum auf, so dass bei reinen Strahlungsheizungen nur geringe Luftbewegungen im Raum auftreten. Dafür werden um so mehr die Gegenstände des Raumes erwärmt, auf welche die Wärmestrahlung auftrifft. Möbel, Wände fühlen sich warm an, auch wenn die Lufttemperatur vergleichsweise niedrig ist. Heizungen mit hohem Anteil an Strahlungswärme liefern daher eine besonders behagliche Wärme.

Über *Warmluftströme*, d.h. den *Wärmeträger Luft*, können auch solche Räume geheizt werden, die nicht oder nur unzureichend durch Wärmestrahlung temperiert werden. Um die Luft am Ofen wirkungsvoll aufzuheizen, müssen dort entsprechend große Wärmetauscherflächen und Konvektionsschächte angebracht sein, die unten den Kaltlufteintritt und oben den Heißluftaustritt vorsehen. Je nach Heizleistung und Größe der Räume ist unter Umständen ein elektrisches Gebläse erforderlich, damit die Luftumwälzung rasch genug stattfindet.

Bei Warmwasser-Heizungen wird im Kessel zunächst einmal *Wasser als Wärmeträger* aufgeheizt, das sich auch über größere Entfernungen im Haus gut verteilen lässt und seine Energie erst am Heizkörper an die Raumluft abgibt (Konvektion und Strahlung).

Hinweise auf die Güte der Holzverbrennung

Folgende Anforderungen sollte eine optimale Holzverfeuerung erfüllen:

- Der Brennstoff Holz sollte so wenig Feuchtigkeit wie möglich enthalten; deshalb muss das Brennholz gut gelagert werden, damit es garantiert lufttrocken in den Ofen kommt.
- Eine ausreichende Sauerstoffzufuhr muss gesichert werden. Der ideale Ausbrand der Holzgase wird nur erreicht, wenn rund 1,7 mal soviel Luftsauerstoff zugeführt wird, wie nach dem Gewichtsverhältnis der chemischen Verbindung erforderlich wäre.
- Ein zu großer Luftüberschuss ist ebenfalls zu vermeiden; denn er führt
  - zu hohen Zuggeschwindigkeiten. Dadurch wird der Ausbrand zum Teil ins Rauchrohr hineingezogen.

- zu Energieverlust, weil zu viel Luftstickstoff und nicht benötigter Luftsauerstoff mit erwärmt werden muss.
- zur Abkühlung der Gaszüge des Ofens.

- Das Holzgas muss mit der sauerstoffreichen Luft gut – also gleichmäßig – durchmischt werden.
- Eine hohe Brennkammertemperatur um 700 - 1000°C muss erzielbar sein. Nur bei dieser hohen Temperatur ist eine vollständige Zersetzung (Pyrolyse) der Holzgasbestandteile gesichert.
- Die Brennkammer muss ausreichend groß sein (ca. 4 Liter je kW Heizleistung), damit sich das Holzgas zum Ausbrennen gut 2 Sekunden lang in der Brennkammer verwirbelt aufhält, bevor es zu den Wärmetauscherflächen gelangt.

Tabelle 13
Ärger mit der Holzheizung und mögliche Ursachen.

Diesen Ärger haben Sie mit Ihrer Holzheizung	Dies könnte eine mögliche Ursache sein	Auf diesen Seiten finden Sie Hinweise zum Problem
Das Holz entzündet sich nicht	• Holz ist zu dick • Holz ist zu feucht • Die Luftzufuhr ist zu schwach • Der Schornstein ist zu kalt	Seite 45 bis 47 Seite 31 bis 34, 37-39 Seite 47 bis 50 Seite 49 bis 50
Holz brennt nicht mit lodernder Flamme, es schwelt vor sich hin oder geht gar aus	• Holz ist zu feucht • Die Luftzufuhr ist zu schwach • Rauchgaszüge im Ofen, Ofenrohr o. Schornstein verrußt • Brennkammer zu klein oder zu kalt	Seite 31 bis 34, 37-39 Seite 47 bis 50 Seite 51 bis 52, 56 bis 58 Seite 48 bis 50, 54
Rauch stinkt nach Holzessig, Verbrennung unvollständig, Glanzruß bildet sich	– Holz ist zu feucht – Die Luftzufuhr ist zu schwach – Brennkammer zu klein oder zu kalt	Seite 31 bis 34, 37-39 Seite 47 bis 50 Seite 48 bis 50, 54
Der Rauch zieht nicht ab	– Die Luftzufuhr ist zu schwach – Die Rauchgaszüge im Ofenrohr o. Schornstein verrußt – Schornsteinquerschnitt zu klein – Sturm drückt auf den Kaminkopf	Seite 47 bis 50 Seite 51 bis 52, 56 bis 58 Zugverstärker einbauen, Windschutz aufbauen
Es entsteht zu viel Ruß oder Glanzruß	– Holz ist zu feucht – Luftzufuhr ist zu schwach – Brennkammer zu kalt oder zu klein	Seite 31 bis 34, 37-39 Seite 47 bis 50 Seite 48 bis 50, 54 Abbürsten des Belages, im Fachhandel erhältliche Mittel erleichtern die Arbeit
Obwohl das Feuer stark brennt, wird es nicht warm	– Der Zug ist zu stark	Zugbremse einbauen
Es brennt zu schnell ab	– Zug ist zu stark – Holz ist zu fein gespalten – Der Rost ist zu groß, weshalb unverbrannte Holzkohlestücke in den Aschenkasten fallen	Zugbremse einbauen Dickere Holzstücke verwenden Kleineren Rost einbauen
Eine Stelle des ausschamottierten Ofens wird sehr heiß	– Die Schamotteausmauerung ist beschädigt	Ofenbauer rufen
Schornstein versottet, wird naß	– Holz ist zu feucht – Luftzufuhr ist zu schwach – Die Rauchgase sind zu kalt – Der Schornstein ist nicht ausreichend isoliert	Seite 31 bis 34, 37-39 Seite 47 bis 50 Seite 51 bis 52 Schornstein isolieren, Anlage vom Schornsteinfeger prüfen lassen
Schornsteinbrand	– Ursachen wie bei zu viel Ruß	
Fragen Sie bei Problemen den für Ihren Bereich zuständigen Bezirksschornsteinfeger		

Anzeichen für eine gute bzw. fehlerhafte Holzverbrennung

Eine gute Verbrennung lässt sich an folgenden Erscheinungen erkennen:

- Feine weiße Asche deutet auf eine saubere Verbrennung hin.
- Dunkler Holzrauch weist auf eine schlechte Verbrennung hin.
- Holzruß ist nicht ausreichend verbranntes Holz.
- Glanzruß: wenn der im Holzrauch enthaltene Holzteer an kalten Ofenwänden sich niederschlägt und schließlich einbrennt, entsteht lackähnlicher „Glanzruß". Glanzruß behindert den Wärmeübergang, er isoliert.
  Ein Millimeter Ruß im Wärmetauscher kann den Wirkungsgrad des Wärmetauschers und damit des Ofens um fast 10% senken und die Abgastemperatur um bis zu 60°C erhöhen.
- Der Rauch am Schornsteinkopf sollte zumindest zunächst unsichtbar sein. Wenn der Rauch im Abstand zum Schornsteinkopf zu weißem Nebel wird, ist dies nicht schlimm; kommt er schon als weißer Nebel aus dem Schornsteinkopf heraus, ist der Taupunkt des Rauches bereits im Kamin überschritten; in diesem Fall kann es zu einer schädlichen Durchfeuchtung des Schornsteins kommen.
- Bei jedem Anheizen wird der Taupunkt für eine kurze Zeit unterschritten. Dies bleibt jedoch ohne Folgen, da bei längerem Heizbetrieb die Feuchtigkeit abtrocknet und mit dem Rauch ins Freie gebracht wird.
- Beim Eintritt des Rauchgases in den Schornstein soll es mindestens 125°C heiß sein, besser 140 bis 160°C. Beim Austritt des Rauchgases aus dem Schornstein soll es noch mindestens 60°C heiß sein. Bei gut lufttrockenem Holz können auch 45 bis 50°C Abgastemperatur genügen; bei noch geringeren Temperaturen wird jedoch der Kondensationspunkt unterschritten.
- Zu heißer Rauch führt zu Energieverlusten, zu kalter Rauch zu Kaminschäden.

Rußfolgen sind

- Leistungsabfall des Wärmetauschteiles. Das Rauchgas bleibt deshalb heißer, die Energieverluste steigen.
- Der Kaminquerschnitt setzt sich zu, der Kaminzug sinkt.
- Ärger mit den Nachbarn, weil der stinkende Rußrauch stört. Im schlimmsten Fall droht Anzeige bei der zuständigen Behörde und Verwendungsverbot des Holzofens.

Schornsteinbrand

Bei großer Hitze und ausreichend Sauerstoffzug kann sich der im Schornstein abgelagerte brennbare Ruß entzünden. Bis zu viermal im Jahr muss ein Holz-Zentralheizungskamin daher geputzt werden. In einer Wasserheizung kann der Ruß teilweise ausgebrannt werden, indem die Kesseltemperatur einige Stunden auf Maximaltemperaturgrenzen erhöht wird, zum Beispiel auf 90°C.

Grundsätzliches über Holzöfen

Die Brennprinzipien von Holzöfen

Jeder Ofen, der die im Holz steckende Heizenergie gut ausnutzt, besteht aus drei Teilen:

- dem Holzvorratsbehälter oder Holzspeicher,
- der Brennkammer zum Holzgas-Ausbrand,
- dem Wärmetauscher, in welchem die Wärmeenergie aus dem heißen Rauchgas herausgeholt wird.

Der *Durchbrandofen* wurde eigentlich für den Brennstoff Kohle konzipiert; Speicherraum und Brennraum sind nicht voneinander getrennt. Die Verbrennungsluft strömt von unten durch das brennende Holz hindurch. Rund 60% des Holzgewichtes werden bei einer Temperatur von 300 bis 400°C zu Holzgas. Diese Temperatur wird im Durchbrandofen an einer großen Holzmenge fast zur gleichen Zeit erreicht, so dass in sehr kurzer Zeit (wenige Minuten bis halbe Stunde) 60% des Brennstoffes als brennbares Gas freigesetzt wird. Diese große Menge brennbaren Gases übersteigt die Brennerleistung, so dass unvollständig verbranntes Holzgas den Ofen verlässt. Schlechte Brennstoffausnutzung sowie größere Mengen an Ruß und Teer im Rauch sind die Folgen.

Bei *Öfen mit oberem Abbrand*, wie z.B. beim Kachelgrundofen üblich, ist die Situation nicht ganz so kritisch, weil der Kachelgrundofen sehr lange Rauchgaszüge aufweist, in denen das Holzgas relativ viel Zeit zum Ausbrennen hat und weil nach der Anheizphase die ausschamottierte Brennkammer eine vergleichsweise hohe Temperatur erreicht. Das Oberbrand-Holzfeuer ohne Rost – im Aschenbett – wird auch deshalb günstiger beurteilt als das Holzfeuer im Durchbrandofen, weil der Holzkohlenabbrand länger anhält. Mit viel Asche im Grundofen kann die Abbrandgeschwindigkeit der Holzkohle verlangsamt werden, mit wenig Asche wird sie beschleunigt.

Besser ist der *Unterbrandofen* oder der *seitliche Unterbrand-* oder *Kanalbrandofen*. Bei diesen Ofensystemen ist der Holzspeicher von der Brennkammer ausreichend getrennt. Das Holz im Füllschacht rutscht von selbst nach, wenn das unten liegende Holz zu feiner Asche verbrannt ist. Das Feuer wird also dank der Schwerkraft vollautomatisch mit dem notwendigen Brennstoff versorgt. Wichtig ist allerdings, dass das Holz so kurz gesägt ist, dass es nicht verklemmen kann.

Vollkommen getrennt sind die einzelnen Teile bei der *Vorofenfeuerung*. Bei Voröfen mit darüberliegendem Brennstoffbehälter muss beim Nachfüllen durch einen Doppelverschluss mit

53
Der Speckstein-Zimmeröfen bringt lebendiges Feuer in den Wohnraum.
Quelle: Tulikivi Oy, 63263 Neu-Isenburg

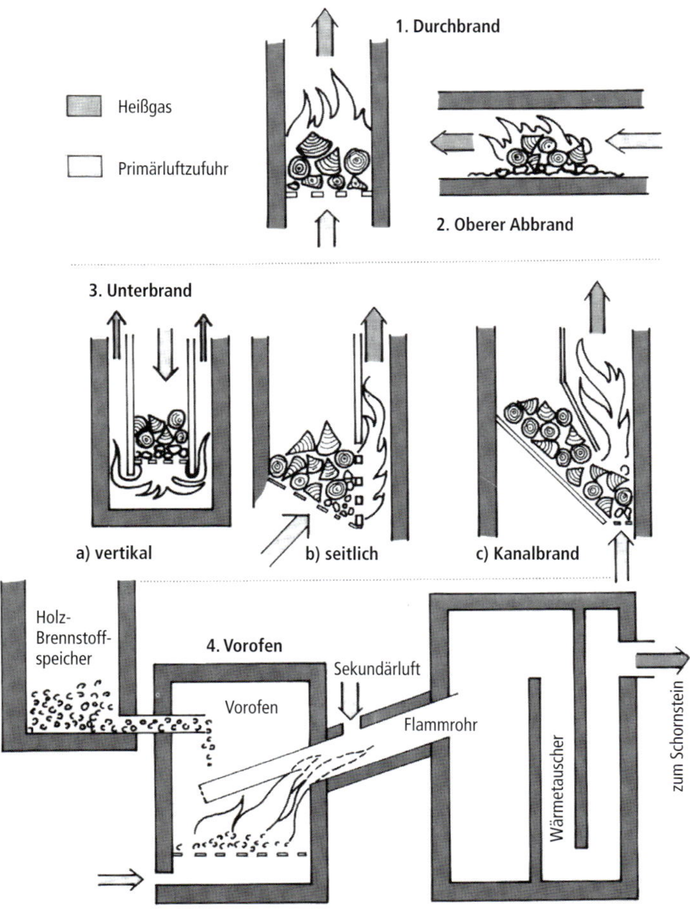

54 Verbrennungssysteme.

55
Vorofenfeuerung für Hackschnitzel mit Zweistoffkessel.
Quelle: Landtechnik Weihenstephan, 85354 Freising

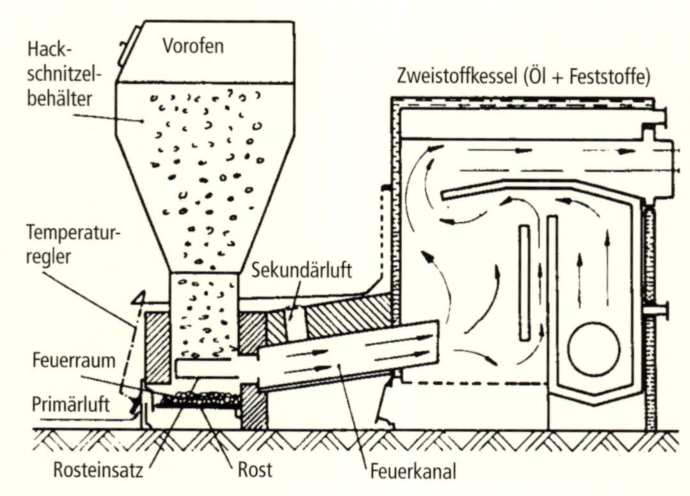

gegenseitiger Verriegelung sichergestellt werden, dass stets nur eine Klappe geöffnet ist und kein Rückbrand aus der Brennkammer auftreten kann.

In der meist keramisch ausgekleideten Brennkammer eines Vorofens entwickelt sich eine sehr hohe Hitze, die eine vollständige Primärverbrennung, also Holzvergasung, ermöglicht. In der Brennkammer verbrennen die Holzkohle und ein Teil des Holzgases. Die Sekundärverbrennung, also die abschließende Verbrennung des Holzgases, erfolgt im Gasrohr der Brennkammer unter Zufuhr von Sekundärluft. Die gesamte Verbrennungsluftzufuhr wird durch ein Gebläse gesteuert.

56
Vor einen Heizkessel geschalteter Vorofen für Hackschnitzel.
Foto: CMA Informationen, Centrale Marketinggesellschaft der Deutschen Agrarwirtschaft, Bonn-Bad Godesberg

Der Vorofen wird meist sehr heiß, weshalb alle Bedienungselemente gut isoliert sein müssen, sonst verbrennt man sich beim Bedienen. Es ist zweckmäßig, an diesen Öfen nur mit Handschuhen zu arbeiten. Die Wärmeverluste in den Raum, in dem der Vorofen steht, sind erheblich. Deshalb sollte der Vorofen so aufgestellt werden, dass diese Wärmeverluste nutzbringend in die Gebäudeheizung eingebracht werden können (z.B. unter oder zwischen dem Wohnbereich). Ein guter Schornsteinzug ist gerade für den Vorofen sehr wichtig, sonst muss ein Rauchgas-Saugzuggebläse eingebaut werden. Bisher werden Voröfen nur als Hackschnitzelfeuerungen eingesetzt.

Wirkungsgrad eines Holzofens

Im Regelfall nutzt ein Ofen mit klarer Funktionstrennung in Holzspeicher, Brennkammer und Wärmetauscher die im Holz steckende Energie am besten aus. Weil reine Kohle (fast) ohne Flamme verbrennt, Holz jedoch ein besonders flammenreicher Brennstoff ist, muss ein Holzofen ganz andere Eigenschaften als ein klassischer Kohleofen besitzen. Der Holzofen-Wirkungsgrad ist ein Maß für die Eignung des Ofens für Holzbrennstoffe:

- Holzofen-Wirkungsgrad = (Nutzwärme/Holzenergieeinsatz) x 100%

Die im eingesetzten Holz enthaltene Energie ist immer größer als die nutzbare Wärme, weil jeder Ofen auch Wärmeverlustquellen besitzt.

- Nutzwärme = Holzenergieeinsatz – Wärmeverluste

Je niedriger diese Wärmeverluste sind, desto höher ist der Wirkungsgrad. Wärmeverlustquellen sind die heißen Rauchgase (Abgasverluste), unvollstän-

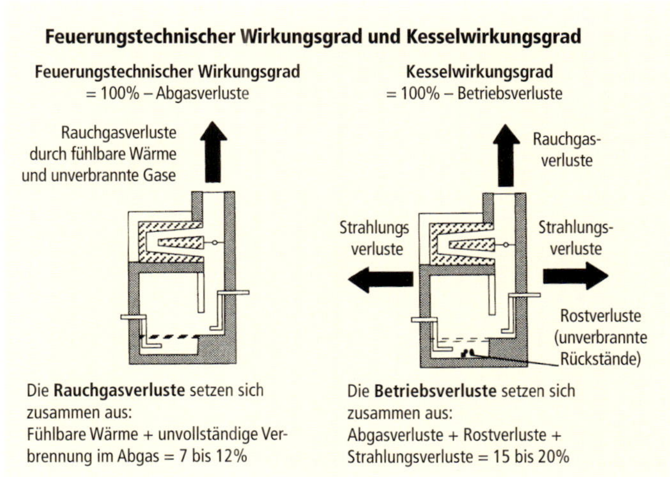

57 Definition verschiedener Wirkungsgrade. Quelle [2]

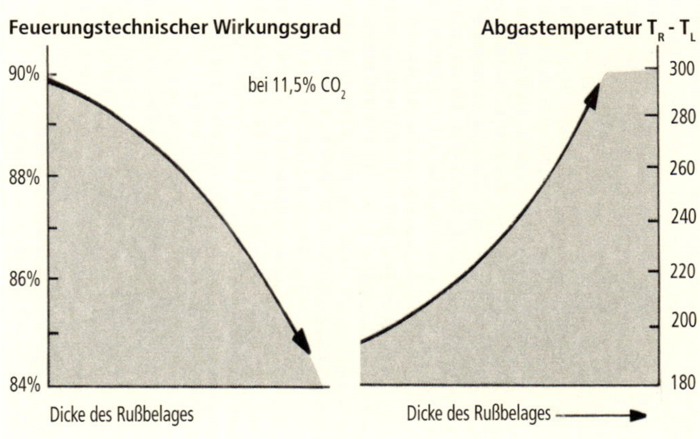

58 Feuerungstechnischer Wirkungsgrad als Funktion des Rußbelages (schematisch).

Wirkungsgrade verschiedener Holzfeuerungen	
Offene Kamine	10 – 30%
Offene Kamine mit Kanälen zur Lufterwärmung oder mit Wassertaschen	15 – 50%
Kaminöfen	15 – 60%
Kachelöfen und Einzelöfen	40 – 75%
Durchbrandkessel ohne Pufferspeicher	40 – 60%
Durchbrandkessel mit Pufferspeicher	50 – 75%
Unterbrandkessel ohne Pufferspeicher	50 – 85%
Unterbrandkessel mit Pufferspeicher	60 – 90%
Pellet-Ofen	70 – 90%
Pellet-Kessel	70 – 90%
Vollautomatische große Heizanlage	75 – 93%

Tabelle 14
Wirkungsgrade von Holzfeuerstellen, d.h. bei Holzkesseln Kesselwirkungsgrade.

59
Verluste bei Holzfeuerungen in Abhängigkeit von Luftüberschuss, Holzfeuchtigkeit und Rauchgastemperatur. Bei guten Voraussetzungen lässt sich der Heizkessel mit einem Luftüberschuss von Faktor 1,7 - 2, einer Holzfeuchtigkeit von 20%, einer Rauchgastemperatur von 200°C und resultierenden Verlusten von 14% betreiben.
Grafik: C. Gaegauf

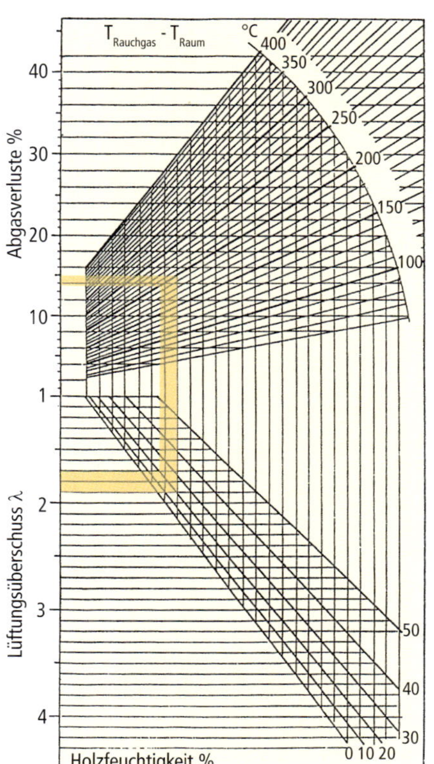

dig verbrannte Holzbestandteile (Ruß) und die Wärmeabgabe in den Heizraum beziehungsweise beim Warmwassertransport (durch schlechte Isolierung).

Die von den Ofenherstellern genannten Wirkungsgrade werden ermittelt im Nennwärmeleistungsbereich des Ofens, mit sauberen Wärmetauschflächen, richtigem Schornsteinzug und befeuert mit trockenem Holz. So kommen günstige Werte zustande.

Wie unterschiedlich die Brennstoffausnutzung der verschiedenen Ofentypen ist, zeigt die Spannbreite der Wirkungsgrade üblicher Ofenarten in Tabelle 14.

Was ist beim Holzofenkauf zu beachten?

Richtig bemessene Heizleistung

Grundlage für die zu ermittelnde Heizleistung des Ofens ist eine Berechnung des Wärmebedarfs des Raumes bzw. der Wohnung oder des Hauses. Bisher gab es dafür die Deutsche Norm DIN 4701, die seit dem 1. Oktober 2004 durch die europaweit gültige Norm EN 12831 ersetzt wurde. Um eine entsprechende Berechnung machen zu lassen, müssen Sie folgende Eingangsgrößen zum Fachmann mitbringen:

- Einen Lageplan des Hauses. Ist das Haus dem Wind ausgesetzt? Schützen Nachbargebäude (wie hoch sind diese)? Liegt es an einem Nordhang?
- Grundrisse und Ansichten der Hausgeschosse. Wie groß sind die Fenster und Türen? Wie hoch sind die Räume (vom Boden bis zur Decke)? Wie hoch sind die Geschosse (von Fußboden bis Fußboden)?
- Eine Baubeschreibung. Welche Baumaterialien wurden verwendet (wie hoch ist deren Wärmedurchgangszahl, der U-Wert)? Wie sind Fenster und Türen aufgebaut?
- Nutzungsabsicht. Welchem Zweck sollen die zu beheizenden Räume dienen?

Der Fachplaner berechnet den Wärmebedarf, heute in der Regel mit einem Rechenprogramm auf dem PC. Damit Sie sich eine Vorstellung vom Nennheizbedarf machen können, sollen im Folgenden einige Richtwerte genannt und an Beispielen erläutert werden.

Über die Energiebezugsfläche (EBF) soll der Heizbedarf für eine automatische Holzheizung geschätzt werden. Zur Energiebezugsfläche zählt die gesamte zu beheizende Geschossfläche, einschließlich der Außenmauern, also auch die indirekt mitgeheizten Bereiche wie beispielsweise Flur und Treppenhaus. Als spezifischer Heizleistungsbedarf pro Quadratmeter Energiebezugsfläche können folgende Werte angenommen werden:

- 10 bis 20 W/m² im Niedrigenergiehaus,
- 20 bis 40 W/m² in einem gut gedämmten Neubau,
- 50 bis 70 W/m² in einem wärmegedämmten Altbau,
- 70 bis 120 W/m² in einem schlecht wärmeisolierten Altbau.

Nach diesen Vorgaben benötigt eine automatische Holzheizanlage, die 190 m² Energiebezugsfläche (EBF) versorgen soll, folgende Nennleistung:

- 190 m² · 15 W/m² = 2,85 kW im Niedrigenergiehaus,
- 190 m² · 30 W/m² = 5,7 kW in einem wärmegedämmten Neubau und
- 190 m² · 105 W/m² = 20 kW in einem schlecht isolierten Altbau.

Anstelle der größeren Heizanlage sollte in letzterem Fall zuerst die Wärmedämmung verbessert werden.

Der jährliche Verbrauch an Heizenergie in einer Wohnung aus den 70er Jahren wird mit 250 kWh/m² angenommen. Im gut gedämmten Haus, gebaut im Jahr 2000, beträgt er 70 bis 100 kWh/m². In beiden Fällen hat allein das warme Brauchwasser daran einen Anteil von 15 - 20 kWh/m². Moderne, sehr gut gedämmte Häuser kommen mit 30 bis 60 kWh/m² Heizenergie aus.

Bei handbeschickten Holzheizungen ist der Betriebsverlauf ungleichmäßiger als bei automatischen Feuerungen, d.h. es treten größere Leistungsschwankungen auf. Um diese auszugleichen, werden solche Heizungen größer ausgelegt. Dazu wird die errechnete Heizleistung mit einem Faktor (z.B. mit 1,5) multipliziert.

Sinnvoll ist eine um 20 bis 40% höhere Heizleistung, wenn die Heizung mit einem Wärmespeicher (z.B. Wasser- oder Stein-Masse) kombiniert ist.

Zuschläge zur errechneten Leistung sind für hohe Räume oder rauere Klimazonen (Höhenlage, exponierte Lage, etc.) notwendig, ebenso wenn die Warmwasserbereitung in die Heizungsanlage integriert ist. Abschläge von der Soll-Leistung sind angebracht, wenn die Holzfeuerung nur als Zusatzheizung gedacht ist. Lassen Sie sich bei der Beratung vom Fachmann den Berechnungsweg offenlegen!

Holzspeicher

Ist die Fülltür groß, können auch sperrige Holzstücke bequem eingelegt werden; rutschen sie im Schacht sicher nach? Ein enger Holzvorratsspeicher erfordert einen hohen Zurichtungsaufwand, weil dann nur kleingespaltenes Holz verwendet werden kann. Ist der Füllschacht so groß, dass eine größere Menge Holz auf Vorrat eingelegt werden kann?

Lässt sich die Fülltür leicht öffnen und wieder rauchdicht schließen? Kann die Fülltür erst geöffnet werden, wenn durch eine Unterdrucksteuerung gesichert ist, dass keine Flammenrückschläge stattfinden? Ist eventuell eine Rückschlagklappe (Doppelverschluss) vorhanden? Besonders an Holzöfen, in denen trockene, kleingehackte Holzteile verbrannt werden, wie dies in einer Tischlerei der Fall ist, muss eine solche Sicherung vorhanden sein. Je kleiner und je trockener die verfeuerten Holzstücke sind, um so gefährlicher ist ein möglicher Flammenrückschlag.

Kenngrößen einer guten Holzfeuerung (handbeschickte Kessel)	
Rauchgastemperatur	< 230°C
mittlerer CO_2-Gehalt im Rauchgas	> 10%
mittlerer CO-Gehalt im Rauchgas	< 0,5%
Strahlungsverlust bei Nennleistung	< 2%
Bei automatischen Feuerungen sollten günstigere Werte erreicht werden als oben angegeben.	

Tabelle 15
Kenngrößen einer guten Holzfeuerung (handbeschickte Kessel). Quelle [2]

Aschenkasten

Ist die Aschentür bequem erreichbar, leicht zu öffnen und zu schließen, ist sie rauchdicht? Ist der Aschenkasten groß genug? Sind zwei feuerfeste Aschenkästen vorhanden, damit die Asche stets in einem Aschenkasten 24 Stunden auskühlen kann, bevor der Kasten wieder gebraucht wird?

Reinigungsklappen

Sowohl am Brennkammerraum als auch an den Wärmetauschflächen müssen genügend gut erreichbare, zuverlässig zu öffnende und wieder zu schließende Reinigungsklappen vorhanden sein, damit sowohl der Brennraum als auch die Wärmetauschflächen leicht gereinigt werden können. Diese Reinigungsklappen kosten Geld und fehlen deshalb an billigen Öfen.

Günstig ist es, wenn die Wärmetauscher senkrecht stehen, weil dann der Ruß nach unten fällt. Automatische Anlagen reinigen regelmäßig die Rauchgas-Strecke, teils mechanisch, teils durch Schall.

Luftsteuerung

Ist eine temperaturgesteuerte Luftzufuhr vorhanden? Ist ein temperaturgesteuerter Rauchgasbypass vorhanden, der beim Anheizen einen direkten Gasabzug zum Schornstein freigibt?

Weitere Merkmale eines guten Ofens

Ist der Brennraum so gestaltet, dass er eine hohe Brennkammertemperatur sicherstellt (zum Beispiel ausschamottiert, eventuell zusätzlich mit Edelstahlblechen oder keramisch ausgekleidet)? Sind alle heißen Teile besonders korrosionsgeschützt (zum Beispiel emailliert, keramisch ausgekleidet, aus Edelstahl oder ähnliches)? Können die dem Verschleiß unterliegenden Teile leicht ausgetauscht werden? Sind die zur Reinigung notwendigen Geräte vorhanden?

Aufstellen eines Holzofens

Der Ofen steht vorteilhaft, wenn folgende Voraussetzungen erfüllt sind:

- Nähe zum Schornstein.
- Nähe zum Wärmeverbraucher, um kurze Rohrleitungen und geringe Wärmetransportverluste zu gewährleisten.
- Kurze Wege vom Lagerplatz des Holzes zum Ofen; stufenlose Wege, damit für den Holztransport und für den Aschenabtransport Schubkarren verwendet werden können.
- Die Holzeinfülltür muss gut zugänglich sein.
- Gute Zugänglichkeit des Aschenkastens.
- Gute Zugänglichkeit der Reinigungsklappen.

Die Mindestabstände zu den Bauteilen sind je nach Ofenbauart gesetzlich vorgeschrieben und müssen eingehalten werden.

Schlecht

Gut

60
Bedienungsaufwand und Architektur.
Durch geschickte architektonische Gestaltung kann der Bedienungsaufwand von Holzheizungen im Rahmen gehalten werden. Quelle [2]

Die verschiedenen Holzofentypen

Zimmerofen, Einzelofen

Die Einzelraumbeheizung hat den Vorteil, dass nur der genutzte Wohnraum erwärmt wird und keine zusätzlichen Wärmeverluste durch den Wärmetransport und einen separaten Heizraum auftreten. Nachteilig ist dagegen der gegenüber modernen Holzheizkesseln schlechtere feuerungstechnische Wirkungsgrad dieser Öfen.

Da Einzelöfen in der Regel an der Innenwand eines Wohnraumes stehen (in der Schornsteinnähe), kann dies im Zimmer zu unangenehmen Luftzirkulationen führen. Am heißen Ofen steigen die erhitzten Luftteile auf. Die heiße Luft hängt unter der Decke. Dafür sinkt beim kalten Fenster auf der gegenüberliegenden Seite die Kaltluft auf den Boden. Eine Warmluft-/Kaltluft-Zirkulation setzt ein, bei der es kalte Füße für die Bewohner gibt. Wenn die Räume niedrig sind, ist der Kopf dafür im heißen Luftstrom.

Diese unangenehme Luftzirkulation bildet sich, wenn:

- der Ofen wenig Strahlungswärme abgibt und vorwiegend durch Lufterwärmung heizt,
- und/oder die Außenwände und Fenster unzureichend gedämmt sind.

Eine starke Wärmeabstrahlung kann den Effekt dieser Temperaturschichtung verringern. Die Strahlungswärme kann jedoch nur wirken, wenn der Ofen von allen Punkten im Zimmer aus zu sehen ist. In den Sommermonaten und in der Übergangszeit kann bei Wärmebedarf mit einem Einzelofen nur das bewohnte Zimmer beheizt werden, das Warmwasser wird dann zweckmäßigerweise in einem Elektroboiler oder einer Solaranlage erzeugt. Dadurch sinken die Bereitschaftsverluste. Während die Leistung eines Heizkessels knapp ausgelegt werden sollte, darf ein Zimmerofen wenigstens den errechneten Raumwärmebedarf als Nennheizleistung aufweisen. Ein so dimensionierter Ofen heizt schneller auf und braucht deshalb in der

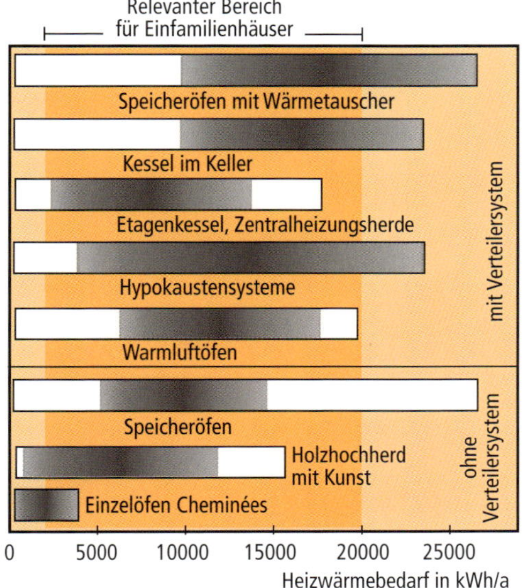

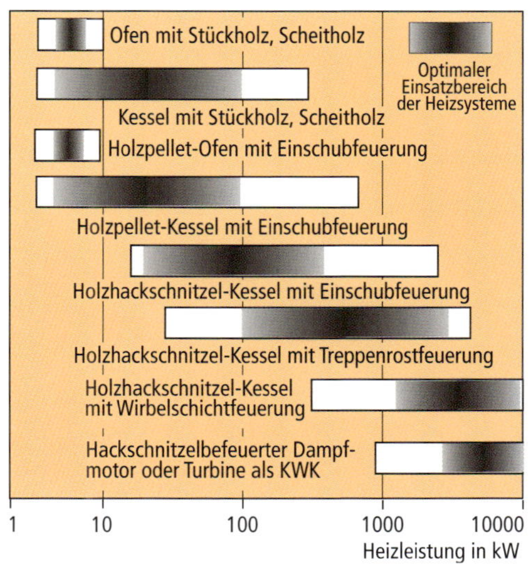

61
Einsatzbereiche von Holzfeuerungen in Abhängigkeit vom Wärmebedarf (links für Hausheizungen) und von der Leistung (rechts, auch für Großanlagen). Bei modernen Niedrigenergiehäusern liegt der Heizwärmebedarf mit 3000 - 6000 kWh/a im unteren Bereich, so dass im Keller aufgestellte Holzheizkessel wegen der großen Heizleistung weniger geeignet sind. Quelle [3]

62 *oben links*
Ein „klassischer" Zimmerofen für Holzfeuerung in Guss mit einer Wärmeleistung von ca. 5 kW.
Foto: Jotul GmbH, Viernheim

63 *oben rechts und unten*
Beispiel eines modernen Kaminofens; unten der innere Aufbau mit der Luftführung für Verbrennungsluft und konvektiv erwärmter Raumluft.
Quelle: Fa. Scan, Krog Iversen + Co, Dk-5492 Vissenbjerg / Dänemark

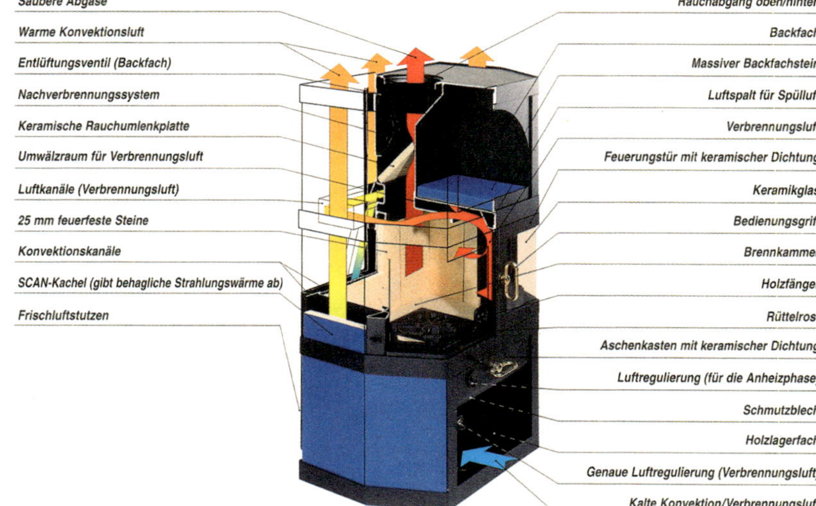

64
Ein kleiner Kachelofen als Einzelzimmerofen.
Quelle: Rink-Kachelofen GmbH, 35708 Haiger

65
Der klasssische Kaminofen wird meist in Stahlblech, seltener in Guss gefertigt. Je nach Aufbau des Ofens sind unterschiedliche Abstände zu benachbarten Wänden und insbesondere zu brennbaren Materialien einzuhalten.
Quelle: Fa. Morso, Dk-7900 Nykobing Mors

Übergangszeit erst am Abend, wenn die Familie nach Hause kommt, in Betrieb genommen zu werden.

Der Brennstoff wird durch die (obere) Feuerungstüre aufgelegt. Häufig haben Zimmeröfen einen Rost, durch den die Verbrennungsluft von unten einströmt. Eine Tür in Höhe des Rostes und eine darunter liegende Tür zum Entfernen der durch den Rost gefallenen Asche dienen der Reinigung. Weil diese Öfen oft nach dem Durchbrandprinzip arbeiten, sollten immer nur begrenzte Holzmengen aufgelegt und dafür regelmäßiger nachgelegt werden. Die Luftzufuhr darf erst gedrosselt werden, wenn das Holz ausgebrannt ist.

Die Zimmeröfen gibt es in sehr unterschiedlichen Ausführungen. Selbst Öfen aus Metall sind zumeist doppelwandig aufgebaut bzw. innen mit Schamotte ausgemauert. Sichtfenster zeigen die lodernde Flamme des Holzfeuers und bringen dadurch Romantik ins Zimmer. Mit Kacheln oder Naturstein verkleidete Öfen sehen nicht nur schön aus, sondern sie speichern auch Wärme, brauchen deshalb ein wenig länger bis sie heiß sind, wärmen dann aber auch anhaltender nach.

Küchenherd

Noch vor 50 Jahren wurde in vielen Wohnungen an den Wochentagen in der großen Küche gewohnt. Auf dem Kochherd wurde das Essen gekocht und die Abfallwärme heizte die Küche. Heute sind Holzkochherde meist nur Beistellherde als eine Energie-Rückversicherung in ländlichen Küchen.

Manche Holzkochherde enthalten ein Rohrregister mit Wasser, das zum Heizen eines weiteren Raumes oder zur Brauchwassererwärmung verwendet werden kann. Damit das Feuer möglichst nahe an der Kochplatte brennt, ist der Kochfeuerraum niedrig. Soll im Winter überwiegend die Küche geheizt werden, kann der Rost umgeklappt bzw. auf Winterrost-Niveau abgesenkt werden, um den Feuerraum zu vergrößern.

66 Moderner holzbefeuerter Küchenherd mit sichtbarer Flamme dank Glasscheibe und Backrohr. Größe, Design und Zubehör können individuell gewählt werden. Der Ofen wärmt auch die Küche und macht sie so im Winter zum gemütlichen Gesellschaftsraum.

Foto: Lohberger Heiz- und Kochgeräte GmbH, A-5231 Schalchen

67 Holz-Kochherd und Kachelofen im Zentrum des Wohnbereichs. Auf der runden Herdplatte wird gekocht, in der Bratröhre (oben) gebraten und im Unterbau kann gebacken werden.

Quelle: Fa. Gast Herd- und Metallbau, A-4407 Steyr

Kaminfeuer erwärmen Herz und Gemüt

gesamter Luftbedarf
=
viel Rauchschutz
+
wenig Zuluft für die Verbrennung

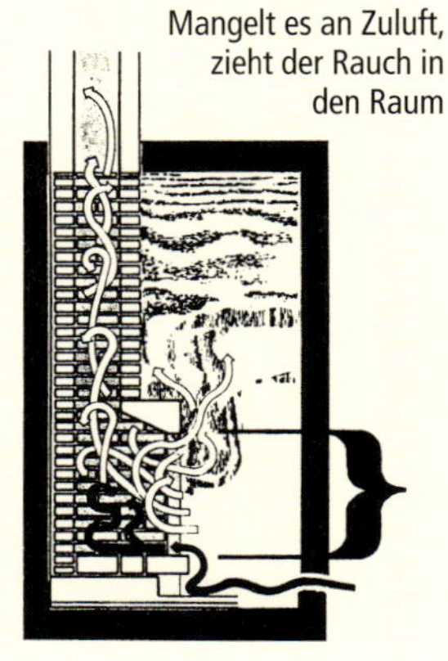

68
Der offene Kamin braucht, gemessen an der Zuluft für die Verbrennung, ein Vielfaches an Rauchschutzluft.

Bei offenen Kaminen muss ständig ein starker Luftstrom auf die ganze Kaminöffnungsfläche einströmen und durch den Schornstein abziehen können. Dieser Gegenwind verhindert, dass Rauch ins Kaminzimmer dringt. Weil so in der Stunde das Mehrfache der gesamten Zimmerluft durch den Kamin ins Freie strömt, ist der offene Kamin eigentlich mehr eine leistungsstarke Frischluftanlage als ein Ofen. Wegen des schlechten Wirkungsgrades hat der Gesetzgeber bestimmt, dass offene Kamine „nur gelegentlich" betrieben werden dürfen.

Andere Brennstoffe als naturbelassene Holzstücke sind in offenen Kaminen in Deutschland verboten. Dies gilt auch für Kaminöfen mit offenem Feuerraum. So dürfen Braunkohlenbriketts beispielsweise in Kaminöfen nur dann verheizt werden, wenn die Feuerraumtüren geschlossen sind und die Wärmeabgabe überwiegend durch Luftumwälzung erfolgt.

Obwohl der Wirkungsgrad und damit die Heizleistung gegen den offenen Kamin spricht, wird er immer Anhänger haben: So wie sich über viele Jahrtausende hinweg die menschlichen Artgenossen um das offene Lagerfeuer sammelten, sitzt der Mensch auch im Computerzeitalter gern um offenes Holzfeuer. Fesseln uns uralte, in unergründlichen Tiefen verborgene Erinnerungen im Angesicht des Holzfeuerscheines? Erinnert uns die flackernde Holzflamme, das knisternde Feuer an urvertraute Stunden?

69
Dank des Heizeinsatzes mit großformatiger Scheibe erreicht dieser moderne Heizkamin einen feuerungstechnischen Wirkungsgrad von bis zu 70% (bei geschlossener Scheibe).
Quelle: Fa. U. Brunner, 84307 Eggenfeld

Beim Kauf Ihres offenen Kamins gilt es folgendes zu beachten:

- In einem Raum, in dem ein offener Kamin steht, darf kein anderer Holzofen – also auch kein Kachelofen – betrieben werden.
- Offene Kamine brauchen immer einen eigenen Schornstein.
- Die Feuerraumöffnung soll in einem ausgewogenen Verhältnis zum Wohnraumvolumen stehen (bei 70 m^3 Wohnraumvolumen sollte die Kaminöffnung z.B. maximal 0,4 m^2 groß sein).
- Die Rückwand und die schräg stehenden Seitenwände aus Guss reflektieren Strahlungswärme in den Wohnraum.

Für diese baurechtlichen Vorschriften gibt es einen triftigen Grund: Holzöfen (aber auch Kohle-, Ölofen etc.) entnehmen im Betrieb die Verbrennungsluft dem Wohnraum und erzeugen dadurch einen gewissen Unterdruck. Wenn nun gleichzeitig auch ein offener Kamin in Betrieb genommen wird, verändert dieser die Druckverhältnisse im Raum derart, dass Rauchgase von einer der beiden Feuerstellen in den Raum gelangen und die Bewohner schädigen können.

Ein guter offener Kamin erwärmt die von außen einströmende Frischluft, bevor sie in den Wohnraum gelangt. Die Frischluft wird hinter den heißen Rauchgasabzügen und hinter den heißen Rückwand- und Seitenwandplatten des Feuerraumes entlanggeführt, bevor sie erhitzt in den Wohnraum gelangt (vgl. Abb. 71).

Moderne offene Kamine haben meist eine verschiebbare Glasscheibe. Mit dieser kann der Feuerraum geschlossen werden. Sie sind also zugleich Kaminofen oder „Heizkamin“ (Heizcheminée). Wenn an einem Sommerabend mehr die Flamme des Feuers als deren Wärme gefragt ist, dann bleibt der Kamin offen. An einem kalten Tag wird die Scheibe geschlossen, um die Heizwirkung zu vergrößern. Bei geschlossener Scheibe soll die Luft am Glas vorbei in den Feuerraum streichen und damit die Verschmutzung der Scheibe verringern.

Schließlich können auch Wasserbehälter in die Rück- oder Seitenwände des offenen Kamins eingebaut werden, um Warmwasser zu bereiten oder um Heizungswärme für einen zusätzlichen Warmwasserheizkörper zu gewinnen.

70
Das sichtbare Kaminfeuer fasziniert. Zur Verbesserung der Verbrennung und des Wirkungsgrades sind moderne Kamine mit einer großformatigen feuerbeständigen Scheibe geschlossen; dank ausgeklügelter Luftführung, z.T. mit Rauchgasgebläse, wird ein geringer Schadstoffgehalt im Abgas erreicht.
Foto: Wodtke, 72070 Tübingen

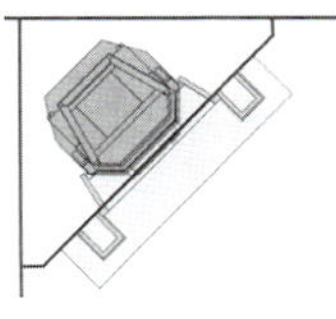

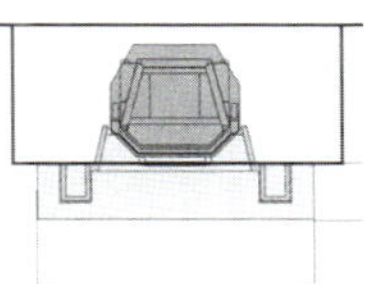

71
Aufbau eines modernenen Kamineinsatzes (unten) und typische Einbausituationen (links).
Quelle: Wodtke, 72070 Tübingen

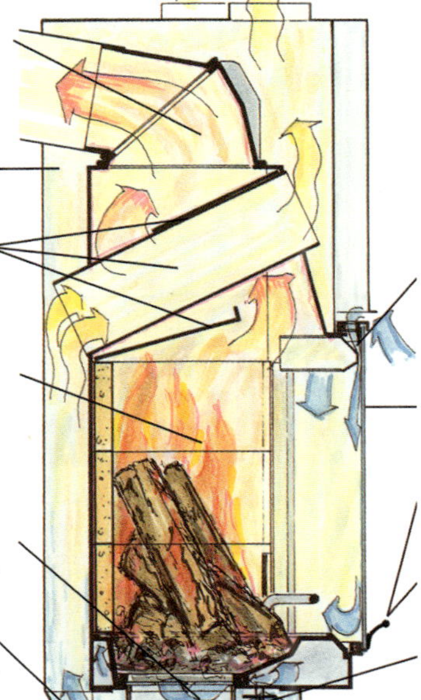

Brennholz für offenes Feuer

In einem guten Holzofen brennt jedes Holz gleich gut. Für offene Feuer hingegen ist nicht jedes Holz geeignet.

Unerwünschter Funkenflug: Das Holz der Nadelbäume lässt das im Inneren des Holzscheites entstehende Holzgas nicht so leicht heraus. Im heiß werdenden Holzstück kann deshalb ein hoher Gasdruck entstehen, der sich schließlich den Weg nach außen freisprengt. Bei dieser knisternden und knackenden Gasexplosion werden glühende Holzteile abgesprengt und aus dem Feuer geschleudert. Der Funkenflug kann für Teppiche, Möbel und die Kleidung der vor dem Kamin sitzenden Menschen gefährlich werden. Wer auf das knisternde Feuertemperament von Nadelholz nicht verzichten will, sollte deshalb mit einem Funkenschutzglas oder Funkenschutzgitter den Wohnraum vor dem Feuer abschirmen. Fichten- und Tannenholz rußt im offenen Kamin weniger als Kiefernholz.

Heiße Flammen: Das Holz der Laubbäume lässt das Holzgas aus dem Inneren der abbrennenden Holzscheite leichter entweichen. Holzgefügesprengungen mit Funkenflug sind deshalb seltener. Ein gelegentlich knisterndes, viel Strahlungsenergie lieferndes Kaminfeuer kann mit Eichen-, Eschen- oder Robinienholz versorgt werden. Am ruhigsten verbrennt das Holz der Buchen, der Obstbäume, sowie Ahorn- und Birkenholz. Je heißer das Feuer, um so schneller entwickelt sich in einem aufgelegten Holzscheit viel Holzgas. Kann dieses viele Holzgas nicht schnell genug aus dem Holzstück heraus, dann gibt es auch beim Laubbaumholz Funkenflug. Weil der Aufbau vom Holz der Bäume so individuell ist wie das Aussehen von uns Menschen, ist die Natur stets für Überraschungen gut:

- **Ein offenes Kaminfeuer sollte deshalb nie ohne Aufsicht bleiben.**

Ausgewähltes Holz für das Kaminfeuer

Birkenholz ist wegen seiner weißen Rinde ein beliebtes Kaminholz. Andere Holzarten sind jedoch genauso geeignet für's Kaminfeuer. Diese Erkenntnis hat eine begeisterte Anhängerin des offenen Feuers literarisch verewigt: Die berühmte französische Romanschriftstellerin Sidonie-Gabrielle Colette (1873 bis 1954) schrieb in „La Retraite Sentimentale“:

„Ich lese oder spiele mit dem Feuer...,
ich rüttle die Glut...,
ich wähle die Scheite im Kasten,
wie man seine Lieblingsbücher wählt!“

Damit Sie es genauso machen können, müssen Sie sich mit mehreren Holzarten eindecken. Eine mögliche Auswahl kann so aussehen:

- Birkenholz der schönen Rinde wegen,
- Buchenholz (oder Ahorn- bzw. Obstbaumholz) der Wärme zuliebe,
- Eschen- oder Eichenholz für die lebhaften, knisternden Flammen.

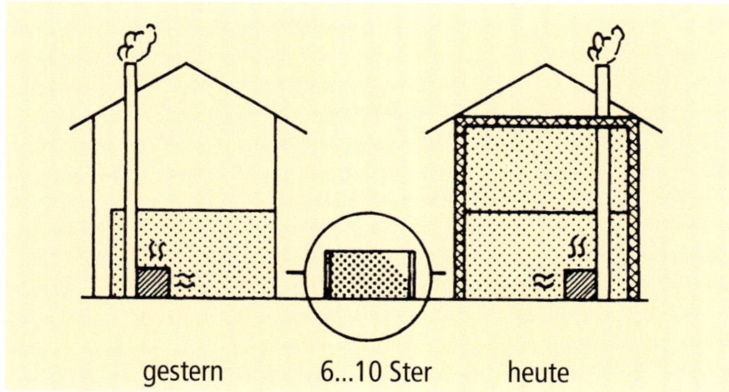

72
Wärmedämmung spart Energie. Bei gutem Wärmeschutz lassen sich heute Einzelöfen vielseitiger einsetzen als früher. Quelle [2]

Kaminöfen

Ein Kaminofen ist eigentlich ein offener Kamin mit Türen, um den Feuerraum zu schließen. Die in die Wand eingebauten Kaminöfen (auch Warmluftkamine genannt) ähneln mehr einem offenen Kamin, die freistehenden Kaminöfen erscheinen eher als Ofen.

Wird der Feuerraum mit den Türen geschlossen, sinkt der Warmluftabfluss aus dem Wohnraum, dadurch steigen Wirkungsgrad und Heizleistung stark an. So ist der Kaminofen das Ergebnis einer romantischen Vernunft: Mit offenen Türen kann die Faszination des offenen Holzfeuers eingefangen werden, mit geschlossenen Türen wird der Brennstoff Holz besser ausgenutzt und eine höhere Heizleistung erzielt. Mancher Besitzer eines technisch zu einfachen und deshalb schlecht heizenden offenen Kamins hat sich deshalb schon einen Kaminofen als Heizeinsatz in den Feuerraumbereich des offenen Kamins einbauen lassen. Beim Anheizen wird die Feuerraumtür solange geschlossen, bis das Feuer richtig brennt. Der Holzstoß zündet schneller, weil die Temperatur im Brennraum rascher ansteigen kann. Wenn das Feuer richtig brennt, ist ein ungetrübter Genuss des Flammenspiels vom Holzfeuer durch Öffnen der Türen möglich. Soll nach den gemütlichen Kaminstunden der Rest des Feuers ohne Aufsicht herunterbrennen, werden die Feuerraumtüren wieder geschlossen, zumal mit geschlossenen Türen die Wärme länger im Wohnraum bleibt. In die Wand eingebaute Kaminöfen brauchen eine technisch ausgereifte Warmluftumwälzung, damit auch die in die Wand abgegebene Wärme in den Wohnraum geführt wird.

Frei stehende Kaminöfen haben diese Probleme nicht. Sie geben ihre Wärme

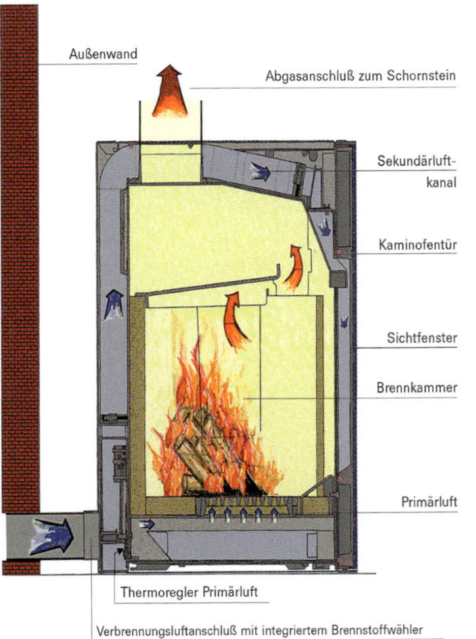

73
Moderner Kaminofen „Hot-Box“, der seine Verbrennungsluft von außen erhalten kann.
Funktionsschnitt (links) und Ansicht (rechts). Quelle: Fa. Wodtke, 72070 Tübingen

74
Diese nahezu runde Form des Kaminofens ist platzsparend und modern. Dabei erfüllt der Ofen alle Anforderungen des novellierten Immissionsschutzgesetzes. Quelle: Fa. Leda, 26789 Leer

75
Freistehender Kaminofen, der auch als Heizkessel mit der Heizung verbunden werden kann. Quelle: Fa. Gerco, 48336 Sassenberg

rundum in den Wohnraum ab. Gusseiserne Feuerraumtüren sind robust und strahlen die Wärme gut ab. Türen aus feuerfestem Glas machen auch bei geschlossenem Ofen das Feuer sichtbar, verschmutzen jedoch leicht, verziehen sich eher, klemmen dann oder brechen gar. Kaminöfen mit Warmhaltefach können zum Rösten der Bratäpfel oder zum Wärmen der Speisen genutzt werden. Wenn Sie den Kaminofen mit offenen Feuerraumtüren betreiben, sollten Sie sich beim Holzeinkauf an die Kaminholz-Hinweise halten.

Hinweis: Der stückholzbefeuerte Kaminofen ist im Grunde kein Dauerbrandofen. Einmal mit Holz versorgt, brennt er ohne Nachlegen maximal etwa 2 Stunden. Bei Zuhilfenahme von Braunkohlenbriketts ist eine Gluthaltung bis zu 10 Stunden möglich. Etwas anders ist die Situation bei Kaminöfen mit automatischer Pelletfeuerung.

Kachelofen

Fast jeder Ofentyp mausert sich – äußerlich – zum Kachelofen, wenn man ihn mit Kacheln verkleidet. Wer wissen will, welche Eigenschaften ein Kachelofen hat, der muss unter das Kachelkleid schauen.

Der gute Ruf des Kachelofens rührt von seinem hohen Strahlungswärmeanteil her, und dieser ist eine Folge der großen, dem Raum zugewandten Ofenoberfläche. Deshalb darf daran nicht gespart werden. Soll die Strahlungswärme richtig zur Geltung kommen, muss der Ofen überall im Zimmer sichtbar sein, denn nur dorthin, wo er zu sehen ist, kann auch die Wärmestrahlung gelangen.

Die gebrannten Tonkacheln leiten Wärme langsamer als Metall. Dadurch verbrennt man sich an den heißen Kachelwänden nicht so schnell die Hände. Anstelle von Kacheln oder Keramik können auch Natursteine verwendet werden. Speckstein lässt sich gut bear-

76
Der Pelletkaminofen *Premio* lässt sich per Handy ein- und ausschalten.
Q.: Rika Metallwaren, A-4563 Micheldorf

77
Speckstein-Zimmeröfen besitzen ein sehr gutes Wärmespeichervermögen.
Quelle: Tulikivi Oy, 63263 Neu-Isenburg

beiten und so können Öfen mit Specksteinummantelung leicht den Wünschen des Käufers in Form und Wanddicke angepasst werden.

Empfehlenswert sind Frischluftkanäle zum Ofen, durch welche die als Ersatz für die Verbrennungsluft notwendige Frischluft von außen einströmend in der Kachelwand erwärmt wird, bevor sie in Bodennähe als Warmluft in den Wohnraum gelangt.

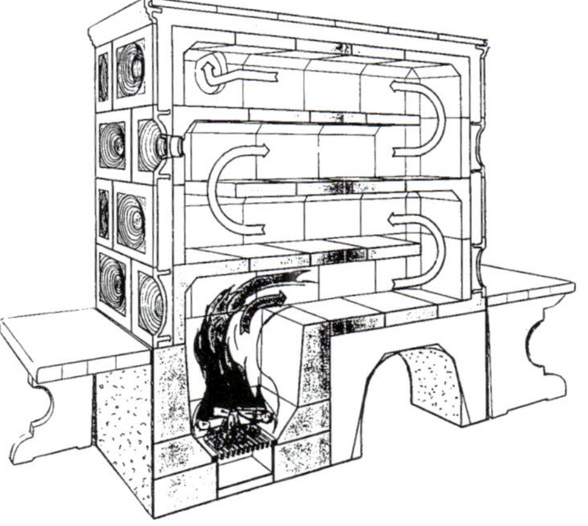

78
Der Kachelgrundofen in seiner ursprünglichen Form mit gemauertem Feuerraum wird heute kaum noch gebaut, da es schwer ist, die Einhaltung der Anforderungen der novellierten Immissionsschutzverordnung nachzuweisen. Quelle: KSW, Goosmann GmbH, Hamburg

Kachelgrundofen

Die ursprüngliche Bauart des Kachelofens ist der Grundofen, ein aus Stein gemauerter, irdener Ofen mit einem Gewicht von rund einer Tonne oder mehr. Diese große Masse führt zu einer hohen Wärmespeicherkapazität. Durch die hohe Speicherkapazität dauert es zugleich auch recht lange, bevor ein kalter Ofen aufgeheizt ist und genügend Wärme an den Raum abgibt. Dann allerdings strahlt der Ofen, auch nachdem das Feuer erloschen ist, noch eine Zeit lang Wärme ab. Deshalb sind

79 *unten*
Quer- und Längsschnitt durch einen Kachelofen-Heizeinsatz („Thermoplus KE 03.8").
Quelle: Wodtke GmbH, 72070 Tübingen

80 *oben*
Ein Kachelofen mit eisernem Heizeinsatz (KE 03.8 der Fa. Wodke), ein nützliches Schmuckstück im Wohnraum. Foto: Wodtke GmbH, 72070 Tübingen

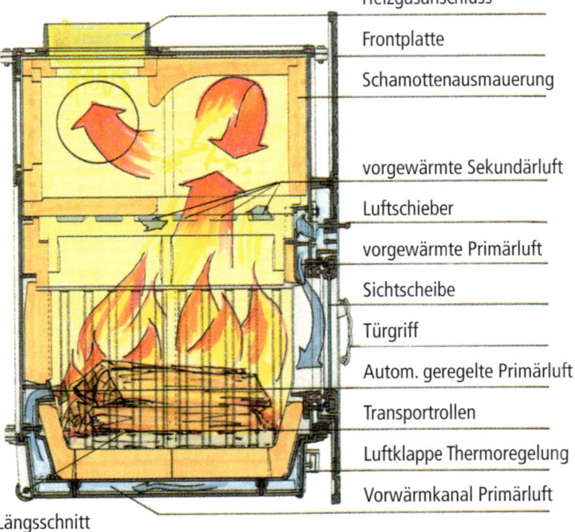

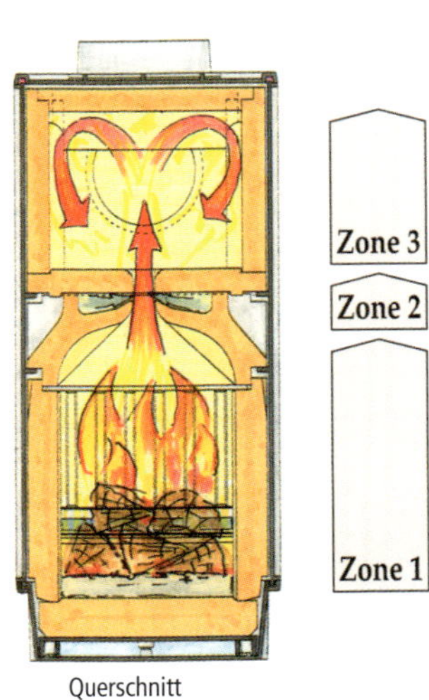

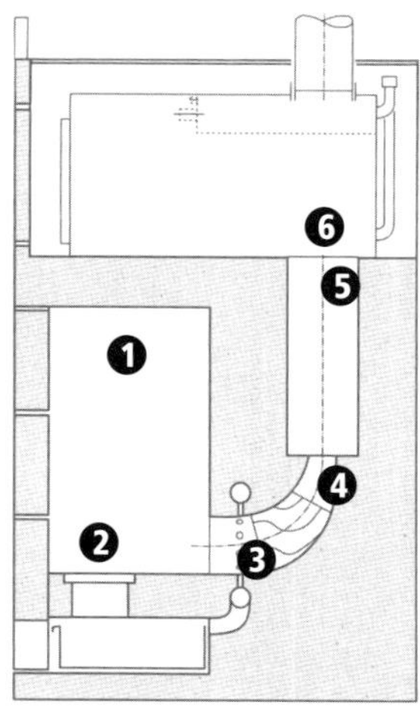

81

Der Chiquet-Ofen ist ein Kachelgrundofen, der mit einem neuartigen Heizeinsatz für schadstoffarme Verbrennung ausgerüstet ist. Je nach Wärmebedarf kann der Ofen im Erdgeschoss durch einen Backofen, einen Wasser-Wärmetauscher oder durch gemauerte Heizzüge erweitert werden. Quelle [3]

1 Feuerraum.
2 Die Primärluft unterhält auf dem Glutbett-
boden das Primärfeuer.
3 Die Sekundärluft trifft auf die unvollständig verbrannten Schwelgase des Primärfeuers.
4 In der Mischkammer werden die Schwelgase mit der Sekundärluft vermischt.
5 In der Nachbrennkammer wird die Gas mischung bei Temperaturen um 1000°C vollständig verbrannt.
6 An der Mündung der Nachbrennkammer ist der Verbrennungsprozess abgeschlossen. Erst hier beginnt die aktive Wärmenutzung, zum Beispiel mit einem Wärmetauscher.

Grundöfen für ständig zu beheizende Räume geeignet. Ein kurzes Aufheizen am Abend ist bei diesen schweren Öfen nicht sinnvoll bzw. möglich.

Mit einem deutlich abgespeckten und damit leichteren gemauerten Kachelgrundofen werden die Nachteile des Übergewichts vermieden. Diese leichten Kachelöfen nach dem Grundofenprinzip gewinnen zunehmend Freunde.

Der Kachelgrundofen ist in der Regel eine Feuerstätte mit oberem Abbrand beziehungsweise horizontalem Durchbrand. Diese Feuertechnik ist für Holz ein wenig besser geeignet als der vertikale Durchbrand der Kohleöfen. Die Abbrandgeschwindigkeit der Holzkohle kann über die Regelung des Aschevolumens gesteuert werden. Außerdem führt die Ausschamottierung der Brennkammer im Kachelofen zu

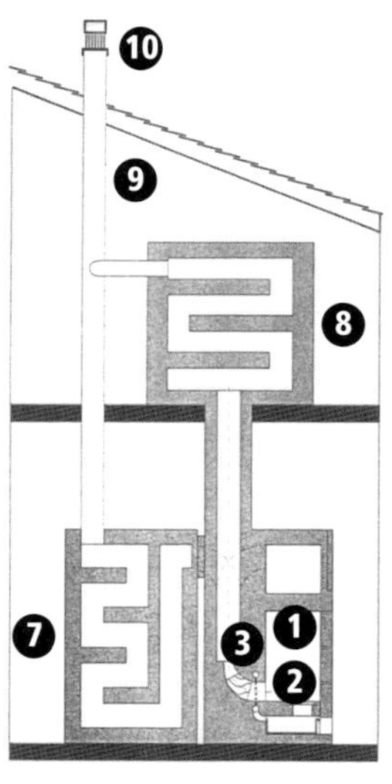

82

Durch den Einsatz eines Abgasventilators können die Abgase bis auf ca. 100°C abgekühlt werden. Dadurch lässt sich der Chiquet-Ofen um Satelliten-Wärmespeicher in anderen Räumen oder im Obergeschoss erweitern, so dass die Heizung des ganzen Hauses möglich ist. Quelle [3]

1 Füllraum/Vergasungsszone
2 Glutbettboden
3 Sekundärluft
4 Mischkammer mit Turbolator
5 Nachbrennkammer
6 Backofen
7 Erweiterter Speicher (evtl. Sitzkaust)
8 Satellitenspeicher
9 Kamin
10 Abgasventilator

83 *unten links und rechts*

Den Gestaltungsmöglichkeiten sind beim Chiquet-Speicherofen kaum Grenzen gesetzt. Quelle [3]

einer hohen Brennkammertemperatur und damit zu einem befriedigenden Ausbrennen des Holzgases. Die langen Rauchgaszüge im Kachelofen als Reaktionswege unterstützen diesen Ausbrand. Die großen Wärmetauschflächen in den Rauchgaszügen sichern die gute Nutzung der heißen Rauchgase.

Die langen Rauchgaszüge brauchen allerdings zunächst viel Wärme, bis sie aufgeheizt sind, und geben, wenn das Feuer schon geraume Zeit erloschen ist, noch einen Teil der gespeicherten Wärme durch den natürlichen Schornsteinzug ab, was zu entsprechenden Wärmeverlusten führt.

Wie alle Dinge haben auch die scheinbar für die Ewigkeit gemauerten irdenen Kachelgrundöfen nur eine begrenzte Lebenserwartung. Je häufiger ein Grundofen aus dem kalten Zustand angeheizt wird, umso kürzer ist seine Lebensdauer. Beim Aufheizen und Auskühlen treten feine Spannungsrisse auf. Diese Haarrisse bilden sich an der schwächsten Stelle, das sind die Verbindungsfugen der Kacheln. Steht der Ofen gar einige Tage still, dann kann das

84
Heizkessel mit aufgesetztem Wärmetauscher als Brennkammer in einem Kachelofen (Nennleistung 18 kW). Dieser „Stubenkessel" kann die Wärme sowohl über den aufgesetzten Wärmetauscher an einen Wasser-Wärmespeicher als auch über nachgeschaltete keramische Heizgaszüge an den Raum abgeben. Die Luftzufuhr kann elektronisch dosiert werden.
Quelle: Fa. Ulrich Brunner GmbH, 84307 Eggenfelden

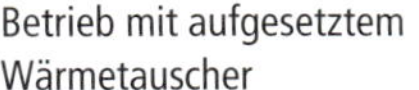

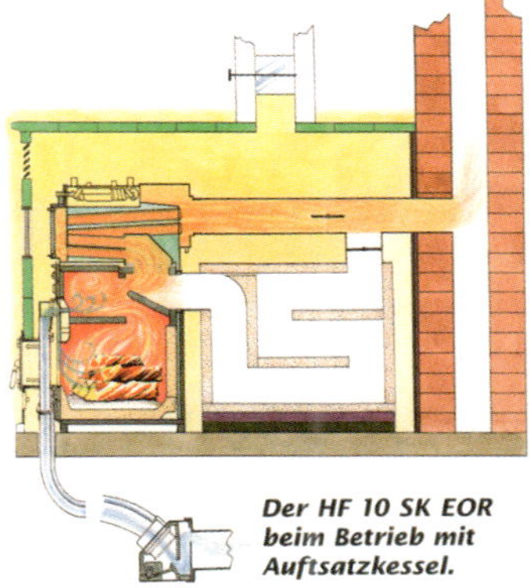

Betrieb mit keramischen Heizzügen

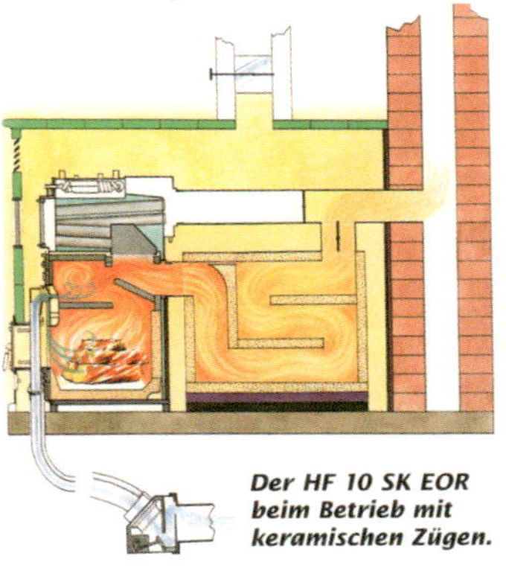

85
Der Kachelgrundofen, hier in schlichter verputzter Ausführung, prägt die Einrichtung des Wohnraums.
Quelle: Fa. U. Brunner, 84307 Eggenfelden

86
Für leichte Kachelgrundöfen gibt es fertig ausschamottierte Feuerungseinsätze, woran die vor Ort gemauerten Nachheizzüge des Grundofens angeschlossen werden. Quelle: Fa. U. Brunner, 84307 Eggenfelden

87
Ein Kachelofen-Heizeinsatz (hier mit 2-stufiger Verbrennungsführung) lässt vielfältige Formen von Kachelöfen zu.
Quelle: Openfire Rösler Kamine GmbH, 63303 Dreieich-Offenthal

88
Beim Warmluft-Kachelofen wird um einen modernen Holzofen mit Nachheizzügen ein Kachelkleid gemauert.
Quelle: Hark GmbH & Co KG, 47205 Duisburg

Ofenmauerwerk Feuchtigkeit aus der Umgebungsluft aufnehmen, die beim Anheizen wieder ausgetrieben wird. Der Ofen treibt diese Feuchtigkeit, vor allem wenn glasierte Kacheln verwendet werden, durch die Kachelfugen aus, was die Rissbildung verstärkt. Deshalb kann ein gemauerter Kachelofen nach zwei Jahrzehnten so aus den Fugen geraten sein, dass man ihn neu aufmauern muss. Trotz dieser Nachteile gegenüber den langlebigeren eisernen Öfen schenken viele Menschen dem Kachelgrundofen wegen des hohen Strahlungswärmeanteils mehr Zuwendung.

Warmluftkachelöfen

Wer im Frühjahr oder Herbst schnell und nur für einige Abendstunden sein Wohnzimmer heizen will, für den ist der langsame Grundofen zu schwerfällig und der Warmluftkachelofen besser geeignet. Dieser Leichtgewichtler verursacht normalerweise auch keine baustatischen Probleme, während der schwere Grundofen die Tragfähigkeit mancher Decken überfordern kann.

Um einen modernen Holzofen, den Heizeinsatz, wird ein Kachelkleid gemauert. Der technische Zweckbau des Holzofens wird damit geschmackvoll versteckt. Gerade für diesen Ofen gilt: „Kleider machen Leute". Am Boden werden in der Regel Luftkanäle offen gelassen, durch die kühle Raumluft hinter den Kachelmantel strömen kann. Vom Ofen erhitzt steigt sie in breiten Luftkanälen zwischen Ofen und Kachelwand auf und strömt oben durch Warmluftgitter wieder aus dem Kachelmantel heraus.

Kachelofen-Spezialitäten

Es gibt Kachelöfen mit Warmwassererwärmungseinsätzen, von denen aus Wärme auch in entlegene Räume transportiert werden kann. Schließlich gibt es Kachelöfen mit Luftkanälen und Ventilatoren, bei denen über den „Wärmeträger Luft" entferntere Räume mit Wärme versorgt werden. Auf dem Markt befinden sich auch Kachelofenzwerge, die mehr ein gemauerter Zimmerofen sind. Sie können von einem Heimwerker in kurzer Zeit aufgemauert werden. Diese Öfen sind schnell aufheizbar, weil sie wenig Masse haben. Dank der hohen Oberflächentemperatur können sie einen hohen Strahlungswärmeanteil erreichen.

Steinbackrohr

Das Steinbackrohr ist dem alten Holzbackofen nachempfunden. Es wird hier mit der „fallenden Hitze“ gebacken, und zwar folgendermaßen: Zunächst wird der Ofen mit einem Holzfeuer aus feinem Holzreisig und gut gespaltenem Holz hochgeheizt. Die Steinummauerung der Backröhre erhitzt sich stark und speichert die Wärme. Wenn das Holz ausgebrannt ist, wird die heiße Holzasche an den Rand der Backröhre gekehrt, die Backfläche wird sauber gemacht (z.B. mit einem feuchten „Pudel“ – also einem großen Putzlappen).

Dann wird das zu backende Gebäck in den Backofen „eingeschossen“. Das Backgut backt in dem sich nur ganz langsam abkühlenden Ofen. Ein Verbrennen ist selten, weil der Ofen nicht heißer, sondern allmählich kühler wird. Wenn das Backgut zum richtigen Zeitpunkt eingeschossen ist, wird es gar gebacken und dann noch warm gehalten, bis es serviert werden soll. Backdünste dringen nicht nach außen, sondern werden durch den Kaminzug mit dem Rest des schwachen Holzrauches abgezogen. Wichtig ist die richtige Einschusstemperatur. Im allgemeinen wird für Brot 250°C, für Apfelkuchen 200°C und für Pizza 160°C empfohlen.

89
Sowohl Kaminofen- als auch Kachelofen- und Pelletofeneinsätze gibt es mit eingebautem Wasser-Wärmetauscher zur Einbindung in ein konventionelles Warmwasser-Heizungssystem.
Quelle: Fa. Ulrich Brunner GmbH, 84307 Eggenfelden

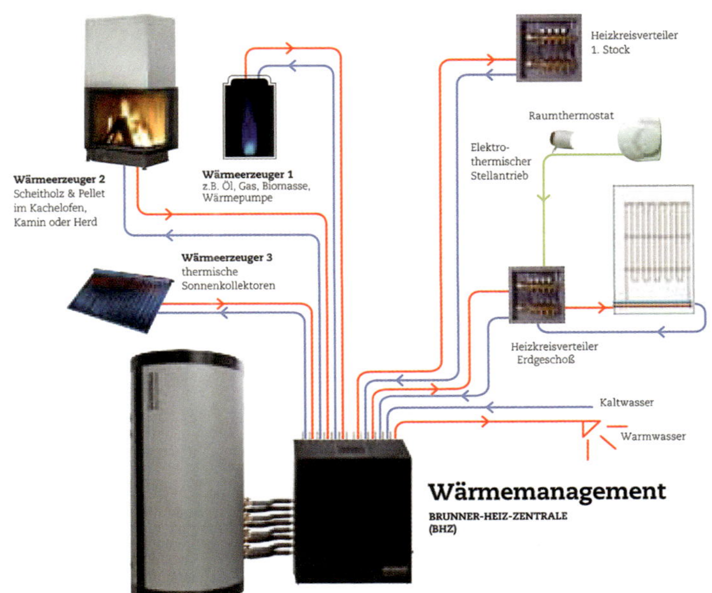

90
Kachelofen-Kamin aus Speckstein *Zinnia* mit sehr gutem Wärmespeichervermögen. Quelle: Tulikivi Oy, 63263 Neu-Isenburg

91
Speckstein-Ofen mit Kochgelegenheit und Backröhre.
Quelle: Tulikivi Oy, 63263 Neu-Isenburg

Vor- und Nachteile verschiedener Holzheizsysteme

Offener Kamin

+ Stimmungsvolle Atmosphäre durch das offene Feuer. Urtümliche Behaglichkeit.
+ Strahlungswärme direkt aus der Flamme.
- Geringer Wärme-Wirkungsgrad (bei geschlossenem Feuerraum höher).
- Nur als gelegentliche Zusatzheizung verwendbar.
- Keine Speicherung der Wärme.
- Als Stückholz-Feuerung ist körperlicher Einsatz und regelmäßiges Nachlegen erforderlich.
- Luftiger, trockener Lagerplatz für Stückholz erforderlich.
- Unvollständige Verbrennung, weshalb Umwelt belastende Rauchgase bleiben.

Kaminofen

+ Ein Raum lässt sich gut damit heizen.
+ Nachträglich einbaubar (wenn verfügbarer und zugelassener Schornstein vorhanden).
+ Kann bei einem Umzug mitgenommen werden.
+ Akzeptabler Wirkungsgrad (bis 75%). Mit Pelletfeuerung höherer Wirkungsgrad möglich.
+ Mit Glasscheibe kann auf das romantische Feuer geblickt werden.
+ Verkleidet mit die Wärme speichernden Steinen bleibt die Wärme länger erhalten.
+ Als automatischer Pelletofen eine relativ bequeme Wärmequelle.
- Als Stückholz-Feuerung ist körperlicher Einsatz und regelmäßiges Nachlegen erforderlich.
- Luftiger, trockener Lagerplatz für Stückholz erforderlich.

Kachelofen

+ Hoher gesunder Wärmestrahlungsanteil (wegen der großen Oberfläche), besonders beim Grundofen. Deshalb zentral im Wohnbereich einplanen. Es entstehen Bereiche unterschiedlicher Wärme.
+ Hohe Wärmespeicherfähigkeit durch große Masse.
+ Guter Wirkungsgrad.
+ Beim Warmluftofen ermöglicht der Warmluftanteil eine rasche Erwärmung.
+ Befeuerung kann vom Flur/Küche aus erfolgen.
+ Mit automatischer Pelletfeuerung eine bequeme Wärmequelle.
- Hohes Gewicht (beim Grundofen ca. 2 Tonnen), weshalb statische Prüfung notwendig ist.
- Nachträglicher Einbau ist aufwendig und teuer.
- Bei Stückholz-Feuerung ist körperlicher Einsatz und regelmäßiges Nachlegen erforderlich.

Holz-Zentralheizung

+ Hohe Verbrennungsgüte (durch hohe Verbrennungstemperatur und intelligente Luftsteuerung).
+ Bei automatischer Pelletheizung eine sehr bequeme Wärmequelle.
+ Kein Staub und keine Asche im Wohnbereich.
- Platz im Keller/Nebenraum notwendig für Heizanlage und für Brennstoff.
- Regelmäßiger Fachservice notwendig.
- Als Stückholz-Feuerung ist körperlicher Einsatz und regelmäßiges Nachlegen erforderlich.

Holz-Nahwärme-Heizanlage

+ Kaum Platzbedarf im Haus (nur für Wärmeübergabestation).
+ Keine Sorge um Brennstoffeinkauf und Anlagenwartung.
+ Extrem bequeme Wärme für den Nutzer.
+ Sehr hohe Güte der Verbrennung und der Rauchgasreinigung.
- Es müssen viele Nachbarn mitmachen (z.B. 50 Einfamilienhäuser).
- Es muss ein Betreiber/Investor gefunden werden.
- Hohe Investitionskosten in Heizanlage und Wärmenetz.

Diese Übersicht gilt für technisch zeitgemäße Anlagen. Veraltete Feuerungen schneiden immer ungünstiger ab.

Holz-Zentralheizungskessel

Zentralheizungskessel arbeiten mit Wasser als Wärmeträger. Mit warmem Wasser können relativ große Energiemengen in jeden Raum des Hauses gepumpt und dort über Heizkörper an die Raumluft übertragen werden. Der Vorteil dieser Anlagen besteht darin, dass ein Kessel mehrere Räume beheizen und das Brauchwasser erwärmen kann und dass der Heizraum mit dem dort anfallenden Schmutz von den Wohnräumen klar getrennt ist.

Ein Holzheizkessel hat wie jeder gute Holzofen die gleichen drei Bauteile: Holzspeicher, Brennkammer und Wärmetauscher. Der Unterschied besteht lediglich in der Ausführung des Wärmetauschers, welcher die Wärmeenergie hier an Wasser anstatt an Luft überträgt. Dies erfordert etwas mehr Technik und meist auch den Einsatz von Strom (für die Wasserumwälzpumpe und die Steueranlage). Deshalb ist diese Heizung keine autarke Wärmemaschine, denn sie fällt bei Unterbrechung der Stromversorgung aus. Außerdem können Wasserheizungen u.U. einfrieren, wenn sie während des Winterurlaubs stillstehen.

Die Wandtemperatur des Wärmetauschers wird von der Wassertemperatur bestimmt. Sie steigt nicht über 100°C. Wegen dieser niedrigen Temperatur muss der Wärmetauscher deutlich abgegliedert hinter einer großen Brennkammer liegen, damit die Holzgase schon vollständig ausgebrannt sind, bevor sie an den relativ kalten Wärmtauscherwänden abkühlen. Außerdem muss durch einen besonderen Kesselwasserkreis sichergestellt werden, dass nur dann Wärme in den Heizungskreislauf oder in den Brauchwasserteil abgegeben wird, wenn der Kesselwasserkreis mindestens 80°C heiß ist. Dadurch werden die Wärmetauscherflächen relativ warm gehalten, womit die Gefahr von Kondenswasserniederschlag verhindert und Holzteerausfälle verringert werden.

Beim Wasserkreislauf werden offene und geschlossene Anlagen unterschieden. Eine *offene Anlage* besitzt ein Überlaufgefäß über dem höchstgelegenen Heizkörper, das zur Atmosphäre (Luft) hin offen ist. Der Wasserdruck in dem System entspricht der Höhe der Wassersäule über dem zu messenden Punkt.

Eine *geschlossene Anlage* muss eine thermische Ablaufsicherung aufweisen, die vielfach als Kühlschlange im Kesselwasser ausgeführt wird. Falls die Temperatur über 95°C ansteigt, läuft Kaltwasser aus der Wasserleitung durch diese Kühlschlange, entzieht dem Kesselwasser Wärme und fließt als Heißwasser in den Abfluss. Diese Energieverschleuderungsmaschine sollte jedoch nie ihren Betrieb aufnehmen müssen.

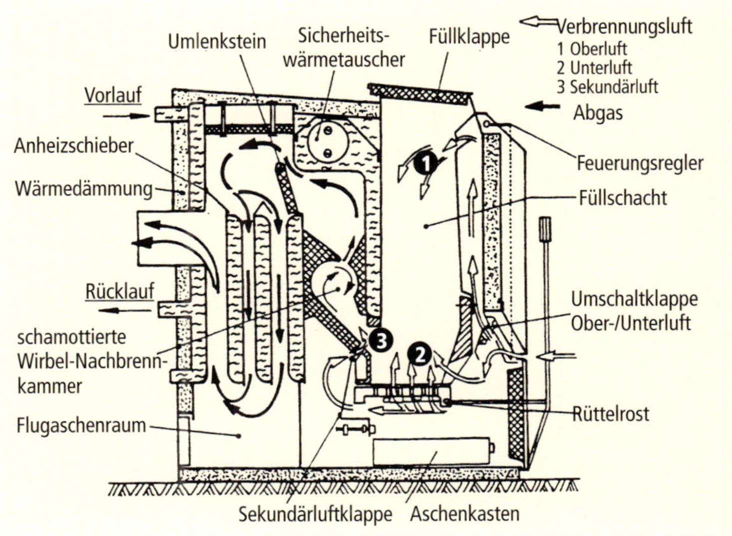

92
Heizkessel mit Naturzug: Stückholzkessel HDG Bavaria.
Quelle: HDG Bavaria, Landtechnik Weihenstephan, 85354 Freising

1 Stufenlos regelbares Saugzuggebläse
2 Heizflächen
3 Edelstahlfüllraum für 50 cm-Scheite
4 Große Fülltür
5 Flinke Brennkammer aus Spezialkeramik
6 Stufenlos regelbare Primär- und Sekundärluftöffnungen

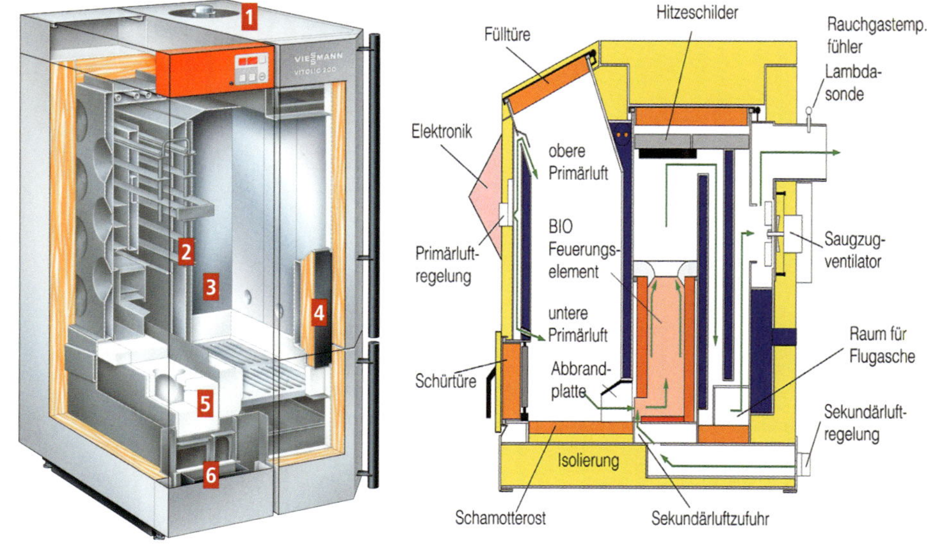

93 *links oben*
Scheitholzkessel Vitolig200 für Holzscheite bis 50 cm Länge (Kesselleistung 13 – 40 kW). Foto: Viessmann Werke, 35108 Allendorf/Eder

94 *rechts oben*
Scheitholzkessel mit unterem Abbrand und elektronischer Steuerung der Luftzufuhr (Biovent SSL20).
Quelle: Fa. Eder GmbH, A-5733 Bramberg

Steht der Holz-Zentralheizkessel im Kellergeschoss, dann kann möglicherweise der Kessel so hoch aufgestellt werden, dass mit dem Schubkarren unter die Aschenkastentür gefahren werden kann. Außerdem kann der Füllschacht bei Unterbrandkesseln bis zum Boden des Erdgeschosses verlängert werden. Dadurch steigt das Füllschachtvolumen, und das bodenebene Einfüllen des Holzes vom Erdgeschoss aus ist bequem.

Achten Sie beim Kesselkauf darauf, dass alle manuell zu reinigenden Flächen durch Reinigungsöffnungen gut zugänglich sind. Je häufiger Hand angelegt werden muss, um so leichter soll der Zugang sein. Wichtig ist, dass auch bei Schwachlast (bis auf 30 bis 40% der Nennleistung) die Ablagerungen im Wasserregister gering sind.

Holzheizkessel im separaten Heizraum müssen gut gegen Wärmeverluste isoliert sein, denn die im Heizraum vorhandene Wärme ist verloren. Manche empfehlen deshalb, den Holzzentralheizkessel im Wohngeschoss aufzustel-

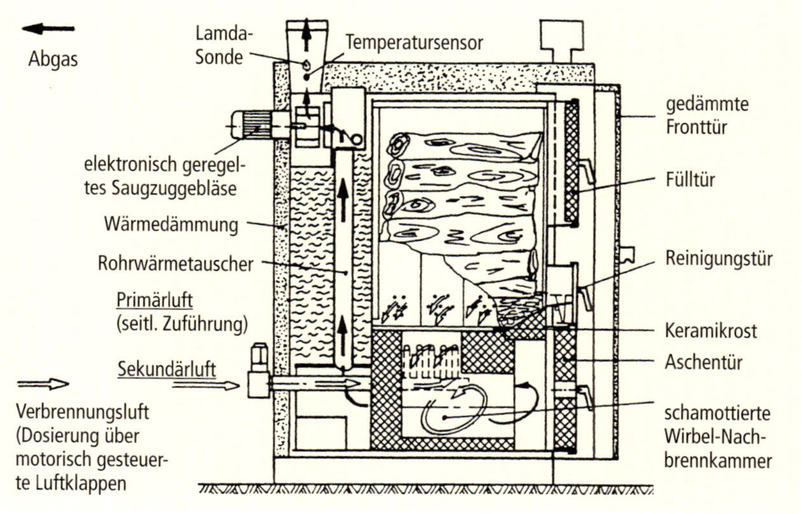

95
Heizkessel mit geregeltem Gebläse: Stückholzkessel Fröling FH-G Turbo (schematischer Schnitt). Quelle: Fröling FH-G Turbo, Landtechnik Weihenstephan, 85354 Freising

len; man kann ihn mit Kacheln umkleidet als „Kachelofen“ im Wohnraum sichtbar so einbauen, dass er vom Flur aus mit Holz beschickt werden kann. So wird die Wärmeabstrahlung zur Heizung genutzt.

In *Wechselbrandkesseln* kann abwechselnd mit Holz und zum Beispiel mit Öl geheizt werden. Wer einen für Holz gut geeigneten Ofenteil will, braucht zumindest einen Wechselbrandkessel mit zwei Teilen, nämlich einem Holzspeicher- und Brennkammerteil und einer Ölbrennkammer.

Während beim Wechselbrandkessel die Rauchgase des Ölbrenners durch die Holzbrennkammer ziehen, trennt der *Doppelbrandkessel* die beiden Ofenarten. Bei ihm sind Holzbrenner und Ölbrenner vollständig getrennt bis zum Schornstein. Beide Kesselteile erwärmen denselben Kesselwasserkreis. Da der Holz- und Ölofenteil jeweils an einen eigenen Schornstein angeschlossen wird, können die beiden einander ergänzen, indem der Ölbrenner anspringt, sobald der Holzofen nicht mehr genug Wärme liefert. Weil auch der Kesselwasserkreis des nicht betriebenen Ofens ebenfalls warm gehalten wird, entstehen möglicherweise hö-

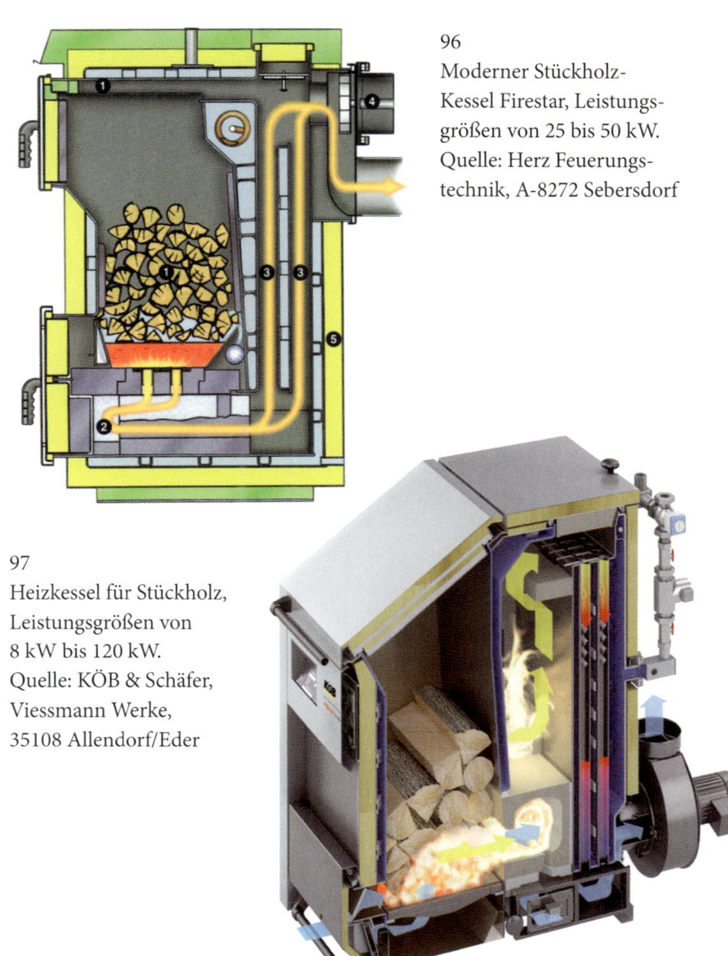

96
Moderner Stückholz-Kessel Firestar, Leistungsgrößen von 25 bis 50 kW.
Quelle: Herz Feuerungstechnik, A-8272 Sebersdorf

97
Heizkessel für Stückholz, Leistungsgrößen von 8 kW bis 120 kW.
Quelle: KÖB & Schäfer, Viessmann Werke, 35108 Allendorf/Eder

98
Holzkessel mit liegender Brennkammer für Meterscheite.
Quelle: Fa. Koch-Heizungstechnik, 83308 Trostberg

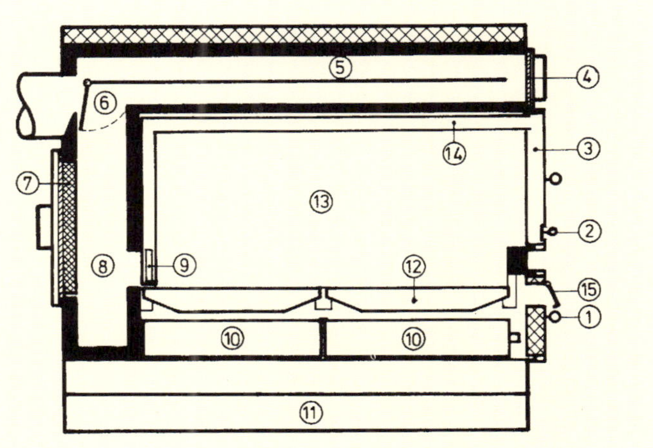

Legende

1 Aschentüre mit Primärluftklappe
2 Sekundärlufteintritt stufenlos regulierbar
3 Fülltüre doppelwandig, luftgekühlt
4 Reingungsöffnung für Nachschaltheizfläche
5 Nachschaltheizfläche
6 Umschaltklappe für Anfahrbetrieb
7 Inspektionsklappe voll isoliert für Nachbrennkammer
8 Nachbrennkammer
9 Sekundärluftaustritt
10 Aschenkasten
11 Transporttraverse und Kesselsockel
12 Einzelroststäbe aus hitzebeständ. Chromguß
13 großvolumige Brennkammer
14 Sekundärluftkanal
15 Primärluftöffnung

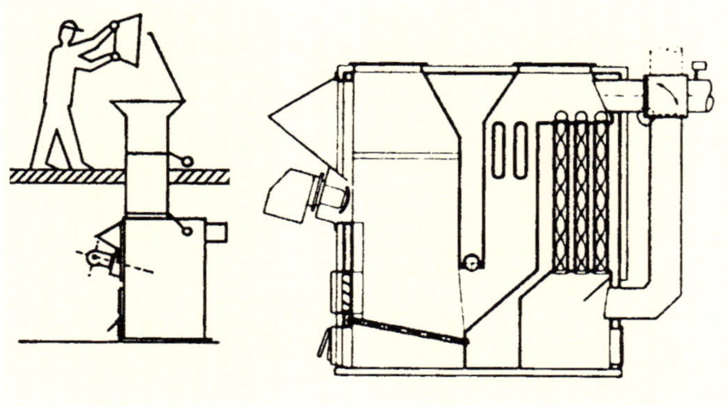

99
Wechselbrand-Heizkessel mit unterem Abbrand; der Füllschacht kann bis zur nächsten Stockwerksebene verlängert werden.
Quelle: Fa. Zirngibl GmbH, 77855 Achern

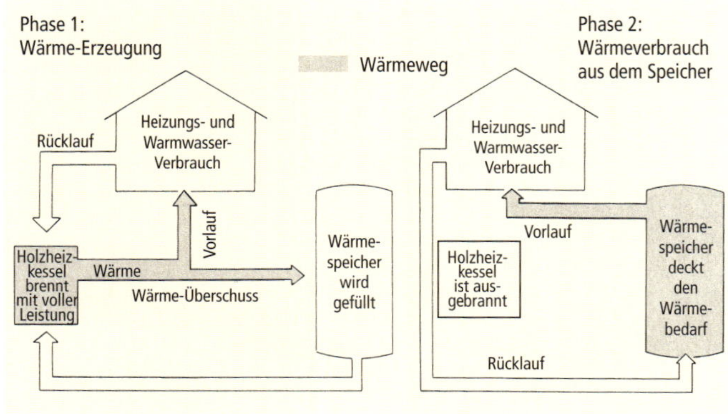

100 Funktionsprinzip der Holzspeicherheizung.

101 Wärmebedarf im Jahresverlauf bei einer Warmwasser-Zentralheizung.

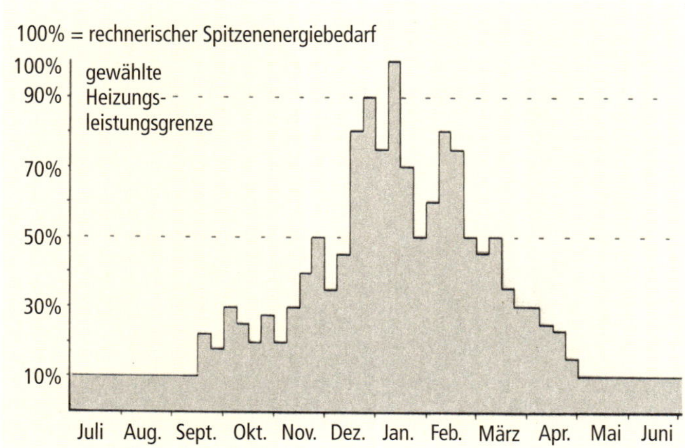

here Wärmeverluste als bei im System getrennten Anlagen mit eigenen, abschaltbaren Kesselwasserkreisläufen.
In manchen Bundesländern dürfen Öl- und Holzheizkessel an denselben Schornstein angeschlossen werden, wenn bestimmte Bedingungen erfüllt sind. Beispielsweise muss

- der Ölbrenner bei offener Holz-Fülltür oder wenn der Holzofen brennt, abgeschaltet sein,
- das Ofenrohr der Ölheizung unter dem der Holzheizung in den Schornstein münden,
- ein Ofenrohrwinkel von mindestens 30° Steigung vorhanden sein,
- der Schornsteinquerschnitt mindestens die 1,5-fache Ölbrennerleistung verkraften und beide Öfen ein bestimmtes Nennleistungsverhältnis aufweisen.

Informieren Sie sich deshalb gründlich bei ihrem Bezirksschornsteinfeger.

Holz-Speicherheizung

In jedem Holzofen wird die für diesen Ofen beste Verbrennung nur erreicht, wenn der Ofen mit voller Leistung brennen kann. Im allgemeinen wird die Leistung einer Feuerstelle für den Wärmebedarf an den kältesten Tagen im Jahr bemessen. Deshalb ist die Kesselleistung an 95% der Tage im Jahr erheblich größer als der tatsächliche Wärmebedarf. Würde der Holzofen in dieser Zeit auch mit seiner vollen Leistung betrieben, wäre das Haus überheizt, käme das Kesselwasser zum „Überkochen“ (Überlaufen), würde die Energie verschleudert oder die Anlage litte Schaden. Das angenommene Auslastungsbeispiel (Abb. 101) zeigt: Im Jahresdurchschnitt wird in über 50% der Heizperiode weniger als die halbe Nennleistung der Feuerstelle gebraucht.

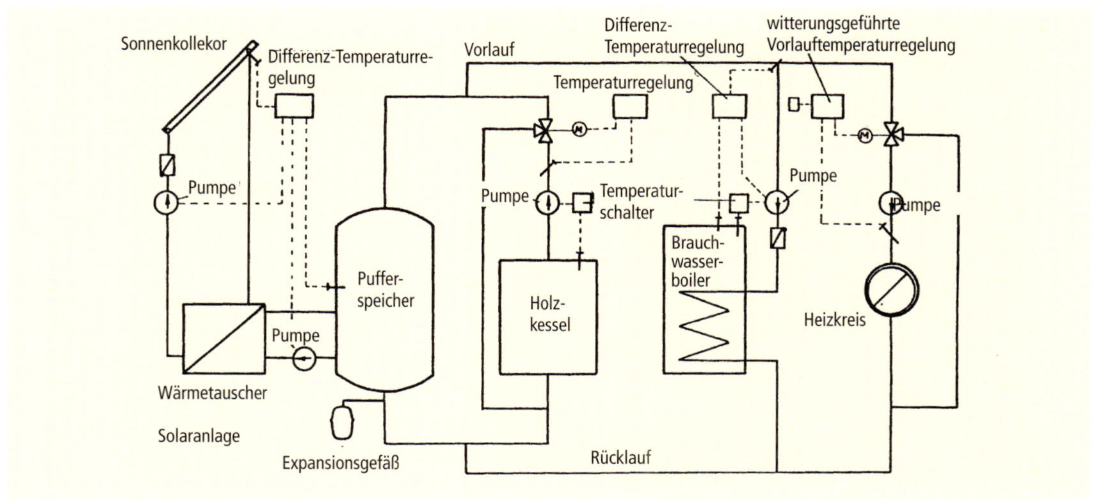

102
Holzheizung mit Pufferspeicher in Kombination mit einer Solaranlage.
Quelle: Centrale Marketinggesellschaft d. deutschen Agrarwirtschaft mbH, 53177 Bonn

Diesem Problem der schlechten Leistungsauslastung kann durch zwei Maßnahmen begegnet werden:

- *Kesselleistung 10% niedriger als der Spitzenbedarf wählen*: Zunächst sollte beim Kauf des Ofens die Kapazität 10% unter dem rechnerischen Spitzenwärmebedarf gewählt werden. Dadurch kann es an wenigen Tagen im Jahr im Haus ein klein wenig kühler werden, aber erfrieren wird deshalb niemand. Meist genügt es für diese Spitzentage schon, wenn ein oder zwei wenig genutzte Zimmer etwas schwächer geheizt werden.
- *Periodischer Volllastbetrieb und Speicherung der Wärme*: Solange das Holzfeuer brennt, wird das Feuer auf voller Leistung gehalten. Dadurch wird mehr Wärme erzeugt, als augenblicklich von den wärmeverbrauchenden Heizkörpern und der Warmwasserbereitung abgerufen wird. Die nicht gebrauchte Wärme wird einem Wärmespeicher zugeführt. Wenn dieser Wärmespeicher voll, d.h. auf 90°C aufgeheizt, ist, wird das Holzfeuer abgestellt. Die danach benötigte Wärme wird nun dem Wärmespeicher entnommen.

Bei der Holzheizung mit Pufferspeicher kann die sehr nachteilige Schwachlastfeuerung weitgehend vermieden werden. Weil beim schwachen Holzfeuer, dem Schwelbrand, die Holzbestandteile nur unvollständig verbrennen, treten im Ofen und im Schornstein unverbrannter Ruß sowie Teer- und Pechablagerungen auf. Beim Schwelbrand kann außerdem Kondensat entstehen, das die Ofenteile angreift. Im Ergebnis ist ein größerer Unterhalt der Anlage erforderlich, hat der Ofen eine kürzere Lebenserwartung und wird der energiereiche Brennstoff nur unvollkommen ausgenutzt.

Eine den periodischen Volllastbetrieb ermöglichende Holzspeicherheizung führt folglich zu einem besseren Wirkungsgrad, zu geringerem Unterhaltungsaufwand und zu längerer Lebensdauer. Zugleich steigt der Bedienungskomfort, weil anstelle des Zwanges zur zeitlich regelmäßigen Beschickung der Ofen dann gefüllt und aufgeheizt werden kann, wenn man dafür Zeit hat. Weil das Holzgas bei Volllastbetrieb (fast) vollkommen ausbrennt – jedenfalls in einem guten Holzofen –, kann mit der Speicherheizung auch die Umweltbelastung und die Belästigung der Nachbarn durch Schwelgase und Ruß vermieden werden.

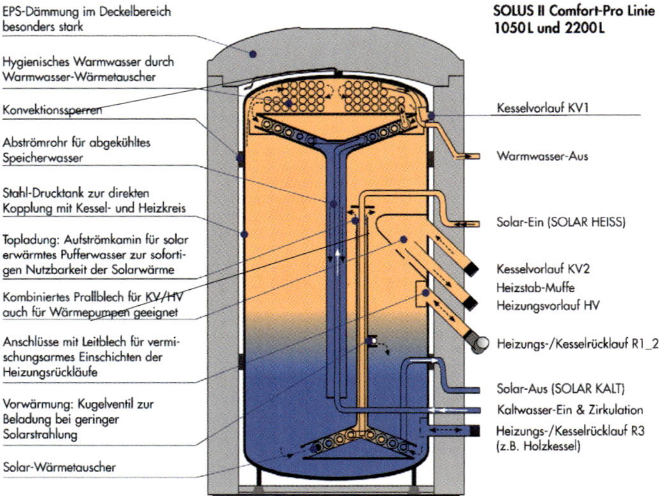

103
Pufferspeicher für die Warmwasser-Heizung (Typ Solus II, Behältervolumina von 500l, 800, 1000 und 2000 l) mit Wärmetauschern für die Warmwasserbereitung und für die Einspeisung von Solarenergie.
Quelle: Fa. Consolar, 60489 Frankfurt

Beispielrechnung:

Energieinhalt eines Warmwasserspeichers

Bei einem Speichervolumen von 2.000 l und einer nutzbaren Temperaturdifferenz von 30°C (Entladung von 80°C auf 50°C) beträgt die nutzbare Wärmeenergie:

$Q = 1{,}16\ kWh/m^3 \cdot 2{,}0\ m^3 \cdot 30°C = 70\ kWh$ entsprechend 7 l Heizöl-Äquivalent.

Die Heizungsssteuerung muss dafür sorgen, dass die im Brennraum erzeugte Wärme solange komplett in den Heizungskreislauf gelangt, solange dort Wärme benötigt wird. Erst danach darf Wärme in den Speicher geliefert werden

Als Pufferspeicher werden in der Regel stehende Stahltanks eingesetzt, bei denen das heiße Wasser aus dem Holzkessel von oben in die Tanks gedrückt wird, während kaltes Wasser aus dem unteren Teil des Speichers zurück zum Kessel fließt. Zur Entnahme von gespeicherter Wärme wird der Kreislauf umgekehrt, also heißes Wasser für die Heizung oben aus dem Speicher entnommen und das abgekühlte Wasser des Heizungsrücklaufes unten in den Speicher zurückgeführt. Durch diese Regelung bleibt die Temperaturschichtung im Speicher weitgehend erhalten. Der Pufferspeicher soll grundsätzlich nur mit heißem Wasser – also mit Wasser über 80°C – geladen werden, weil bei einer zu niedrigen Ladetemperatur die Temperaturschichtung durcheinandergebracht werden kann. Die Ausdehnungsgefäße müssen bei einer Speicherheizung größer bemessen sein.

Als Speicherkapazität sollten 100 Liter Wasser je kW Nennheizleistung für handbeschickte Anlagen und 60 Liter Wasser je kW für automatisch laufende Anlagen vorgesehen werden, für ein Einfamilienhaus also zwischen 1.000 und 2.000 l. Anders ausgedrückt sollte der Speicher mindestens den Wärmebedarf des Hauses an einem durchschnittlichen Wintertag aufnehmen.

Der Stellplatz für den Pufferspeicher sollte beim Neubau möglichst von vornherein mit eingeplant werden; günstig ist die Aufstellung im zu heizenden Hausteil, damit auch die unvermeidlichen Wärmeverluste des Pufferspeichers genutzt werden können.

Der Wärmespeicher ist zwar teuer, dafür kann aber ein knapp ausgelegter und deshalb billigerer Holzheizkessel gewählt werden. Dies hat den Vorteil, dass der Holzheizkessel viel häufiger mit seiner Nennleistung betrieben werden kann und damit einen höheren Wirkungsgrad erreicht. Trotz der knappen Auslegung des Kessels muss man auch an extrem kalten Tagen nicht frieren, weil der Spitzenwärmeverbrauch während des Tages teilweise dem Speicher entnommen werden kann, der nachts durch Überschusswärme wieder aufgefüllt wird.

Die maximale Speichertemperatur kann zwischen 80 und 95°C liegen. Die aus dem Speicher entnehmbare Wärmeenergie Q lässt sich nach folgender Formel errechnen (vgl. Beispiel):

$$Q = 1{,}16\ \text{kWh je 1.000 Liter u. je °C}$$

Günstig ist die Kombination einer Holzspeicherheizung mit einer Wärmepumpe oder einer Solaranlage, weil der Speicher von den Wärmeerzeugern wechselweise genutzt werden kann. Eine überschüssige Wärme der Solaranlage im Hochsommer kann zur Trocknung des Holzes bzw. der Hackschnitzel verwendet werden, wenn unter dem Schnitzelbunker eine Bodenheizung verlegt wird.

Automatische Holzheizungen

Voraussetzung für eine automatische Holzheizung sind leicht transportierbare Holzstücke. Deshalb arbeiten die meisten Anlagen mit Holzpellets oder Holzhackschnitzeln. Das häufig verwendete Wort „Stoker“ (engl.) bedeutet „Heizer“ Es kann für alle automatischen Holzheizungen verwendet werden, bei denen die Holzstücke durch eine motorgetriebene Zuführung in den Feuerraum gelangen.

Automatischer Ofen für Holzpresslinge

Automatisch arbeitende Holzheizungen gibt es inzwischen auch für kleine Leistungen, wie das Beispiel des Zimmerofens für Holzpellets (Abb. 104) zeigt. Die in den Vorratsbehälter eingefüllten Pellets reichen (meistens) für einen vollen Tag, in der weniger kalten Übergangszeit sogar für drei bis vier Tage. Eine Transportschnecke bringt die Pellets bedarfsgesteuert in den Füllschacht, durch den sie in den Brennertopf fallen. Entweder muss beim ersten Mal ein Anzündfeuer gemacht werden, oder eine elektrische Zündung übernimmt diese Arbeit. Durch den Füllschacht strömt ein Teil der Zuluft, wodurch die Flamme von ihm weggeführt wird. Fällt der elektrische Strom aus, wird die Brennstoffzufuhr unterbrochen, das Feuer erlischt.

Die große und konstante Oberfläche sorgt, besonders bei kleinen Pellets, für eine gute Verbrennung. Je nach der verfeuerten Brennstoffmenge und der Güte der Presslinge muss täglich oder alle paar Tage die Brennmulde von der Asche gereinigt werden. Die Luft wird durch ein Rauchgasgebläse bewegt. Die Steuerung erfolgt automatisch. Wesentlich ist, dass dieses Gebläse leise arbei-

104
Ein Zimmerofen mit automatischer Feuerung für Holzpellets (Leistung automatisch regelbar 2,2 bis 6 kW).
Quelle: Wodtke GmbH, 72070 Tübingen

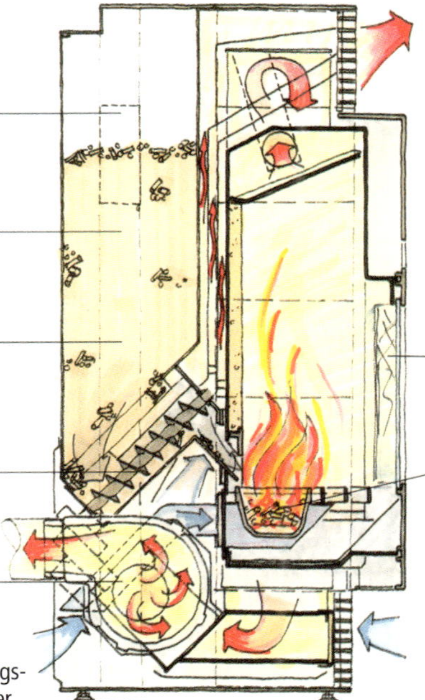

tet. Solche Öfen dürfen nur dann brennen, wenn im selben Raum gleichzeitig kein Gebläse (z.B. eine Dunstabzugshaube) einen Unterdruck erzeugt, weil sonst die Feuerungsabgase aus dem Ofen gezogen werden könnten.

105
Der Primärofen: ein Zimmerofen mit automatischer Feuerung für Holzpellets. Quelle: Fa. Wodtke, 72070 Tübingen

Seine Wärme gibt der Ofen sowohl in Form von Strahlungswärme an den Raum ab, als auch konvektiv durch die an den heißen Wänden sich erhitzende, aufsteigende Luft. Die Oberfläche des Ofens kann keramisch oder mit Speckstein etc. verkleidet sein, um das Aussehen zu verbessern. Eine Keramikglasscheibe gibt den Blick auf das Feuer frei. So kann die Romantik der Flamme genossen werden, trotz der Perfektion der Verbrennung.

In einer speziellen Bauform mit Wasserheizregister kann der Pellet-Einzelofen bis zu 50% der Heizleistung einem externen Heizungskreislauf (mit Warmwasserbereitung) zuführen. Die Einbindung einer Solaranlage in ein solches System zur Brauchwassererwärmung im Sommer bietet sich an (vgl. Abb. 106).

Die *maximale Brenndauer* eines Pelletofens mit Pelletspeicher gibt an, wie lange der Ofen im Winter als „Frostwächter" wärmen kann, wenn die Bewohner unterwegs sind. Die *„Leistungsverteilung Luft/Wasser"* gibt sowohl für Öfen wie auch für Kessel an, welcher Anteil der Heizleistung an die Raumluft abgegeben wird und wieviel Wärme über den Wasser-Heizkreislauf abgeführt werden kann. Wenn viel Wärme in den Wasser-Heizkreislauf gehen soll, dann kann ein Ofen mit „20 Luft / 80 Wasser" passen. Ist ein großer Wohnraum mit mit hohem Wärmebedarf zu heizen und der Wasser-Heizkreislauf weniger wichtig, kann ein Ofen mit „60 Luft / 40 Wasser" richtig sein.

Es gibt inzwischen auch Öfen mit elektronischer Steuerung, die vom Besitzer per Telefon eingeschaltet werden können, damit der Raum warm ist, bis der Nutzer nach Hause kommt.

106
Beispiel für die Kombination von Solaranlage und Pellet-Einzelofen mit Pufferspeicher. Quelle: Fa. Wodtke, 72070 Tübingen

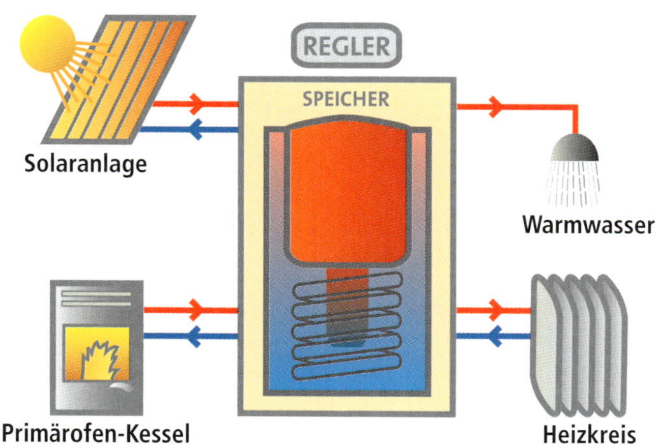

Automatische Pellet-Zentralheizungskessel

Mit einem Pellet-Heizkessel kann – in Verbindung mit einer Solaranlage – eine weitgehend automatisch arbeitende Wärmezentrale für moderne Ein- und Zweifamilienhäuser aufgebaut werden, der sommers wie winters die Wärme nicht ausgeht. Pelletkessel sind Zentralheizkessel mit vollautomatisch arbeitender Feuerung.

Wenn sich Nachbarn vertraglich vereinbaren, kann eine technisch ausgereifte Pelletheizung auch z.B. drei Reihenhäuser mit der notwendigen Wärme versorgen.

Bis zu einer Heizleistung von 20 kW sind Pelletheizungen den Feuerungen mit Holz-Hackschnitzeln fast immer überlegen, während ab 100 kW Hackschnitzel-Heizungen den im Brennstoff teueren Pellet-Feuerungen (meist) vorzuziehen sind.

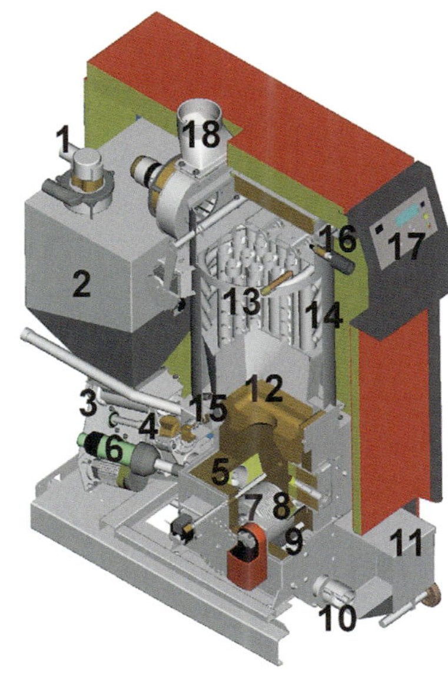

1 Saugturbine
2 Pellet-Vorratsbehälter
3 Dosierschnecke
4 Zellradschleuse
5 Stokerschnecke
6 Heißluft-Zündgebläse
7 Lichtschranke
8 Walzenrost
9 Schwenkbare Rostklappe
10 Abstreifkamm
11 Entaschungsschnecke
12 Aschebehälter
13 Schamott. Brennkammer
14 Wärmetauscher
15 Wärmetauscher
16 Thermisches Mischventil
17 Lambdasonde
18 Regelung
19 Saugzuggebläse

107
Holzpellet-Heizkessel „EuroPellet“. Quelle: Fa. Fröling, A-4710 Grieskirchen

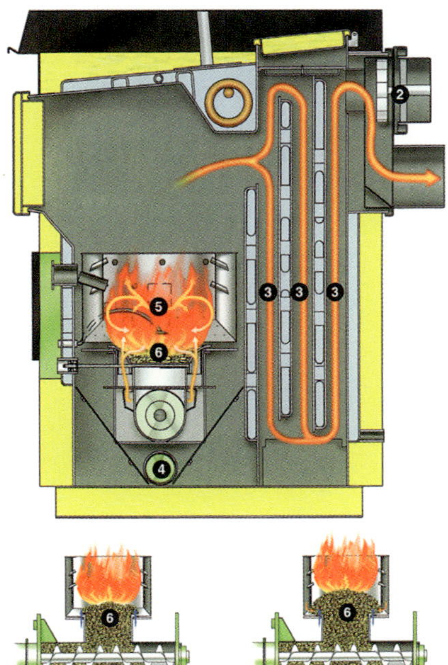

Betrieb mit Pellets Betrieb mit Hackgut

108
Automatischer Heizkessel „Firematic“ für Holzpellets und Hackschnitzel. Leistung 25 bis 150 kW. Der Brennstoff wird über die Schnecke automatisch zugeführt. Quelle: Herz Feuerungstechnik, A-8272 Sebersdorf

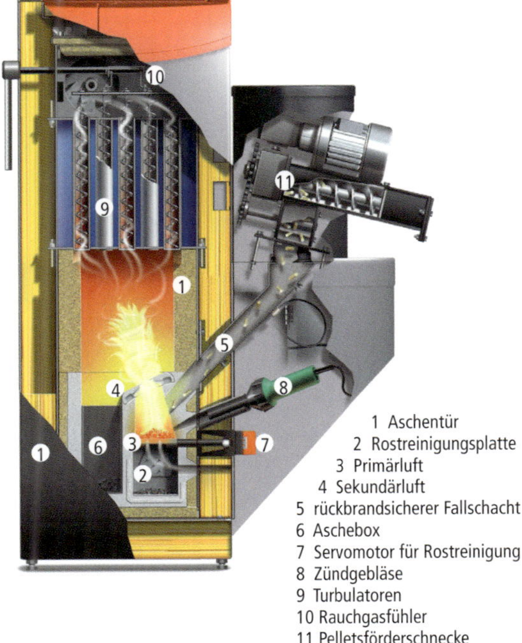

109Pelletkessel mit automatischem Ascheaustrag. Eine Unterbrand-Stückholzfeuerung kann angebaut werden (System Duo). Quelle: Fa. Guntamatic Heiztechnik GmbH, A-4722 Peuerbach

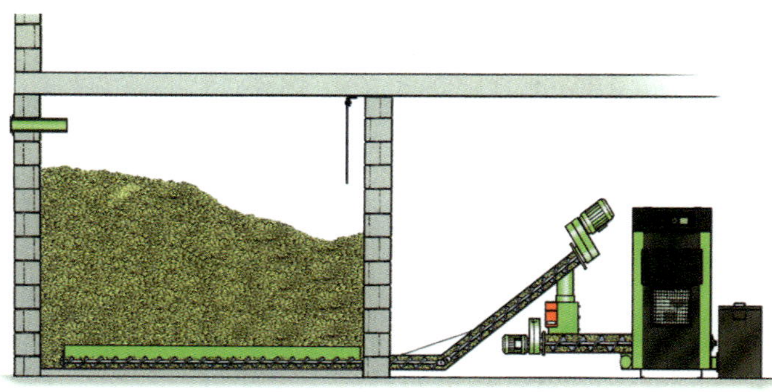

110 Der Pelletkessel wird über eine automatisch gesteuerte Transportschnecke aus dem Pelletlager mit Brennstoff versorgt.
Quelle: Fa. Herz Feuerungstechnik, A-8272 Sebersdorf

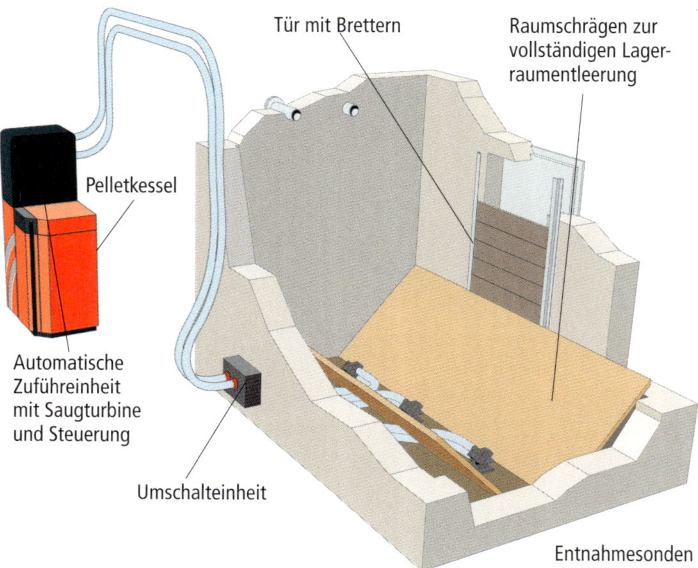

111 Alternativ zur Transportschnecke können die Pellets auch mit einem pneumatischen Saugsystem zum Heizkessel gefördert werden.
Quelle: Fa. Windhager, A-5201 Seekirchen

Die Pellets können aus einem großen Lagerraum mittels einer Schnecke oder mit Saugrohren automatisch in den Brennraum der Feuerung transportiert werden. Bei einigen Anlagen rutschen die Pellets durch Schwerkraft aus einem höher liegenden größeren Zwischenbehälter, der z.B. einmal in der Woche von Hand aufgefüllt werden muss. Die jeweils von der Feuerung benötigte Menge steuert die Anlage selbständig.

Auch wenn Pellet-Heizungen noch nicht so wartungsarm sind wie eine Gasheizung, muss doch bei „automatischen" Anlagen durchschnittlich nicht mehr als einmal pro Woche nach der Heizung gesehen werden. Wichtig ist, dass die Asche aus dem Brennerbereich entfernt wird, entweder durch eine automatische Entaschung oder manuell. Hier zeigt sich die Qualität der Pellets. Bei schlechten Pellets mit hohem Rindenanteil oder bei Verschmutzung des verwendeten Holzmehls mit Erde steigt die Aschenmenge und führt zu Problemen in der Feuerung bzw. zwingt zu einer täglichen Reinigung. Wenn die Pellet-Asche verklebt (versintert), kann dies mehrere Gründe haben: Entweder in den Pellets sind mehr Silikate als üblich (z.B. weil als Bindemittel silikatreiche Stärke zugemischt wurde, was bis zu 2% zulässig ist), oder die Temperatur im Aschebereich ist zu hoch (über 1400°C).

Auch beim Pellet-Heizkessel ist ein puffernder Wärmespeicher angebracht, weil ein schwankender Wärmeverbrauch nur teilweise durch die Mengensteuerung der Pellet-Zufuhr ausge-

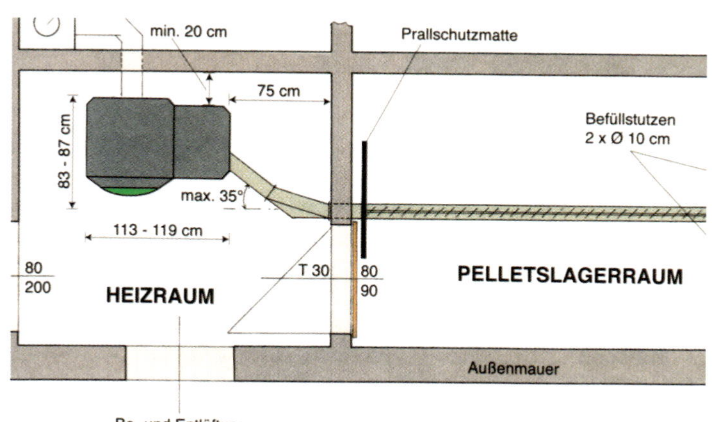

112
Beispiel für die Anordnung von Lagerraum und Heizraum: Bei Schneckenförderung sollten die beiden Räume möglichst nebeneinander liegen.
Quelle: Fa. ÖkoFen, A-4132 Lembach

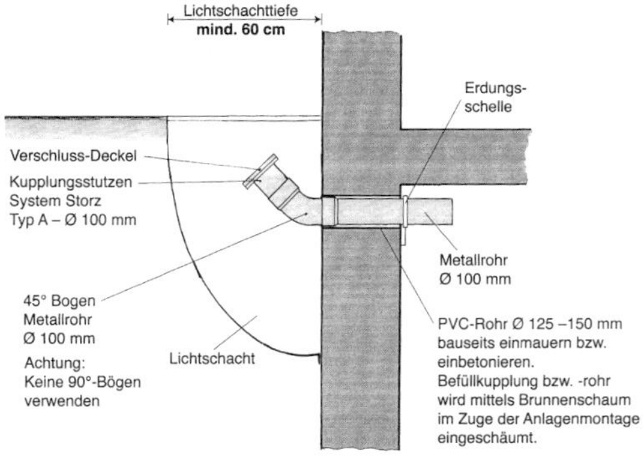

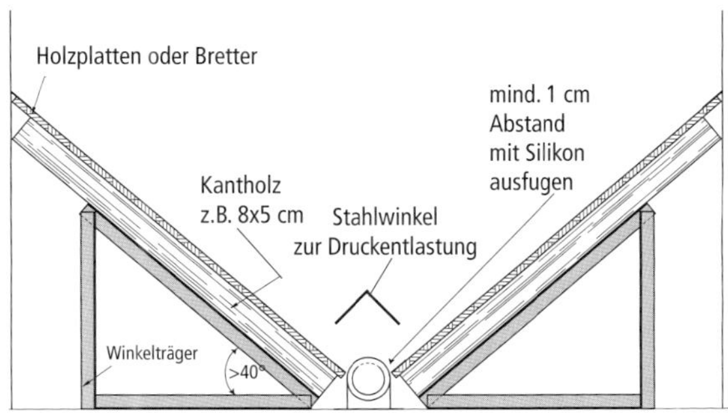

113 *links*
Einblasstutzen für Lichtschachtmontage.
Quelle: KWB,
A-8321 St. Margareten

114 *rechts*
Herstellung der Schrägflächen aus Stahlwinkeln, Kanthölzern und Holzplatten. Zur Druckentlastung ist oberhalb der Schnecke ein Stahlwinkel vorteilhaft.

glichen werden kann. Sonst schaltet die Feuerung bei fehlender Wärmenachfrage ab und muss neu gezündet werden. Manche Anlagen entfernen vor einem Neustart den Aschenbereich auch von angekohlten Pellets.

Für die Wärmespeicherung einer automatischen Pelletfeuerung sind 60 Liter je kW Nennheizleistung gut, mindestens 30 l/kW sollten es sein (vgl. Kap. Wärmespeicher auf S. 83 - 84). Ein großer Pufferspeicher verringert die Zahl der Neuzündungen je Tag, verbessert die Brennstoffausnutzung durch eine konstante Verbrennung und senkt die Emissionen an Kohlenmonoxid. Durch die kontinuierliche Feuerung wird die Anlage geschont und damit ihre Lebensdauer verlängert. Eine intelligente elektronische Steuerung des Heizvorganges spart Brennstoff und sichert den Komfort.

Es gibt inzwischen auch Pellet-Kessel, welche das heiße Rauchgas unter den Taupunkt herunterkühlen. Diese „Brennwert-Technik" führt zu Kondenswasser, welches in einen Abfluss geleitet wird. Sie ist sinnvoll, wenn Heizwasser mit niedriger Temperatur (z.B. von 50°C) genutzt werden kann. Der Wärmetauscher und der Schornstein müssen dann Feuchtigkeit aushalten (z.B. aus Edelstahl oder Keramik gefertigt sein). Unklar ist noch, ob die Ablagerungen am Wärmetauscher (und Schornstein) bei der Pellet-Brennwerttechnik dauerhaft beherrscht, d.h. beseitigt werden können.

Der hohe Komfort einer Pellet-Heizung erfordert mehr fossile Energie. Für die elektrische Zündung der Pellets, für die automatische Zuführung vom Lagerraum zum Ofen, für das elektrische Gebläse, für die Steuerung und für eine automatische Aschenentfernung ist Strom notwendig. Wenn der Strom mit fossiler Energie erzeugt wurde, dann werden dadurch im Mittel knapp 7% der vom Pellet nutzbaren Energie verbraucht. Zusammen mit der zur Holzgewinnung, Pelletherstellung und Lieferung erforderlichen Energie müssen etwa 25% der genutzten Wärme als fossiler Brennstoff zugeführt werden. Bei einer Öl-Zentralheizung geht aber ebenfalls ein gewisser Prozentsatz fossiler Energie in das Erbohren, die Raffinerie, den Transport sowie in die Heizungssteuerung und -pumpe.

Bei sehr guter Wärmedämmung können moderne Einfamilienhäuser mit einem Jahresverbrauch von 1,1 bis 1,5 t Pellets (entsprechend 550 bis 750 l Heizöl) auskommen. Wenn der Pellet-Heizkessel mit einer solaren Trinkwasser-Erwärmung kombiniert wird, kann die Pelletheizung im Sommer außer Betrieb gehen; dann reichen im sehr gut wärmegedämmten Einfamilienhaus für vier Bewohner im Jahresmittel ca. 0,7 t Pellets.

115
Sacksilo für Pelletlagerung (hier für 3,6 t Pellets).
Quelle: Fa. W. Krause, 74399 Walheim

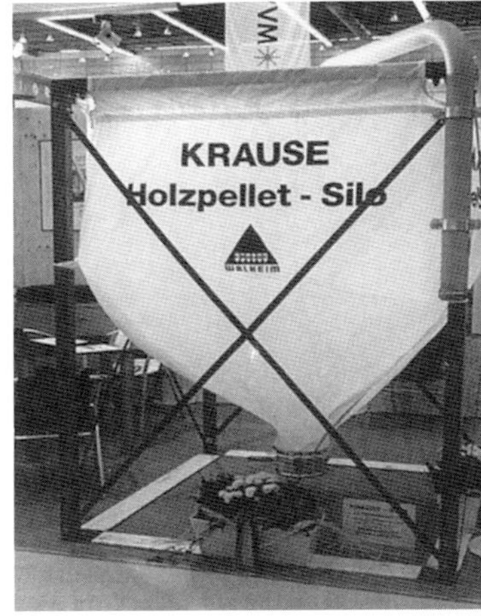

Der „Blaue Engel" als Umweltzeichen wird Feuerungen verliehen, welche arm an Emissionen sind und die Energie des Brennstoffes gut ausnutzen. Einzelöfen bis 15 kW und Zentralheizkessel bis 50 kW können ihn verliehen bekommen.

Lagerraum für Pellets

Der Lagerraum für Pellets wird meistens in das Gebäude integriert. Mit einem technisch anspruchsvollen Saugtransport können Pellets allerdings auch in einem Erdtank (im Garten) gelagert werden. In jedem Fall muss der Lagerraum absolut trocken sein.

Beim Bau des Lagerraumes ist dafür zu sorgen, dass die Pellets über Rohrleitungen in den Lagerraum gepumpt werden können. Die Strecke vom Tankwagen bis zum Füllrohr sollte maximal 25 m betragen und keine zu hohe Steigung aufweisen. Die Innenwände des Lagers müssen dort, wo sie mit Pellets in Berührung kommen, eine hohe Festigkeit aufweisen, damit keine Teile abgerieben werden. Verputz oder Isoliermaterial darf nicht mechanisch beschädigt werden und zwischen die Pellets gelangen. Dies könnte später in der Feuerung zu Störungen führen

Der Lagerraum muss groß genug sein: Die Grundfläche sollte 6 m² nicht unterschreiten. Das reine Lagervolumen sollte etwa 1 m³ je kW Heizleistung sein. Da ein Teil des Raumes nicht zur Lagerung genutzt werden kann (Technikbereich, Luft), wird oft mit 1,4 m³ je kW Heizleistung gerechnet. Bei einer geplanten Heizleistung von 10 kW sind somit ca. 14 m³ Lagerraumvolumen notwendig. Bei 2 m Schütthöhe reichen dann 7 m² Grundfläche, also z.B. 4 m x 1,75 m.

Der Lagerraum muss während des Füllvorgangs zu den anderen Räumen luftdicht abgeschlossen werden können, damit kein Staub aus ihm in andere Hausräume eindringt. Die Außenwände des Lagers müssen die Masse der Pellets aushalten, dünne Wände schaffen dies nicht.

Zwei Füllstutzen müssen von außen zugänglich sein. Über den einen Stutzen werden die Pellets in den Lagerraum gepumpt, während über den zweiten Stutzen die (staubreiche) Luft aus dem Lagerraum entweicht. Indem durch den zweiten Stutzen Luft abgesaugt wird, entsteht im Lagerraum ein leichter Un-

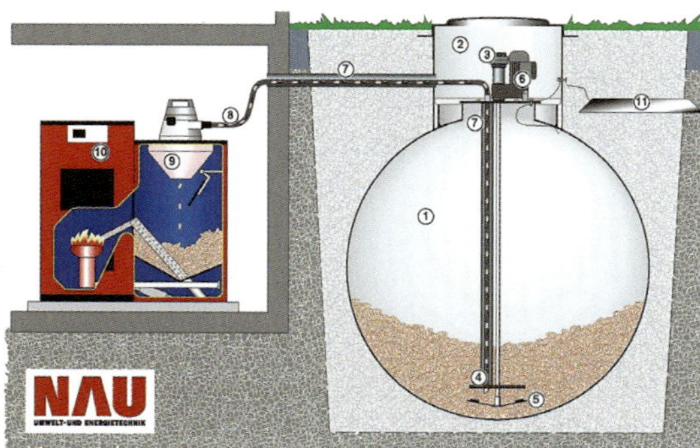

116
Erdlagertank für Pellets.
Quelle: Fa. Nau,
85368 Moosburg

1 Pellettank
2 Domschacht
3 Befüllung / Entstaubung
4 Absauglanze
5 Rührer
6 Motor
7 KG-Schutzrohr
8 Transport-schlauch
9 Abscheider
10 Kessel
11 Erdung

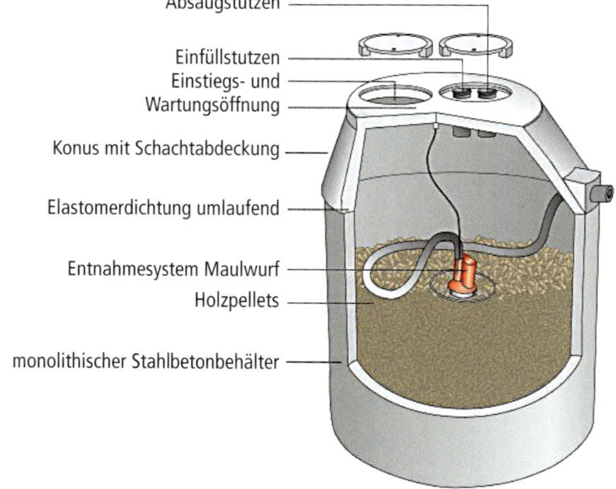

117
Pellet-Erdspeicher aus Beton der Fa. Mall-Beton mit Saugförderer „Maulwurf". Das Abpumpen der Pellets von oben ist nicht nur bei Erd-Tanks eine praktische Lösung. Das Gerät „schwimmt" auf den Pellets, saugt sie von oben ein und pumpt sie zum Speicher am Ofen. Die Rückluft gelangt über einen zweiten Schlauch zurück in den Tank. Bei einem Erdtank genügt eine Öffnung in der Mauer mit 20 cm lichter Weite, durch die beide Schläuche geführt werden. Während der Füllung des Pellet-Silos muss die Heizung am Hauptschalter ausgeschaltet werden, damit keine Probleme in der Feuerung durch den Druckwechsel entstehen können.
Quelle: Mall Beton, Donaueschingen

terdruck. Jedenfalls soll durch die Füllung im Lagerraum kein Überdruck entstehen. Damit die Saugpumpe am 2. Stutzen mit Strom versorgt werden kann, sollte in deren Nähe ein Stromanschluss (Steckdose) liegen. Der freie Rohrdurchmesser liegt bei 10 cm (weshalb das Loch in der Mauer etwa 13 cm Durchmesser aufweist). Beide Stutzen sind mindestens 50 cm von einander entfernt. Während der Füllstutzen mindestens 40 cm in den Lagerraum hinein ragen sollte, kann der Abluftstutzen mit der Wand eben sein, er muss jedoch so hoch angebracht werden, dass er nicht zugeschüttet werden kann.

Gegenüber dem Füllstutzen muss eine 2 x 2 m² große Prallplatte (z.B. aus Blech oder mindestens 3 mm starkem abriebfestem Gummi) zum Schutz der Wand angebracht werden. Eine elektrisch leitende Prallplatte/-matte muss geerdet werden, damit sich keine elektrische Ladung aufbauen kann.

Bei der elektrischen Installation sind die Richtlinien für staubgefährdete Räume anzuwenden. Die Stutzen müssen außen verschlossen werden können. Der Füllstutzen muss über eine Kupplung verfügen, an die der Lieferant seinen Füllschlauch anbringen kann. Oft werden Kupplungen vom Feuerwehrschlauch verwendet.

Bei ungünstigen räumlichen Gegebenheiten kann die Lagerung im Sacksilo eine Alternative sein. Das Traggerüst muss den Sack samt der erheblichen Masse der Pellets tragen können: Schon 3 m³ wiegen gut 2 Tonnen. Daher muss der Aufstellraum entsprechend statisch belastbar und außerdem trocken sein.

Wenn ein trichterförmiger Lagerraum gebaut wird, müssen die Winkel, welche den Trichtermund halten, sehr stabil sein. Der Winkel muss mindestens 40° betragen und selbst auf dieser Schräge bleiben immer noch Reste liegen. Die Oberfläche am Trichtermund muss glatt sein, damit die Pellets besser rutschen. Etwa 8 cm über der im Zentrum des Trichtermundes liegenden Förderschnecke sollte zur Druckentlastung ein schützender Stahlwinkel angebracht werden. Dadurch werden die Pellets seltener zerrieben.

Aus dem Lager transportiert eine Schnecke oder ein Saugrohr die Pellets zum Brenner. Bei ebenem Transport mit nur geringer Steigung und ohne Kurven werden meist Transport-Schnecken gewählt. Wenn die Pellets hoch gehoben werden müssen oder wenn der Leitungsweg verwinkelt ist, wird die Saugtechnik bevorzugt. Während des Saugens und des Transports ist jede Technik hörbar laut.

Wenn neu gebaut wird, kann der Pelletbehälter direkt über dem Feuerraum gebaut werden, so dass die Pellets allein durch die Schwerkraft zum Brenner gelangen.

Wände und Decke des Lagerraums sollten die Anforderungen der Brandschutzklasse F 90 erfüllen. Die Türe muss nach außen aufgehen und die Brandschutzforderung T 90 erfüllen. Die Lagerung der Pellets darf nicht auf die Türe drücken. Weil es im Pelletlagerraum staubt, sind keine offenen elektrischen Anschlüsse zulässig. Der deutsche Energieholz- und Pellet-Verband e.V. hat eine sehr anschauliche Broschüre zum Bau von Pelletlagern herausgebracht, die unter www.depv.de als Download zur Verfügung steht.

Lagerraum für Schnitzel

Die Lagerung von Hackschnitzeln ist gegenüber Pellets in einigen Punkten ähnlich; zum Teil sind jedoch abweichende Anforderungen zu beachten.

Bei einer Heizleistung von 10 kW und (rechnerischen) 2.000 Std. voller Leistung je Jahr werden 20.000 kWh Wärme

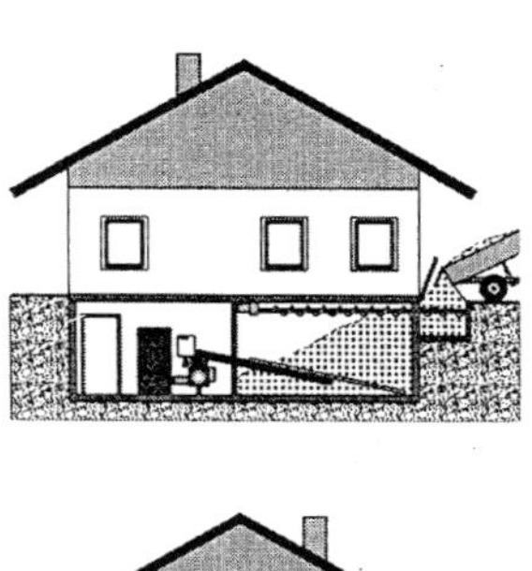

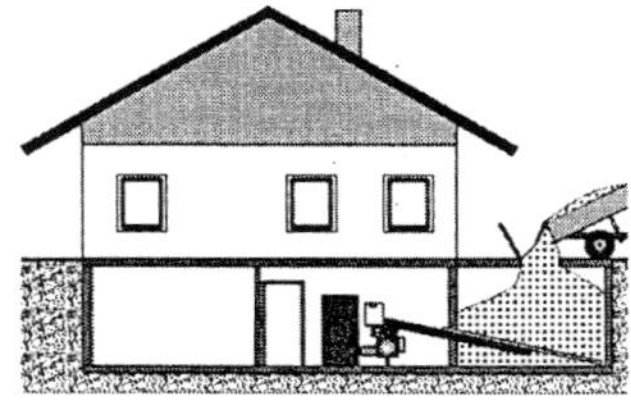

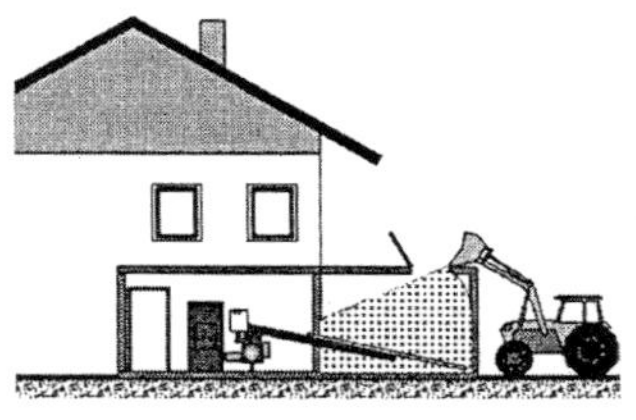

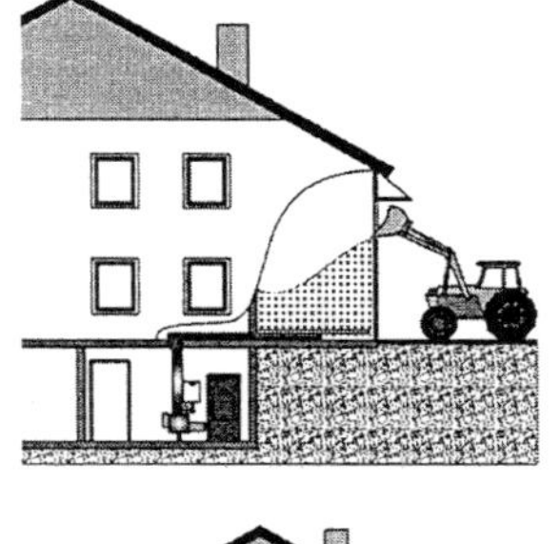

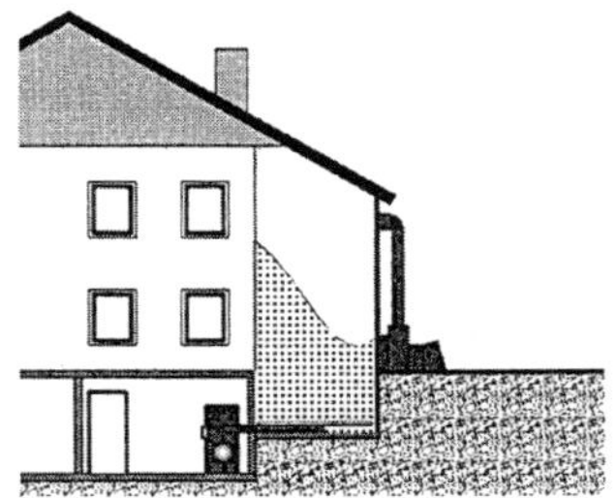

118
Möglichkeiten der Lagerung von Hackschnitzeln am Haus. Quelle: [6]

je Jahr erzeugt. Dazu sind 30 sm³ Hackschnitzel notwendig (dies entspricht einem Heizöläquivalent von rund 2.200 Litern). Zur Lagerung des Jahresbedarfs muss somit der Lagerraum bei 2 m Schütthöhe mindestens 15 m² Fläche aufweisen. Weil die Austragtechnik Platz benötigt und weil das Lager selten vollständig entleert wird, sollten 17 bis 20 m² Fläche als Mindestmaß verwendet werden. Als grober Anhalt für den Jahresbedarf kann je 10 kW Nutzwärmeleistung mit 25 sm³ Hackschnitzeln mit 30% Wassergehalt für Heizung und Warmwasser im Winter gerechnet werden. Das sommerliche Warmwasser kann eine Solaranlage liefern.

Ist ein zuverlässiger Lieferant für Hackschnitzel vorhanden, genügt ein halb so großes Lager. Wird sieben Tage, bevor der Bunker leer ist, bestellt, so können Platz und damit Kosten gespart werden. Allerdings sollte der Bunker dann so groß sein, dass er etwas mehr als eine volle Liefer-Ladung (von meist 15 m³) an Hackschnitzel aufnehmen kann.

Für große Heizanlagen wird mit jährlich maximal vier Füllungen und einem Silovolumen von 0,5 m³/kW-Leistung gerechnet. Bei 300 kW Leistung sind dies somit 150 m³ Silovolumen. Wollte man den Jahresbedarf sicher einlagern, stiege das Volumen auf 2 m³/kW Leistung, bei 10 kW ergeben sich dann 20 m³, bei 300 kW entsprechend 600 m³ Volumen. Indem die Silogröße auf maximal 10 Extremtage begrenzt wird und dafür billigere Bereitstellungslager (im Wald) verfügbar sind, können die Kosten gesenkt werden. Aber das Vorratsgefühl des Hausbewohners leidet darunter.

Die Schnitzel können wie die Pellets über Rohrleitungen in den Lagerraum gepumpt werden. Dann gilt das oben beschriebene. Häufig werden Schnitzel jedoch aus LKW-Containern abgekippt. Dann sollte dies ohne große Probleme direkt in den Bunker möglich sein (vgl. Abb. 118, 120). Die Einfüllöffnung in den Bunker soll mindestens 1 m breiter sein als die Schüttöffnung des zuführenden LKWs. Bei einer Breite des Lasters von 2,5 m sind dies mindestens 3,5 m Breite, zumal der Fahrer selten ganz exakt anfährt und rechts und links Spiel benötigt. Die Tiefe der Öffnung sollte genau so groß sein.

Über dem Lager muss sich eine Abluftklappe befinden. Weil die Holz-

119
Einige Lösungen zur Raumaustragung von Hackschnitzeln.
Quelle: Fa. Herz Feuerungstechnik, A-8272 Sebersdorf

Lagerraum und Heizraum liegen übereinander: Raumaustragung über Pendelschnecke aus dem Silo

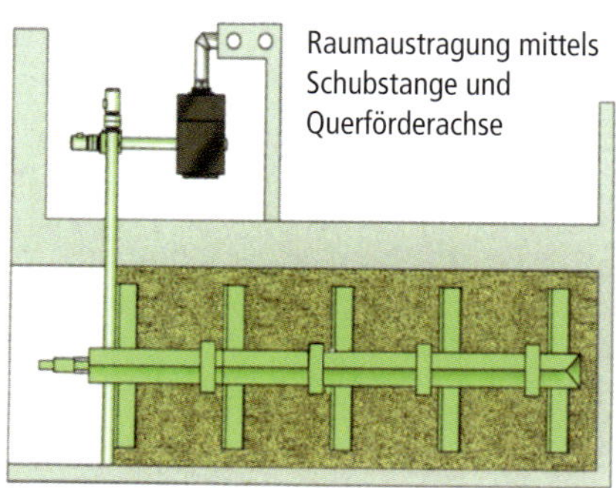

Raumaustragung mittels Schubstange und Querförderachse

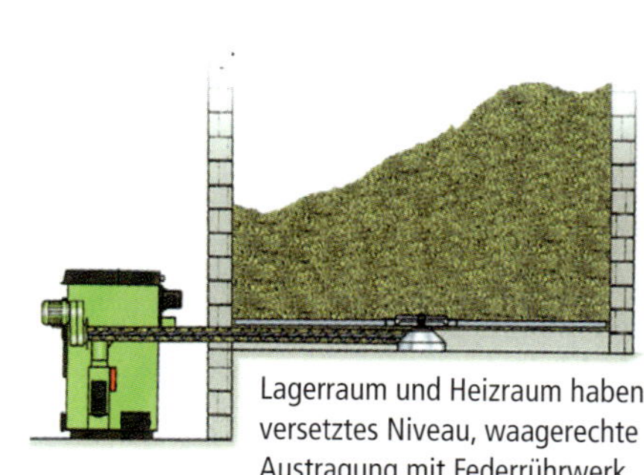

Lagerraum und Heizraum haben versetztes Niveau, waagerechte Austragung mit Federrührwerk

schnitzel riechen, sollte genau überlegt werden, wohin die Abluft entweichen kann, ohne die Bewohner zu stören. Beispielsweise kann die Abluft des Silos über einen Schornstein abgeführt werden.

Die Abluft des Heizraumes kann in das Silo geleitet werden und trocknet dort (verhindert Kondenswasser). Günstig ist es, wenn beim Bau dafür gesorgt wird, dass im Hochsommer die überschüssige Wärme einer Solaranlage zur Trocknung der Hackschnitzel verwendet werden kann, indem unter dem Schnitzelbunker eine Bodenheizung verlegt wird. Die Silotechnik ist teuer. Der Austrag aus dem Silo erfolgt über einen Schubboden, über Drehschnecken (im Zentrum, die das Material in die Mitte zum Austrag holen) oder über einen Walking Floor (jede zweite Diele wird angehoben und nach vorne zum Austrag hin bewegt). Der weitere Transport erfolgt in Rohren mit Schneckengewinden oder Kettenkratz-Förderern.

Bei kleinen Heizungen wird deshalb häufig mehr Handarbeit in Kauf genommen und ein am Ofen sich befindender, regelmäßig manuell zu befüllender Schnitzelbehälter akzeptiert. Meist ist die in Abb. 118, 2. von oben gezeigte Methode am zweckmäßigsten. Sie benötigt kein Bauvolumen vom Gebäude und kann vom LKW aus direkt befüllt werden.

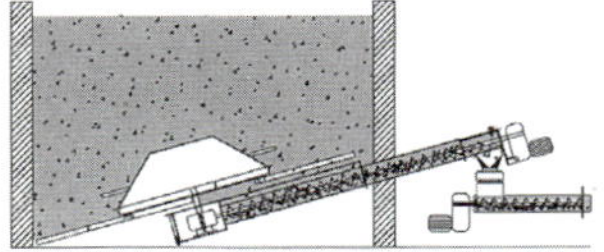

Federkernaustragung für Lagerräume bis 4,5 m ø zum Austragen von Hackgut 50 x 30 x 20 (G 50)

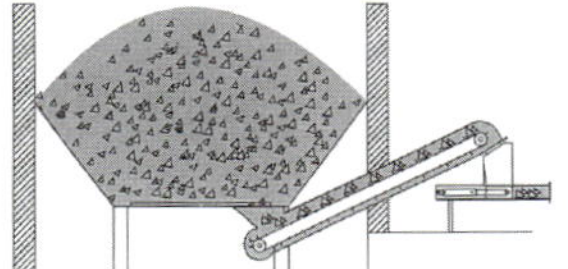

Förderband und hydraulischer Kolben zum Austragen von Grobhackgut (G 100)

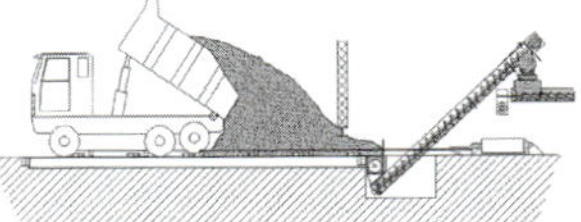

Schub-/Zugbodensystem zur Austragung sämtlicher Art von Biomasse

Automatische Hackschnitzelheizungen

Automatische Hackschnitzelheizungen werden ab etwa 20 kW Leistung angeboten, wobei die Bandbreite bis zu großen Anlagen mit 1 bis 5 MW Leistung reicht. Sie eignen sich für die Beheizung größerer Gebäudekomplexe, für Industriebetriebe oder für die Nahwärmeversorgung von Ein- oder Mehrfamilienhaussiedlungen.

Die Hackschnitzel sollten unter Dach gelagert werden. Das Lagervolumen sollte so groß sein, dass in der kalten Zeit damit zwei bis vier Wochen geheizt werden kann. Ein geschlossenes Schnitzelsilo muss zwei gegenüberliegende Lüftungsöffnungen besitzen. Die Silowände müssen glatt sein, damit das Material nachrutschen kann.

Vom Hackschnitzelsilo aus werden die Holzhackschnitzel vollautomatisch zur Ofenanlage gebracht. Transportelemente sind z.B. eine Pendel- oder Zentrumsschnecke im Speicher sowie mehrere Förderschnecken vom Speicher zum Ofen. Auch mit Kolbendruck arbeitende Beschickungsverfahren werden eingesetzt. In großen Schnitzelsilos transportieren oft die auch bei unterschiedlicher Rieselfähigkeit und Stückgröße des Brennstoffes zuverlässig arbeitenden „Unterschubböden“ das Ma-

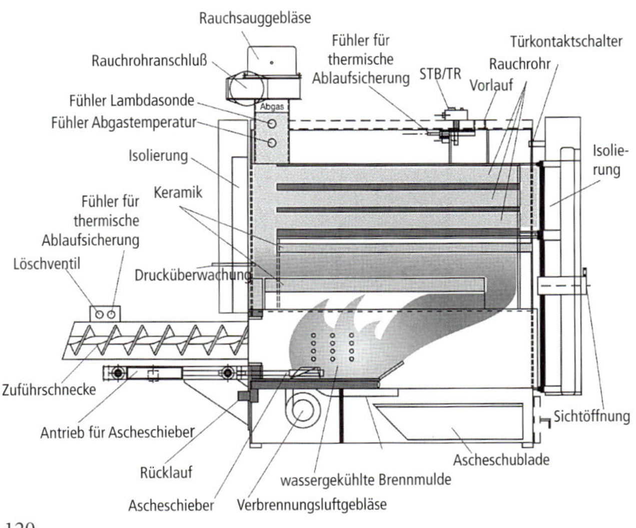

120
Vollautomatische Hackschnitzelheizung (20 bis 800 kW Leistung).
Quelle: Fa. Ökotherm, Anlagenbau Fellner GmbH, 92242 Hirschau

terial, bis es auf einem Kettenband den Weg in Richtung Ofenanlage nimmt.

Die Transportschnecken sollen kurz sein, weil sie dann weniger oft verklemmen. Deshalb sind mehrere kurze Transportschnecken mit dazwischen geschalteten Fallschächten oder Zellradschleusen besser als lange Schneckenwege. Lange Schnecken erhöhen die Wandreibungsverluste, der Brennstoff wird dadurch stärker verdichtet, so dass das Risiko des Verklemmens steigt. Transportschnecken werden meist waagerecht eingebaut.

Zwischen den Förderschnecken befinden sich Schleusen, die einen Rückbrand aufhalten. Diese Sicherungen können Zellräder, Klappen, Schieber etc. sein. Die Zellradschleuse verhindert eine offene Verbindung vom Schnitzelspeicher zur Brennkammer. Auch die Rückschlagklappen am Ende der Schneckenröhren verhindern ein Zurücklaufen des Feuers bis in den Schnitzelbunker. Ein weiteres Sicherheitselement, das einen Rückbrand aufhält bzw. verhindert, ist eine Sprinkleranlage. In der vor dem Brenner liegenden Transportschnecke wird laufend die Temperatur gemessen. Steigt diese auf zu hohe Werte an, wird die Anlage durch Sprinkler geflutet. Automatische Holzfeuerungen lassen (fast) immer die räumliche Trennung zwischen dem Vorratsbehälter (Silo), dem Verbrennungs- und Vergasungsraum (Feuerraum mit Nachbrennkammer) und dem Wärmetauscher (Wasserregister) erkennen. Sie erzielen deshalb gute Verbrennungsergebnisse. Die Belastung der Umwelt durch das Abgas ist gering.

Eine gute Holzverbrennung zeichnet sich durch folgende Merkmale aus:

- Im Verbrennungs- und Vergasungsbereich werden Temperaturen von 900 bis 1200°C erreicht. Bei mehr als 1200°C tritt verstärkt NO_x-Bildung auf. Außerdem ist ein sehr widerstandsfähiges Material notwendig, damit bei höheren Temperaturen der Verschleiß nicht zu groß wird.
- Die Verbrennungsluft wird stufenweise zugeführt, z.B. in der 1. Stufe Primärluft zur Trocknung, Ausgasung und Feststoffverbrennung; in der 2. Stufe Primärluft zur Entzündung des Holzgases; in der 3. Stufe Sekundärluft zur Verbrennung des Holzgases und in Stufe 4 Sekundärluft zur Restverbrennung des Gases.

121
Beispiel für Holzhackschnitzel-Heizungen. Quelle: Das Haus. Burda Verlag, München

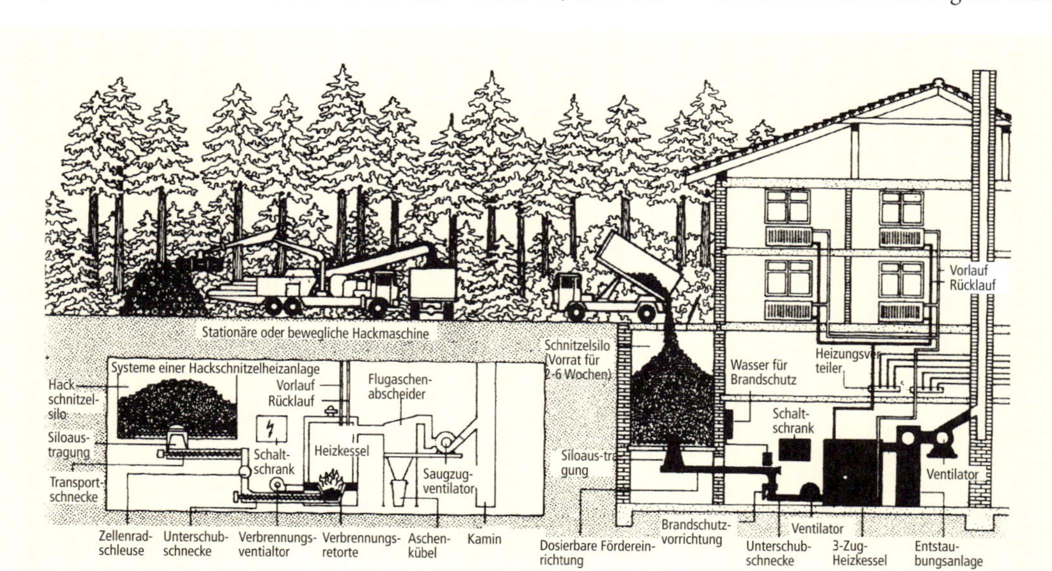

- Es sind Maßnahmen getroffen, damit sich die Gase und die heiße Luft gut vermischen.
- Das brennende Holzgas hält sich lange genug (2 Sekunden) in dieser heißen Zone auf und erhält dort bedarfsgerecht gesteuert Zuluft.
- Die Luftmenge wird über Messwerte geregelt. Der Luftüberschuss soll zwischen 1,5 bis 1,8 liegen.

Um zu verhindern, dass die Temperaturen am Rost oder in der Brennmulde so weit ansteigen, dass mineralische Substanzen im Brennstoff versintern, gibt es Roste mit Wasserkühlung. Diese sind vor allem dann sinnvoll, wenn Rinde oder mit Erde verschmutztes Holz verfeuert wird. Andererseits muss die Ablagerung von Schlacke oder Ruß an der Ausmauerung durch eine ausreichend hohe Temperatur der Brennkammer verhindert werden.

Das erste Entzünden der Hackschnitzel kann durch elektrische Zündspiralen erfolgen, wobei optische „Flammenwächter“ kontrollieren, ob das Feuer auch brennt. Thermische Kontrollen und Gasmessgeräte prüfen und steuern über die Luftzufuhr die Güte der Verbrennung.

Der heiße Feuerraum besteht aus Schamotte, Keramik oder Feuerbeton. Damit die Materialien nicht zu schnell ersetzt werden müssen, sollte deren Temperatur nicht wesentlich über 1200°C ansteigen.

Die Verbrennungsluft wird unter Druck in den Feuerraum geblasen. Die Primärluft kann im Zuführungsbereich des Brennstoffes unter den Holzhackschnitzeln hinein gedrückt werden. Die Sekundärluft wird vorgewärmt in den Flammenraum der Vergasungszone gedrückt. Über Messeinrichtungen, welche den Zustand des Abgases prüfen, kann die Menge der sinnvollerweise einzublasenden Luft gesteuert werden. Diese Messstellen prüfen u.a. den Sauerstoffgehalt, den Anteil größerer Kohlenwasserstoffe und die Temperatur.

Aufgrund der hohen Strömungswiderstände am Wärmetauscher benötigen diese Anlagen oft Rauchgas-Saugzuggebläse. Diese haben den Nachteil, dass mit steigender Strömungsgeschwindigkeit auch Asche mitgerissen wird. Deshalb sind spezielle Entstaubungsanlagen notwendig, die bei Einblasfeuerungen zwingend vorgeschrieben sind. Zyklonabscheider zur Reinigung des Rauchgases von Feststoffen haben sich bewährt. Komfortabel ist die automatische Hackschnitzelheizung erst, wenn auch der Aschenaustrag automatisch erfolgt. Dazu muss der Rest des verbrannten Holzes aus dem heißen Feuerraum heraus geschoben werden – eine aufwendige und entsprechend teure Technik. Auch für die Reinigung der Wasserregister gibt es automatisch arbeitende Trenntechniken. Eine einfache Kontrolle der verschmutzenden Teile muss möglich sein und alle manuell zu reinigenden Bereiche sollten in einfacher Weise zugänglich sein.

Bei großen Anlagen sind außerdem Maßnahmen zur Reinigung der Rauchgase erforderlich. Einfache Staubabscheider sammeln die vom Abgasstrom mitgerissenen festen Bestandteile. Lassen Sie sich vom Hersteller/Lieferanten zusichern, dass die gesetzlich geforderten Abgaswerte im praktischen Betrieb mit Ihrem Brennstoff unterschritten werden.

Bei großen automatischen Holzheizungsanlagen lohnt es sich, diese mit ausgeklügelter Mess- und Regeltechnik auszustatten, welche „mitdenkt“ und den gesamten Prozess der Wärmeerzeugung optimiert. Die Brennstoffzufuhr und die Luftzufuhr können flexibel den unterschiedlichen Wärmeanforderungen, der wechselnden Feuchte des Holzes und der möglicherweise wechselnden Güte des Brennstoffes angepasst werden. Weil Hackschnitzel bezüglich Wassergehalt, innerer Struktur (von welcher Baumart, mit welchem Splintholz- und Rindenanteil), Größe und Form wechseln können, ist eine flexible Regelung der Verbrennung zweckmäßig, bei der ein Computer mit seinen Prozessoren und dank einer ausgeklügelten Software die Feuerung nach den jeweiligen Messwerten steuert.

Der Komfort und der hohe Wirkungsgrad sind Stärken der automatischen Holzheizanlagen. Nachteilig ist, dass sie auf Fremdenergie angewiesen sind. Wenn der elektrische Strom ausfällt, bleiben sie kalt, wie Öl- oder Gasheizungen auch. Eine völlig autarke Wärmeversorgung ist mit diesen Heizungen somit nicht möglich.

Je raffinierter die Technik, um so bequemer ist die Heizung, um so besser ist die Verbrennung, aber auch um so teurer ist die Feuerungsanlage. Die technisch perfekt gesteuerte Feuerung für Holz lohnt sich deshalb erst für große Anlagen (ab einem MW), wenn ganze Wohngebiete oder große Verbraucher (Großflughafen, Schwimmbäder) mit Wärme versorgt werden sollen.

Feuerungsarten

Automatische Anlagen sind in der Regel als Gesamtkessel gebaut, mit Einbzw. Unterschub in eine Feuermulde oder zum (bewegten) Rost. Gelegentlich werden sie jedoch nach dem Vorofenprinzip (mit Einschub) konzipiert. Sehr große Anlagen arbeiten meist mit Einblasfeuerung zur Wirbelschichtverbrennung. Im Detail gibt es eine große Vielfalt an Konstruktionsvarianten.

Vorofen

Kleine und mittelgroße automatische Heizanlagen sind oft nach dem Vorofenprinzip gebaut (Leistungsrahmen um 20 bis 500 kW). Bei der einfachsten Form befindet sich der Schnitzelbehälter über der Feuerung, so dass die Schnitzel allein durch die Schwerkraft nachgeführt werden können (Abb. 55 und 56). Das Silovolumen reicht aus für die Menge, welche bei Volllast in 24 Stunden verbrennt. Vom Silo aus rutschen die Hackschnitzel, durch die Steuerklappe bedarfsgerecht geregelt, in den Brennraum. Voraussetzung für eine zuverlässige Funktion sind leicht rieselnde Hackschnitzel. Da diese Bedingung gelegentlich nicht erfüllt ist, vor allem wenn Feinreisig und Blätter bzw. Nadeln mit zerhackt werden,

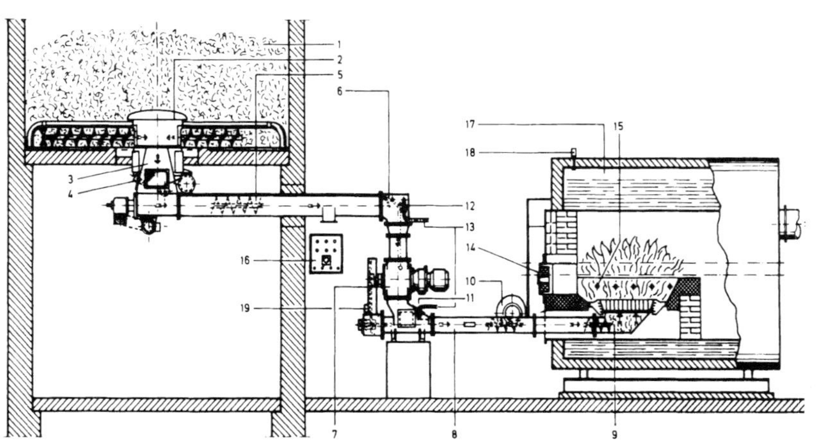

122
Unterschubfeuerung
mit hoher Wärmeleistung.
Quelle: Landtechnik Weihenstephan, 85354 Freising

1 Späne-Bunker
2 Bunker-Austragsvorrichtung mit Antrieb
3 Sammelkasten
4 Füllstandsanzeiger
5 Transportschnecke
6 Kniestück mit Sicherheits- und Brandschutzklappe
7 Zellenradschleuse mit Antrieb
8 Unterschubschnecke
9 Feuermulde mit Windkasten
10 Verbrennungsluft-Ventialatoren
11 Primär-Brand-Sicherung
12 Sekundär-Brand-Sicherung
13 Wasseranschluß-Leitung
14 Feuerungstür
15 Oberluft-Düsen
16 Schaltschrank
17 Kessel
18 Thermo- oder Pressostat
19 Drehzahlwächter

sollte der Ofen überwacht werden. Inzwischen sind aber auch Anbieter auf dem Markt, die sogenannte „Designer-Hackschnitzel“ anbieten. Dieses Hackgut weist besonders hohe Qualität auf, ist beispielsweise aus rindenfreiem Stammholz hergestellt oder getrocknet. Solche Qualitäten haben allerdings auch ihren Preis und man muss die Investition in solch einen Brennstoff vorher genau prüfen.

Zuverlässiger sind Vorofenfeuerungen, bei denen die Hackschnitzel gesteuert dem Verbrennungsraum zugeführt werden (Stoker). Erst für größere Brenner lohnt sich der Einbau eines (kleinen) Schubrostes, auf dem das brennende Material gleichmäßiger verteilt und bis zum automatischen Aschenaustrag befördert wird.

Das Anzünden erfolgt durch ein kleines Vorfeuer oder durch eine automatische Zündanlage. Im ersten Fall muss vor jedem neuen Anfahren Hand angelegt werden, während die automatische Zündanlage auch nach einer längeren Zeitspanne ohne Betrieb (z.B. weil keine Wärme benötigt wurde) wieder von selbst startet.

Einschubfeuerung

Hier wird der Brennstoff (z.B. mit einer Transportschnecke) in den Feuerraum geschoben. Dort kann sich bei kleineren Anlagen eine Mulde (Feuermulde, Brennschale, Kalotte) befinden. Oft übernimmt eine elektrische Zündspirale das erstmalige Anzünden der Hackschnitzel.

Eine Besonderheit ist eine in der Schweiz entwickelte automatische Feuerung für Holzstücke. Aus einem Holzstückbehälter wird das Holz in einen Ladeschacht transportiert. Ein hydraulisch betriebener Presskolben zerquetscht das Holz und drückt es da-

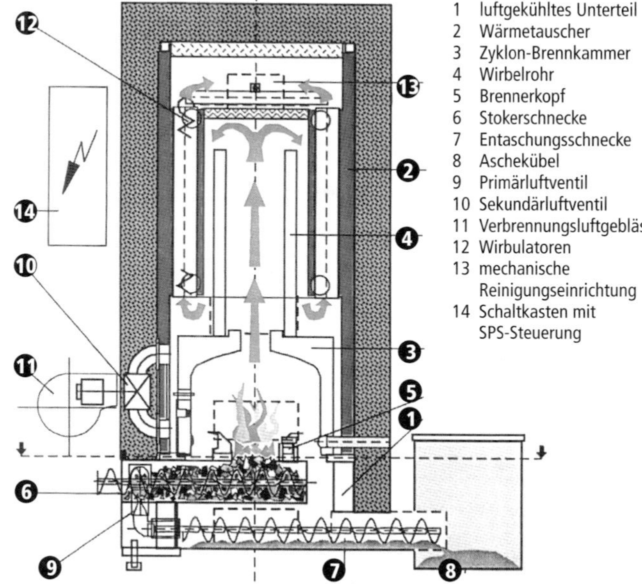

123
Hackgut-Feuerung ab 5 kW Leistung mit Lambda-Regelung, Zyklonbrennkammer mit nachgeschaltetem Wirbelrohr, automatischer Reinigungs- und Entaschungseinrichtung. Quelle: Fröling GmbH, Grieskirchen

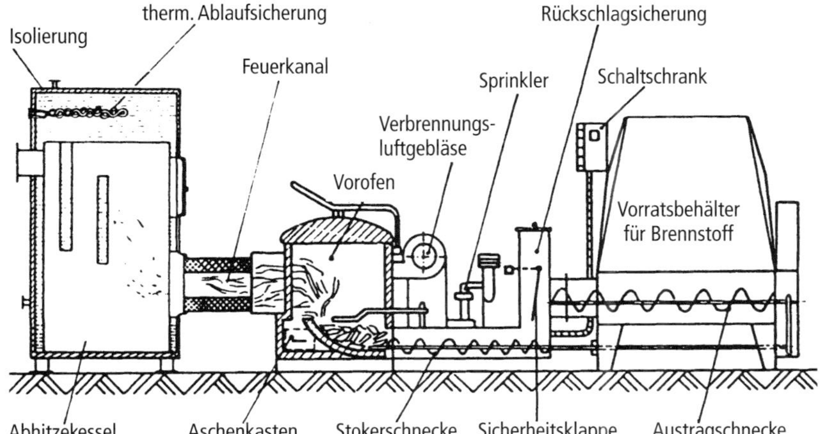

124
Vorofen-Feuerung mit automatischer Brennstoffzufuhr. Quelle: Landtechnik Weihenstephan, 85354 Freising

bei durch das Beschickungsrohr zum (Kreuzstrom-) Tunnelbrenner.

Die Brennstoffdosierung erfolgt entweder über eine Variation der Fördergeschwindigkeit (langsamer, schneller) oder durch stoßweisen (also unterbrochenen) Betrieb. Von Zeit zu Zeit muss Brennstoff angeliefert werden, weil sonst die Glut erlischt. Deshalb sorgt eine Zeitschaltuhr dafür, dass die Anlage Brennstoff nachliefert, auch wenn längere Zeit keine Heizwärme gebraucht wird, damit stets Glut vorhanden ist. Solange das Glutbett zündfähig ist, kann durch einfache Brennstoffzufuhr der Brand wieder entfacht werden. Im anderen Fall muss mit einer Zündeinrichtung (z.B. elektrisch) neu begonnen werden.

Die Reihenfolge des Einschaltens ist:

1. Das Rauch-Saugzuggebläse beginnt zu arbeiten.
2. Die Zündung sorgt für Glut und Flammen.
3. Die Brennstoffzufuhr und die Verbrennungsluftventilatoren schalten ein.

Wenn keine Wärme mehr gebraucht wird, geschieht folgendes:

1. Die Brennstoffzufuhr wird gestoppt, indem zunächst der Bunkeraustrag stoppt, wodurch die Transportschnecken leerlaufen.
2. Das Verbrennungsluftgebläse hält an.
3. Als letztes schaltet das Rauchgas-Saugzuggebläse ab, alle Rauchgase sind somit ausgebrannt und haben die Brennkammer verlassen.

Die Unterschubtechnik (mit starrem Rost) eignet sich für Holzhackschnitzel (mit wenig Rinde). Auch frische Schnitzel (bis maximal 100% Feuchte vom atro-Gewicht) können gut verbrannt werden; die Verbrennung ist bei

125
Vorofen mit Vorschubrost (Leistung 100 - 500 kW) und Steuerung über die Temperatur in der Brennkammer.
Quelle: Bioflamm, Landtechnik Weihenstephan, 85354 Freising

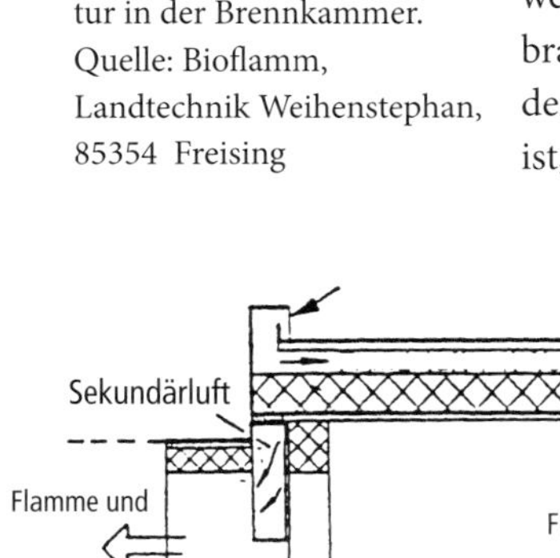

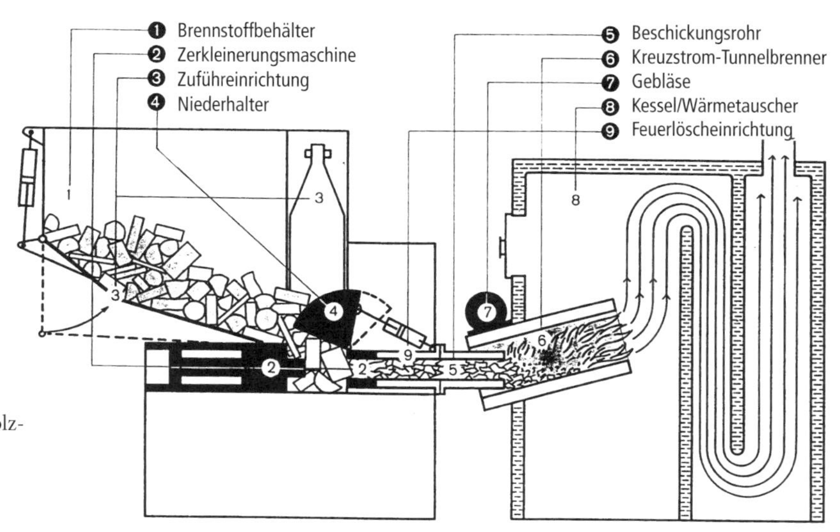

126
Vollautomatische Stückholz-Heizung.
Quelle: B. Etiennne AG, CH-6002 Luzern

einer großen Brennkammer auch noch bei nur 30% der Nennleistung ausreichend vollständig.

Verschiedene *Schubrostsysteme* bewegen den Brennstoff im Brennraum. Oft wird die Vorschubrostfeuerung eingesetzt. Ein hydraulisch bewegtes, treppenförmiges Rostsystem rüttelt den Brennstoff von der oberen zur unteren Rostebene. Auf diesem Weg hat das erhitzte Heizmaterial Zeit zur Trocknung, Vergasung und Verbrennung (der Holzkohle).

Der Vorteil des Schubrostes liegt in der großen Toleranz gegenüber unterschiedlichen Brennstoffqualitäten.

- Die Dicke der Schnitzelschicht sollte auch bei einer Steigerung der nachgefragten Heizleistung nicht zu groß werden, weil sonst die reaktionsfähige Oberfläche des zu verbrennenden Holzes abnimmt. Die Höhe des auf dem Rost liegenden Brennstoffes muss deshalb regelbar sein, damit die Verbrennung möglichst vollständig erfolgen kann. Eine zu dicke Brennstoffschicht wie auch eine zu dünne und damit wegbrennende Schicht ist ungünstig.
- Die Brennstoffschicht auf dem Rost sollte durch die Bewegung regelmäßig umgelagert werden, damit die Verbrennung gleichmäßig und vollständig erfolgt. Andererseits sollte nicht zu viel Material aufgewirbelt und vom Gasstrom mitgerissen werden.
- Durch den Rost sollte wenig Material (unzureichend verbrannt) hindurch fallen.
- Der energetische Aufwand für die Rostbewegung sollte niedrig sein.
- Die Rostlänge soll nicht zu knapp bemessen sein. Der hintere Rostbereich sollte durch die Strahlung aus dem Glutbereich hoch erhitzt werden, damit die Schlacke aussintern und inert (= reaktionsträge bzw. im Ofen stabil) werden kann.

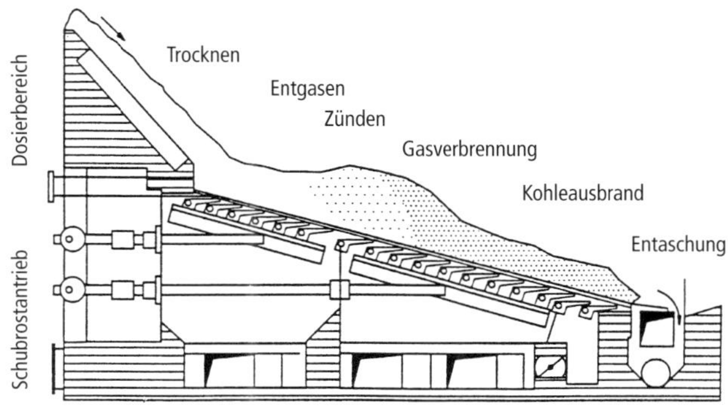

127
Phasen der Verbrennung auf einem Vorschubrost.
Quelle:
Landtechnik Weihenstephan, 85354 Freising

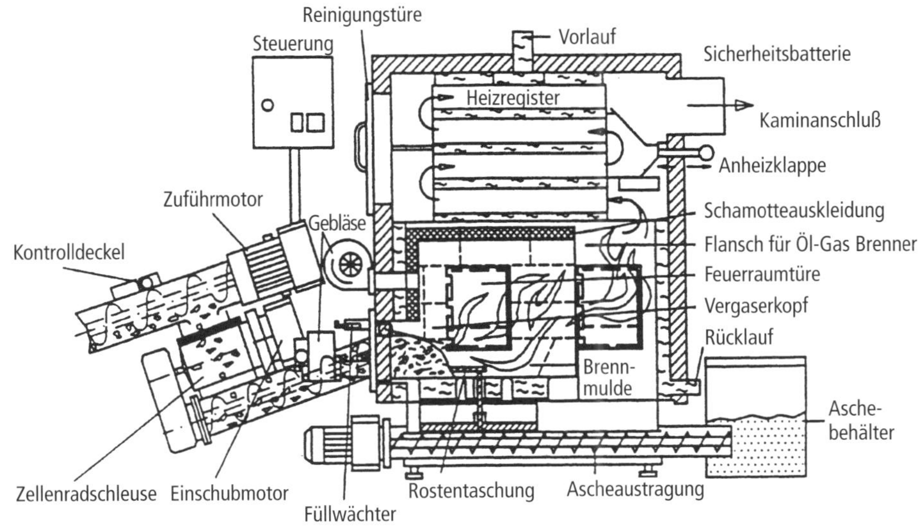

128
Feuerung mit Quereinschub, bewegtem Rost und automatischer Entaschung.
Quelle: Heizomat, Landtechnik Weihenstephan, 85354 Freising

- Während des Betriebes auszutauschende (weil häufiger beschädigte) Teile (z.B. Messstäbe) sollten auf einfache Weise und ohne vollständige Abkühlung des Ofens ersetzt werden können.
- Waldfrische Holzhackschnitzel mit bis zu 150% Feuchte (vom atro-Gewicht) sollten noch gut verbrennen.

Andere Rostsysteme sind Gegenschubrost, Schwingrost, Kipprost oder Kombinationen mit eingeblasener Luft (z.B. Wirbelschichtfeuerung). Große Feuerungsanlagen für Holzschnitzel arbeiten meistens mit Schubrostsystemen.

Große Holzhackschnitzel-Verbrennungsanlagen werden teilweise von holzverarbeitenden Betrieben eingesetzt, um die anfallenden Resthölzer zu nutzen. Teilweise wird mit dem Holz Dampf erzeugt, der seinerseits eine Turbine antreibt (für Maschinenantriebe oder zur Stromerzeugung) und der nach der Entspannung zur Heizung verwendet wird.

Wenn ein hoher Anteil von feinkörnigem Holzstoff (z.B. Sägemehl) anfällt, wird oft die Einblasfeuerung bevorzugt. Dabei werden die Reaktionsflächen des Feuers durch eine intensive Durchmischung des Brennstoffes Holz mit der Verbrennungsluft vergrößert. Diese Reaktionsflächenvergrößerung führt zu einer rascheren und vollkommeneren Verbrennung. Voraussetzung ist allerdings ein feinkörniger Brennstoff. Die Verbrennung erfolgt im Flug. Auf dem Rost bildet sich ein Glutbett, vor allem durch den Holzkohlenabbrand. Holzstaub und Holzmehl dürfen nur in Einblasfeuerungen verbrannt werden. Dadurch wird die Gefahr eines Rückbrandes beherrscht und die Gefahr der unkontrollierten Verpuffung minimiert.

Bei der Planung und Auswahl einer automatischen Holzheizung sind folgende Fragen von Bedeutung:

- Welche Form des Brennstoffes benötigt die Anlage? Was geschieht, wenn die Stückgröße wechselt?
- Wie wird die Anlage bedient? Ist regelmäßig eine manuelle Arbeitsleistung notwendig oder arbeitet sie automatisch? Welcher Arbeitsaufwand ist in einer Betriebswoche (sieben Tage) erforderlich? Erfolgt im Störungsfall automatisch ein Funkruf an einen Bereitschaftsdienst?
- Wie wird der Brennstoff zugeführt?
- Wie wird die Verbrennung gesteuert? Wird die Zufuhr an Verbrennungsluft nach Messwerten des Rauchgases gesteuert? Wird die Verbrennungsluft an den Bedarfspunkten (z.B. als Sekundärluft) zugeführt?
- Welchen Wirkungsgrad hat die Anlage? Wird der Brennstoff vollständig verbrannt? Werden die Emissionsgrenzwerte eingehalten? Sind die Angaben von einem neutralen Institut geprüft und bestätigt?
- Welche Reststoffe fallen an (Asche, Kondensat)? Wie werden sie entfernt und wie können sie entsorgt werden?
- Können vorhandene Heizungssysteme in das neue System integriert werden? Wie groß ist der Aufwand dafür?
- Mit welcher Betriebsdauer (Lebensdauer) der Anlage kann gerechnet werden?
- Gibt es ein schon einige Zeit erfolgreich funktionierendes Beispiel?
- Wie hoch sind die Anschaffungs- und Betriebskosten? Werden sie vom erwarteten Nutzen getragen?

Rauchgasreinigung in großen Anlagen

In sehr großen Holzfeuerungen werden die Rauchgase mit erheblichem technischem Können gereinigt. Zur Reinigung dienen z.B. Zyklone (welche die Massenträgheit der Staubteilchen nutzen), Elektrofilter, Trockenschlauchfilter, Keramikfilter oder Nasswäscher.

Die direkt im Feuerraum anfallende Grob- oder Rostasche hat einen Anteil von 70 bis 85 Gewichtsprozent an der Asche insgesamt. Sie enthält vorwiegend Kalzium Ca, aber auch Eisen Fe, Kalium K, Magnesium Mg, Mangan Mn, Natrium Na und Phosphor P. Die Metalle sind meist als Oxid, Hydroxid, Carbonat oder Sulfat gebunden.

Die technisch aus dem Rauchgas herausgefilterte Zyklonflugasche hat einen Anteil von 10 bis 30 Gewichtsprozent an der Asche. Sie enthält vorwiegend Alkali- und Erdalkalimetallverbindungen, aber auch gewisse Anteile an Schwermetallen, wie Blei Pb und Cadmium Cd.

Besonders kritisch ist die Feinstflugasche, weil sie besonders hohe Anteile an Zink Zn, Chrom Cr und Kupfer Cu enthält. Massenmäßig hat sie nur einen Anteil von weniger als 5 bis 10% an der Asche. Sinnvollerweise wird die Filterasche (aus Zyklon und Elektrofilter) als Müll entsorgt.

In manchen Anlagen wird das Rauchgas kondensiert, um die im Wasserdampf noch enthaltene Energie zurückzugewinnen. Darüber hinaus werden mit dem Kondensat auch die im Gas verbliebenen Fremdstoffe ausgefällt, so dass (fast) kein Fremdstoff mehr in die Luft abgegeben wird. Für den aus einer Kondensationsanlage stammenden Schlamm gilt dasselbe wie für die Feinstflugasche. Die Wärmegewinnung durch Rauchgaskondensation ist lohnend, wenn ein Wärmebedarf auf niedrigem Temperaturniveau (von ca. 35°C) vorhanden ist, beispielsweise in einer nahegelegenen Gärtnerei zur Erwärmung der Gewächshäuser.

Weil die Grobasche die Schwermetallgrenzwerte der Klärschlammverordnung (meist) deutlich unterschreitet, kann sie in der Kreislaufwirtschaft verbleiben und in den Wald zurückgebracht werden. Die vor allem in der Feinflugasche vorliegenden Schadstoffe müssen separat als Sondermüll behandelt (deponiert) wer-

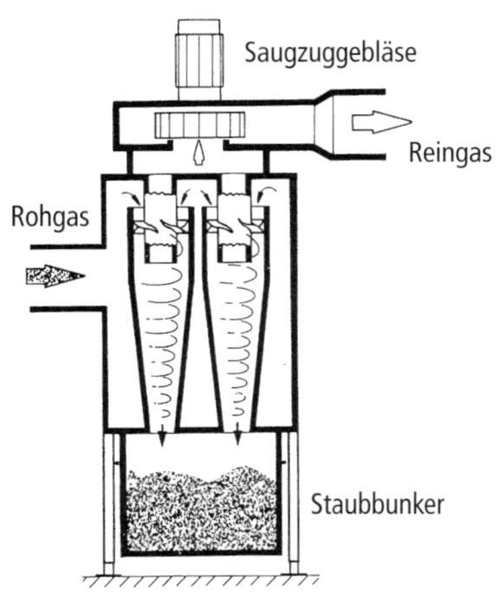

129
Fliehkraftabscheider zur Reinigung des Abgases von festen Bestandteilen. Quelle [3]

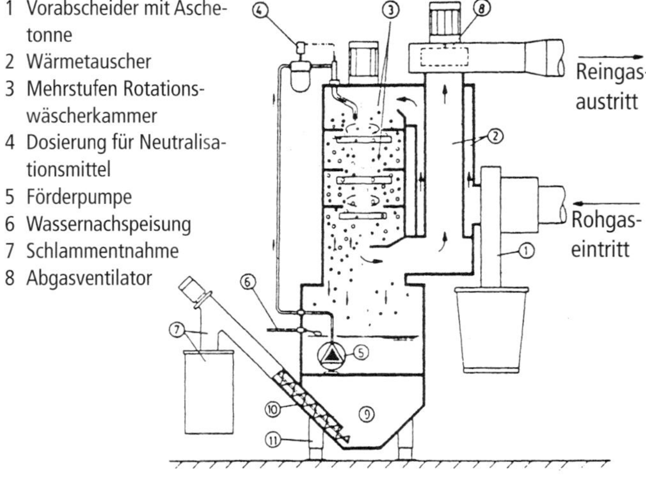

130
Rauchgaswäscher für große Holzfeuerungen. Quelle [3]

131
Aschefraktionen bei der Rauchgasreinigung großer Holzfeuerungsanlagen.
Quelle: Obernberger, I.: in Leitfaden Bioenergie

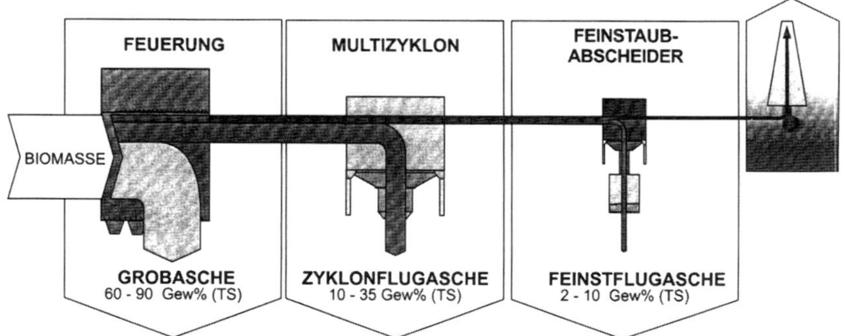

den. Oft haben menschliche Handlungen Schadstoffe in den Wald gebracht, wo sie von den Bäumen in die Biomasse eingebaut werden. Das Abscheiden der schwermetall- und halogenreichen Feinflugasche ist für die Waldnatur wie ein „Schwermetallfilter“, durch den ökologisch bedenkliche Elemente zumindest teilweise aus dem Stoffkreislauf des Waldes entfernt werden.

Die Grobasche wird meist gesiebt (mahlen ist teurer). Mögliche Metallteile (Nägel etc.) können durch Magnetsichter abgetrennt werden. Das abgesiebte Grobmaterial kann in den Waldwegebau eingebracht werden. Der feinere Teil der Grobasche wird durchmischt und kann so in die Natur (als stickstofffreier Dünger) ausgestreut werden. Auch in Komposte kann die Asche eingebracht werden, sofern sie durch regelmäßige Analysen auf ihre Inhaltsstoffe geprüft wird. Im Prinzip sollte die Grobasche dorthin zurückgebracht werden, wo das Holz herkommt.

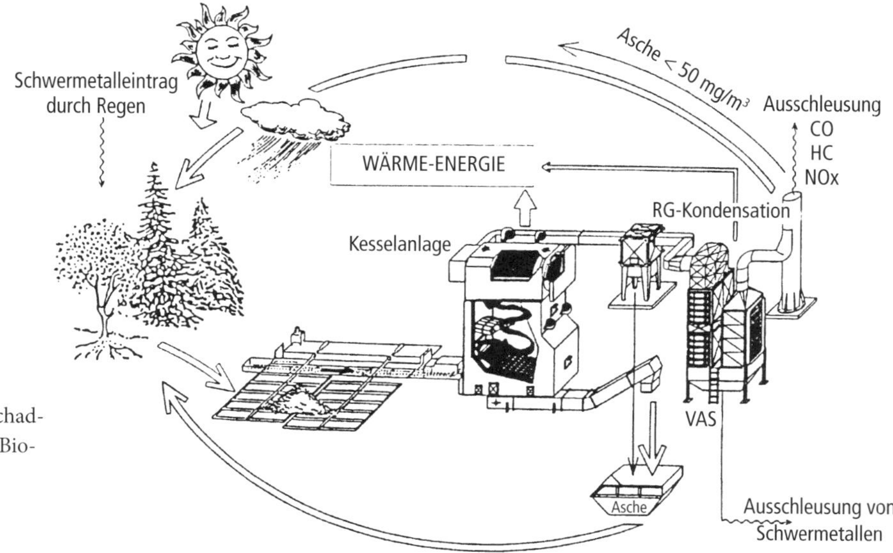

132
Nährelement- und Schadstoffkreislauf bei der Bioenergieerzeugung.
Quelle: Lüdke, 1994

Ortsnahe „Fern"-Wärme – eine Chance für die Holzheizung

Die für eine perfekte Verbrennung und eine gute Rauchgasreinigung notwendige teure Technik lohnt sich vor allem in Großanlagen, in denen große Wärmemengen für ein Fernwärme- bzw. Nahwärme-Netz erzeugt werden. Auf diese Weise kann die einheimische und nachwachsende Energiequelle Holz sehr umweltschonend genutzt werden und fossile Brennstoffe ersetzen.

Holzheizwerke sollten möglichst nahe an der Brennstoffquelle (d.h. am Wald) als auch nahe am Versorgungsgebiet (Siedlungsgebiet mit Wärmenetz) errichtet werden, um den Transportaufwand für den Brennstoff und die Transportverluste (Wärmeverluste im Netz) klein zu halten. Die Wärmeverluste sind bei nicht zu ausgedehnten Nah-/Fernwärmenetzen relativ gering und liegen bei 6 bis 12%. Für ein wirtschaftlich betriebenes Holzenergie-Wärmenetz ist einiges an Organisation, an Planung und an Management notwendig.

Folgende Punkte sind zu klären:

- Wie groß ist das Anschlusspotential? Schätzung des Wärmeverbrauchs und Ermittlung der erforderlichen Leistung. Energiebilanzanalyse: Wieviel Energie wird wann (Tages-, Wochen-, Jahresverlauf) benötigt?
- Sind die betroffenen Mitbürger informiert und bereit, sich anzuschließen? Absichtserklärungen mit den potentiellen Abnehmern treffen.
- Wie lang ist die Trasse? Welche Probleme sind bei der Verlegung zu berücksichtigen: Trassenführung, Information der Grundeigentümer? Die Liniendichte sollte 1 bis 2 m je kW oder kleiner sein, tatsächlich liegt sie oft über 3 m/kW.
- Dimensionierung des Rohrnetzes: Fließgeschwindigkeit klein halten, weil eine hohe Fließgeschwindigkeit zu starken Geräuschen führt, wenn die Richtungsänderungen der Rohre (Knicks) nicht sehr sanft verlaufen. Sollen kunststoffummantelte Stahlrohre verwendet werden? Erfolgt die Leckkontrolle über Kupferdrähte?
- Gibt es einen geeigneten Standort für das Heizwerk? Wie ist der Verkehrsanschluss?
- Wieviele Module (Brennkammern) mit welcher Heizleistung sollen vorgesehen werden? Für die selten gebrauchte Spitzenlast von über 70 bis 80% der Nennheizleistung (Abb. 133) kann ein Öl- oder Gaskessel vorgesehen werden. Die Konstruktion der einzelnen Kessel (Module) sollte so ausgelegt sein, dass bei 70% der Volllast eine optimale Verbrennung erzielt wird, weil diese Leistung häufiger als die Volllast verlangt wird.
- Mit welchem Brennstoffverbrauch ist zu rechnen? Welchen Lieferanten für den Brennstoff (Hackschnitzel) gibt es? Ist die ortsnah verfügbare Menge ausreichend? Sind Lieferzusagen möglich? Der jährliche Schnitzelbedarf liegt meist um (2–) 3 m³/kW. Wegen der geringen Energiedichte ist ein Holztransport über große Entfernungen nicht lohnend. Die Brennstoffbilanz muss neben der Menge die

133
Statistik des Wärmebedarfes über ein Jahr: Die volle Heizleistung, d.h. die Auslege- oder Nennleistung der Kesselanlage, wird nur an wenigen Tagen im Jahr benötigt, und an weniger als 150 Tagen im Jahr ist die benötigte Heizleistung größer als 50% der Nennleistung.

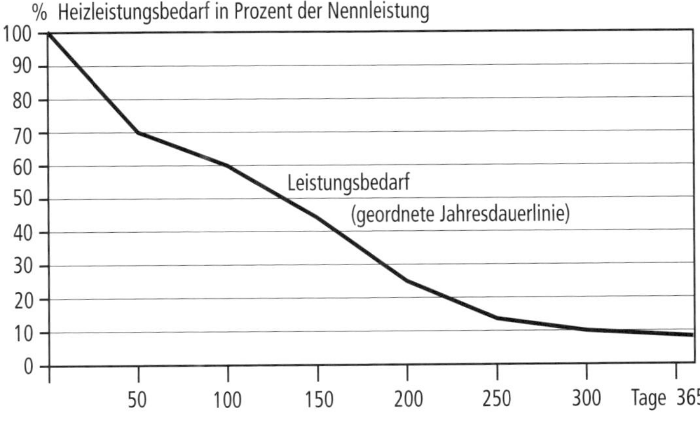

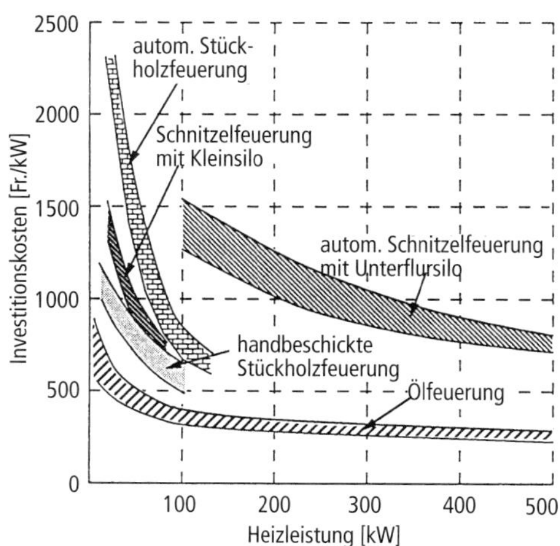

134
Spezifische Investitionskosten für größere Holzfeuerungsanlagen in Abhängigkeit von der installierten Heizleistung. Neben Kessel und Anlagen zur Brennstoffbeschickung sind auch die Kosten der Nebenanlagen wie Steuerung, Silos, Rauchgasreinigung, Pufferspeicher (bei handbeschickten Stückholzkesseln) sowie Honorare enthalten (Preisbasis 1988). Quelle [4]

Struktur und Feuchte berücksichtigen. Wie sollen die Schnitzel gelagert und der Feuerung zugeführt werden? Der Brennstofftransport muss ständig (auch bei Frost) gesichert sein.

- Ist eine elektronische Fernkontrolle vorgesehen? Ist die elektronische Steuerung auf modernem Stand? Wer betreibt die Anlage? Für die Wärmeabnehmer muss ein Ansprechpartner zur Verfügung stehen. Erst wenn der betreibende Unternehmer an der Sache Interesse findet, wird sie rentabel werden, weil er dann auftretende Probleme zweckmäßig lösen wird.
- Abschätzen der Investitionskosten und der Betriebskosten. Aufstellung des Finanzierungsplanes. Festlegen der Tarife für den Anschluss und die abgenommene Wärme. Der Anschlussbeitrag für ein Einfamilienhaus liegt für den Netzbeitrag und die Übergabestation im Jahre 2011 deutlich unter 10.000 €. Dafür spart der Hausbauer die eigene Heizanlage samt Heizraum.
- Die Abrechnung sollte nach der verbrauchten Wärme erfolgen. Die Preise liegen im Jahr 2011 um 7 Cent je kWh. Dafür muss sich der Hausbesitzer nicht mehr um den Einkauf vom Brennstoff oder den Unterhalt und die Erneuerung eines Heizkessels kümmern.
- Zeitplan für den Bau der Anlage einschließlich Netz und Anschluss der Verbraucher erstellen.

Für die Verbraucher, die Wärme aus dem Holzheizwerk nutzen, ist diese Energie extrem komfortabel. Verglichen mit den fossilen Brennstoffen sprechen obendrein die folgenden bereits genannten Argumente für die Holzheizung:

- Holz ist ein unerschöpflicher Rohstoff, der im Wald ständig nachwächst.
- Holz schont die Ressourcen, so dass die begrenzten Rohstoffe Öl, Gas oder Kohle für andere Zwecke eingesetzt werden können.
- Die Holzheizung ist – langfristig betrachtet – umweltschonend, da der CO_2-Kreislauf annähernd geschlossen ist und die Emissionen bei der Verbrennung somit kaum zur Erhöhung der CO_2-Belastung der Erdatomsphäre beiträgt. Zur Bereitstellung von 1 m^3 Holz müssen nur 2,6% des in ihm steckenden Energieinhaltes aus fossilen Quellen aufgewendet werden.
- Brennholz ist in Waldnähe gut verfügbar und ohne lange Transporte

135
Dieses Biomasse-Kraftwerk Biopower 5 CEX in Baden-Baden kann 3,5 MW thermische Leistung zur Wärmeversorgung bereit stellen (5,3 MW elektrischer Leistung). Foto: Wärtsilä Biopower, FIN 00531 Helsinki

auch in weltpolitischen Krisen sicher.

nutzbar. Deshalb ist die Holzheizung auch in weltpolitischen Krisen sicher.

- Weil das sonst für den Brennstoffkauf ins Ausland fließende Geld im Land bleibt, sorgt die Holzheizung im Inland für Beschäftigung und Einkommen.

Hackschnitzelheizungen sind vor allem in Verbindung mit einem Nah-/Fernwärme-Netz mit Leistungen von 1 bis 5 MW sinnvoll. Diese Leistungen sollten möglichst durch 2 (bis 3) Brenner erbracht werden, damit je nach Jahreszeit „modulweise" gefahren werden kann. In Österreich und in der Schweiz gibt es schon viele sehr erfolgreich arbeitende Anlagen dieser Art.

Größere Hackschnitzel-Heizanlagen für Wohngebiete können mit einem Kraftwerk zur Stromerzeugung gekoppelt werden.

Holzvergaser mit Kraft-Wärme-Kopplung

Bis zum Ende des 2. Weltkrieges wurde mit Holzgas als Treibstoff für Straßenfahrzeuge gearbeitet. In den letzten Jahren sind die Kenntnisse um die Holzvergasung wieder aufgegriffen und die Techniken verbessert worden. Das Ziel, ein Strom erzeugendes Holzvergaser-Generator-Aggregat zu entwickeln, dessen Prozesswärme zur Heizung verwendet werden kann, ist im Grundsatz erreicht. Die niedrigen Kosten für fossile Energieträger sowie die aufwendige Technik und Brennstoffzufuhr haben einen breiteren Markterfolg solcher Anlagen bisher vereitelt. Wirtschaftlich interessant ist dieses Verfahren für Firmen, denen regelmäßig größere Mengen an Abfallholz zur Verfügung stehen. In Bezug auf die Emissionen erzielen die Holzgasgeneratoren sehr günstige Werte.

Bei größeren Anlagen (ab 1.000 kW) erfolgt die Kraft-Wärme-Kopplung heute noch bevorzugt über die Erzeugung von hocherhitztem Dampf. Dann müssen 1,5 bis 2 t Holzabfälle und mehr je Stunde verfeuert werden.

Die ersten technischen Verfahren zur Holzvergasung stammen von 1788/91. Als Folge der kriegsbedingten Not an Kraftstoffen wurde zwischen 1939 und 1945 in Deutschland intensiv an der Holzvergasertechnik gearbeitet. Nach der 1. Erdölkrise 1973 gab es erneute Versuche. Seit 1990 wird verstärkt an einer Verbesserung der Vergasung von Holz geforscht. Noch hat keine Technik die Praxisreife für den normalen Hausbesitzer erreicht.

Bei der Vergasung wird dem Holz eine unterstöchiometrische Menge an Oxidationsmittel (Luft, selten reiner Sauerstoff oder Wasserdampf) zugegeben. Meist wird eine Luftüberschusszahl um 0,3 angestrebt. Dabei verbrennt ein Teil des Holzes. Die Wärme führt zur Zersetzung (Vergasung) des übrigen Holzes. Es entstehen (Zielwerte in Klammer):

- Brennbare Anteile: Wasserstoff H_2 (>15%), Kohlenmonoxid CO (> 15%), Methan CH_4 (3 bis 5%).
- Nicht brennbare Anteile: Stickstoff N_2 (< 47%) Kohlendioxid CO_2 (< 12%), Wasser-Dampf (< 40%).

Weil Holzgas einen niedrigen Heizwert besitzt (um 1,4 kWh/Nm³), wird es „Schwachgas" genannt. „Normales Gas" hat mehr als 2,4 kWh/m³ Heizwert. Wasserstoff hat 3 kWh/m³ und Methan um 10 kWh/m³ Heizwert. Erd-

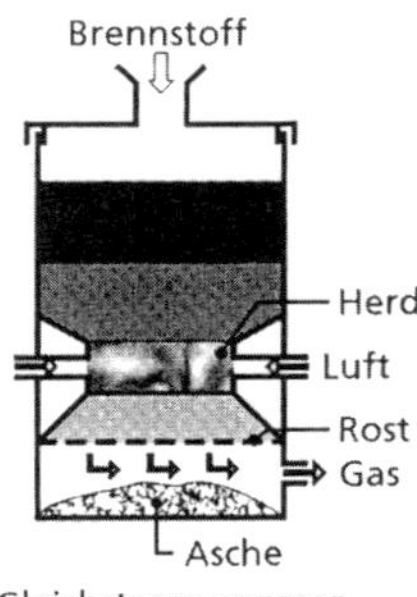

Gleichstromvergaser

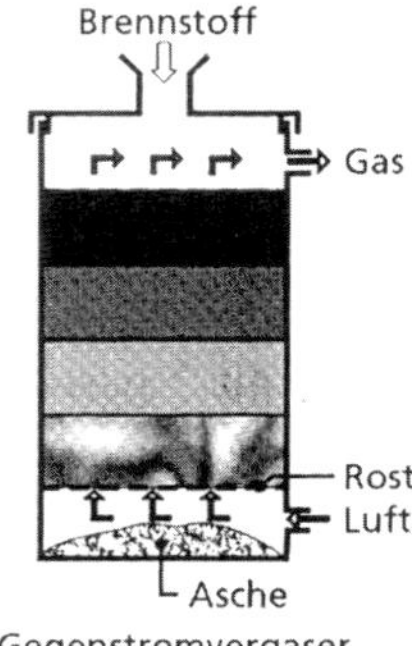

Gegenstromvergaser

Brennstoff
Rost
Luft
Gas
Asche

Querstromvergaser

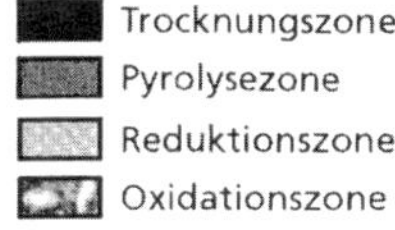

136
Schematischer Aufbau grundlegender Festbettreaktortypen. Quelle: [6]

gas kommt deshalb auf einen ungefähr siebenmal so hohen Heizwert wie Holzgas.

Die Heizwertverluste durch eine Vergasung liegen beim Holz derzeit bei 40% (50 - 30%), der Idealwert sollte unter 15% sein. Die Verluste resultieren aus

- 3 bis 5% Energie-Eigenbedarf der Vergasungsanlage.
- 8 bis 25% Kondensationswärme (hängt von der Holzfeuchte ab).
- Strahlungsverluste der Anlage. Die Betriebstemperatur des Reaktors liegt bei 900°C.

Holzklötze homogener Stückgröße scheinen für die Vergasung besonders wichtig. Das Material soll gut „fließen", also weder Hohlräume noch Brücken oder Verdichtungszonen bilden. Ideal ist ein Vergaser, der auf die Stückigkeit des Holzes nicht reagiert (Schnitzel zwischen 1 und 5 cm und 10% Rinde akzeptiert) und der auch Holz mit mehr als 30% Feuchte gut vergast.

Viele Holzvergasertypen werden derzeit erprobt, darunter sind:

1. *Gleichstromvergaser*: Brennstoff und Holzgas fließen in dieselbe Richtung. Das Primärgas strömt durch das glühende Holzkohlenbett = die Reduktionszone. Dort wird das CO_2 zu CO reduziert. Die Teere etc. werden zu kleineren Molekülen (leichter flüchtigen Stoffen) gespalten.
2. *Festbett-Querstromvergaser*
3. *Gegenstromvergaser*: Das Holzgas enthält meist mehr Teer, weil es nicht durch die heiße Zone muss.
4. *Aufsteigender Vergaser*: Das Gas strömt von unten nach oben.
5. *Absteigender Vergaser*: Das Holzgas strömt von oben nach unten.

Die Vergasung kann in technisch getrennten Teilen erfolgen:

6. *Einstufige Vergasung*. Vergasung = Pyrolyse, Oxidation und Reduktion finden im selben Reaktor statt.
7. *Mehrstufige Vergasung*. Sie trennt die Vergasungsschritte, z.B.: Im 1. Reaktor findet mit Hilfe externer Wärmezufuhr Pyrolyse statt, bei der Holzgas und Holzkohle entstehen. Im 2. Reaktor wird das Gas unter Luftzufuhr verbrannt. Das heiße, vollständig ausgebrannte Gas wird über die heiße Holzkohle geführt und bildet dort CO, ein teerarmes Schwachgas.

Durch die Beschickung mit frischem Holz wird das Verfahren variiert:

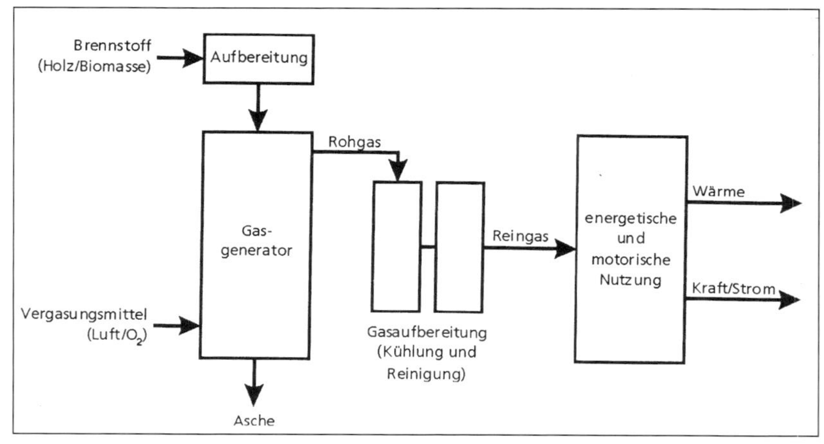

137
Schema eines Vergasungssystems für Holz und andere Biomassen. Quelle: [6]

8. *Anlagen mit geschlossener Beschickung*: Der Behälter ist dicht verschlossen, die Brennstoffzufuhr erfolgt über Schleusen.
9. *Offene Beschickung* (Open-Top-Systeme).

Das Holzgas muss vor dem Motor auf rund 25°C abgekühlt werden. Dabei kondensiert das Wasser. Die Abkühlung kann erfolgen durch

- Wärmetauscher (für Heizungswasser, Lufterwärmung).
- Quench (= Einspritzen von kaltem Wasser in das Gas).

Eine rasche Abkühlung senkt die Bildung von Ruß.

Bei der Nutzung von Holzgas in Verbrennungsmotoren muss das Gas zuerst gereinigt werden. Die Holzgasreinigung kann erfolgen durch

- Filter. Trockene Technik, die Filter können durch Teere verstopfen.
- Wäscher. Die notwendigen Pumpen können durch den Teer (im Wasser) verkleben.

Das Holzgas kann

- mit Zündkerzenmotoren (Ottomotor oder umgebauter Dieselmotor) in Bewegungsenergie und daraus in Strom umgewandelt werden. Solche Motoren reagieren auf Gasgüteschwankungen empfindlicher.
- in Zündstrahlmotoren (Dieselöl) gezündet werden. Diese Motoren sind robuster.

Ein mögliches Fernziel könnte sein, in Brennstoffzellen das Schwachgas direkt auf chemischem Weg in Strom umzuwandeln. Damit könnte die Stromausbeute von jetzt 25 auf 40% oder mehr gesteigert werden. Der „elektrische Wirkungsgrad“ ist etwa doppelt so hoch, wie beim Dampfprozess.

Oxidationsstufe	Luftüberschuss	Prozesstemperatur
Verbrennung	$\lambda > 1$	800 – 1300°C
Vergasung	$\lambda = 0{,}2 - 0{,}5$	700 – 900°C (Schwachgas)
Pyrolyse	$\lambda < 0{,}2$	400 – 700°C (Pyrolyseöl)

Tabelle 16
Die Luftüberschusszahl λ ist das Verhältnis „zugeführte Luftmenge“ zur „stöchiometrischen Luftmenge der Verbrennung“. Bei $\lambda = 1$ wird genau soviel Luft zugeführt, wie bei einer vollständigen Verbrennung rechnerisch erforderlich ist.

Pyrolyse

Aus Holz kann über die Pyrolyse neben Wärme und Gas auch Öl gewonnen werden. Bei der gegenwärtig technisch angewendeten Flash-Pyrolyse wird das Holz (in kleineren Stücken) „blitzartig” auf rund 470°C erhitzt und danach abgekühlt. Es kondensiert eine rötlichbraune Flüssigkeit (Öl). Der Heizwert des Öls liegt bei der Hälfte jenes vom Heizöl. Weil das Holzöl hydrophil ist, enthält es um 25% Wasser.

Aus 100 kg Holz lassen sich 70 kg Öl gewinnen, das entspricht rund 35 kg Heizöläquivalent. Außerdem entstehen etwa 15 - 20 kg Holzgas und 10 - 15 kg Holzkohle.

Inzwischen sind die Verfahren, um aus Holz und anderer Biomasse nutzbare Motor-Treibstoffe (Methanol, Benzin, Ethanol) und Gas herzustellen, technisch offenbar soweit entwickelt und verbessert worden, dass sie in absehbarer Zeit auch wirtschaftlich aussichtsreich sind.

Wirtschaftlich konkurrenzfähig sind diese Anlagen natürlich nur bei hohen Preisen für fossile Energieträger. Die aufwendige Technik spricht für große Anlagen (über 5 MW_{el}).

Energiegewinnung durch Heißgasmotoren

Am bekanntesten ist der schon 1807 entwickelte Stirling-Motor, wenngleich er aus technischen und wirtschaftlichen Gründen selten verwendet wird. Beim Stirling- Motor erhitzt das heiße Rauchgas ein im Motor befindliches Arbeitsgas (meist Helium). Das Arbeitsgas wird zyklisch komprimiert und entspannt. Die bei der Expansion entstehende Arbeit wird über einen Generator zu Stromerzeugung genutzt. Der Stirlingmotor besitzt eine hohe Masse (Gewicht).

Diskutiert werden Stirling-Motore ab einer Leistung von 10 kW_{el} bis 100 kW_{el}. Die Ausbeute an Strom liege bei 10% der eingesetzten Energie. Damit ist sichtbar, dass auch beim Stirlingmotor die Wärmegewinnung Vorrang hat.

Während der Dampfkraft-Prozess ausgereift ist und eine gut funktionierende Technik für große Anlagen zur Verfügung steht, muss beim Heißgasmotor noch vieles erheblich verbessert werden, bevor er im Alltagsbetrieb und auf breiter Ebene eingesetzt werden wird.

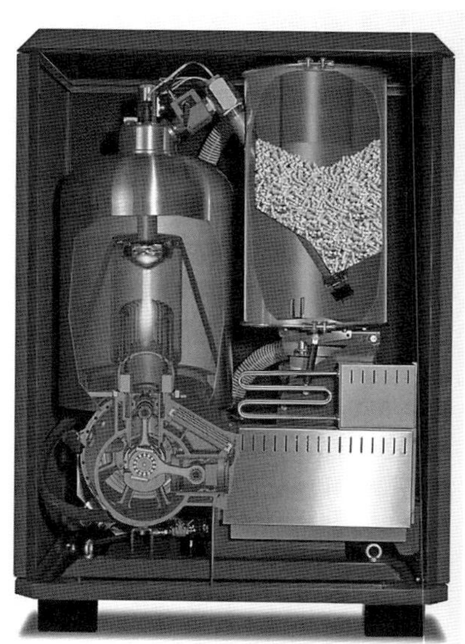

138
Einbindung eines Stirling-Motors in eine Kraft und Wärme erzeugende Heizung (Prototyp, links)
Quelle: [6]
und erste Serienmodelle eines Stirlingmotors (rechts) mit ca. 3 kW_{el} für ein Dreifamilien-Haus mit 10 kW Nennwärmebedarf.
Quelle: Sunmachine

Anhang

Preise für Holzöfen und Holzheizungen

Tabelle 17 gibt eine Übersicht über die Richtpreise für Holzöfen und Holzheizungen (in Anlehnung an Strehler 1996, vom Verfasser verändert und ergänzt). Die höheren Preise gelten meist für kleinere bzw. leistungsschwächere Anlagen.

In Tabelle 18 sind die Investitionskosten für verschiedene Heizungsanlagen mit typischen Leistungen von 10 bzw. 15 oder 20 kW vergleichend gegenübergestellt. Auf der Basis dieser Herstellungskosten werden in Tabelle 19 die Betriebs- und Energiekosten dieser Heizungsanlagen verglichen.

Jede Heizanlage ist letztlich ein Unikat. Die hier angegebenen Werte werden deshalb bei jedem Heizungsbau im Detail anders aussehen. Zur Orientierung können die Werte dienen. Allerdings sollte bei einer mindestens 15 Jahre wirkenden Investition die langfristige Sichtweise nicht zu kurz kommen:

- Holz ist nachwachsend und deshalb in begrenztem Umfang unerschöpflich. In Deutschland wächst auf 29% der Fläche Wald und dieser bildet ständig Holz. Außerdem wachsen in Gärten, auf Obstwiesen und auf nicht anderweitig genutztem Land (z.B. Wegränder) Bäume.
- Die Erzeugung des Rohstoffes erfolgt durch Bäume ohne Fremdenergie und auf extrem umweltfreundliche Weise. Jeder m^3 Holz entspricht einer Entsorgung von 750 kg CO_2. Wald ist ein Wasserspeicher und ein zur Erholung geeigneter Naturraum. In einer Raffinerie will niemand spazieren gehen.
- Die Nutzung der Energie aus Holz ist langfristig umweltschonend. Durch den näherungsweise geschlossenen CO_2-Kreislauf wird das Klima wenig beeinflusst. Zur Bereitstellung von 1 m^3 Holz müssen nur wenige Prozent (unter 3%) des Energieinhaltes aus fossilen Quellen aufgewendet werden.
- Holz ist mit einer geringen Transportbelastung fast überall zu beschaffen. Der Transport belastet bei einer waldnahen Verwendung die Umwelt wenig.
- Holz ist in Waldnähe auch in weltpolitischen Krisen erreichbar.
- Holz kann zwar nicht den Energiebedarf unserer Gesellschaft abdecken, aber es könnte rund 10% der gesamten deutschen Hausheizung decken. Vor allem im waldnahen ländlichen Bereich kann Brennholz einen spürbaren Anteil an der Heizenergie stellen.
- Das für den Holz-Brennstoffkauf aufgewendete Geld fließt nicht ins Aus-

Tabelle 17
Kosten von Holzfeuerstätten.

Kosten von Holzfeuerstätten	
Ofentyp	**Preis je kW Heizleistung**
Zimmerofen	100 – 150 € /kW
Scheitholz-Heizkessel	50 – 200 € /kW
automatischer Zimmerofen für Presslinge	400 – 500 € /kW
Wasser-Wärmespeicher	0,8 – 1 € /Liter
bei 150 l/kW	120 – 150 € /kW
Wärmeverteilung im Haus	250 – 500 € /kW
Voröfen	60 – 150 € /kW
Schalenbrenner	30 – 100 € /kW
automatischer Aschenaustrag	30 – 100 € /kW
automatische Feuerung	250 – 800 € /kW
Pellet-Kessel	600 – 1.200 €/kW
Nah-/Fernwärmenetz	500 – 500 € /kW
Großheizanlage	350 – 500 € /kW
Kraftwerk	1.000 – 2.500 €/kW_{el}
Die höheren Preise gelten (meist) für kleinere Anlagen.	

Tabelle 18
Investitionskosten verschiedener Heizungsanlagen im Vergleich. Quelle [7]

Erläuterungen:

- Leistung für Wärmeerzeuger 10 kW, bei Scheitholz 15 kW, bei Hackgut 20 kW.
- „Wärmeerzeuger komplett" bedeutet incl. Regelung und Raumaustragung (bei Pellet-Kessel und Hackgut-Anlage).
- Bei Scheitholz-Kessel und Hackgut-Anlage ist unter Boiler auch ein Pufferspeicher berücksichtigt (Volumen 100 l/kW), demnach also 1500 und 2000 l.
- Bei Erdgasheizung ist auch die Anschlussgebühr berücksichtigt.
- Alle angebenen Preise sind Richtpreise in €, incl. 19% MwSt.
- Die Förderung (max. Betrag nur bei Wirkungsgrad > 90% !) ist von der Summe noch abzuziehen, wo zutreffend.

Investitionskosten verschiedener Heizungsanlagen							
Kosten für	**Pellet-Kessel**	**Pellet-Ofen**	**Hackgut-Anlage**	**Scheitholz-Kessel**	**Öl-Kessel**	**Erdgas-Kessel**	**Strom-Heizung**
Wärmeerzeuger komplett	10.000 €	3.500 €	17.000 €	6.000 €	6.000 €	6.000 €	1.200 €
Boiler, 300 l	900 €	–	2.500 €	1.800 €	900 €	900 €	1.000 €
Lager	3.000 €	–	5.000 €	–	2.000 €	–	–
Kamin	1.600 €	1.600 €	2.000 €	1.600 €	1.600 €	1.000 €	–
Montage	1.400 €	250 €	2.000 €	500 €	1.000 €	3.000 €	1.000 €
Gesamtkosten	16.900 €	5.350 €	28.500 €	9.900 €	11.500 €	10.900 €	3.200 €
Förderung	1.700 €	–	1.700 €	1.500 €	–	–	–

Tabelle 19 (unten): Betriebs- und Energiekosten verschiedener Heizungsanlagen. Quelle [7]

Erläuterungen: [1] Gesamte Investitionskosten abzüglich Förderung in € (vgl. Tab. 18) = P_{inv}
[2] jährliche Kapitalkosten in € : K_k = Investitionskosten · Annuitätsfaktor i
[3] jährliche Brennstoffkosten in € = jährl. Brennstoffbedarf · Brennstoffpreis
[4] jährliche Betriebskosten der Anlage (Stromkosten für Pumpen und Hilfsaggregate) in €
[5] jährliche Wartungs- und Kaminkehrerkosten in €
[6] jährliche Gesamtkosten = [P_{inv} + K_k + Brennstoffkosten + Betriebskosten + Service]
[7] Der jährliche Heizenergiebedarf wurde entsprechend einer typischen Anwendung gewählt.
[8] Brennstoffbedarf/Jahr in kWh/a (Jahresnutzungsgrad berücksichtigt)
[9] spezifischer Brennstoffpreis in ct/kWh gemäß Tabelle 4
[10] spez. Energiepreis in ct/kWh = jährl. Gesamtkosten / jährl. Heizenergiebedarf
[11] bei Öfen ist der feuerungstechnische Wirkungsgrad 0,9 berücksichtigt
[12] bezogen auf den unteren Heizwert H_u

- Der Pelletofen wird als Zusatzheizung betrieben mit 600 h/Jahr.
- Bei Pelletkessel, Hackschnitzel-Anlage, Scheitholzkessel und Öl-/Gasheizung wurde 2,93% Darlehenszins eingesetzt (ermäßigtes KfW-Darlehen), bei anderen Varianten 6% Bankzins.
- Bei der Strom-, Gas- und Ölheizung wurden wie bei der Pelletsheizung eine Wärmeleistung von 10 kW und 1500 h Vollbetrieb/a angesetzt.
- Bei der Hackschnitzelheizung beträgt die Leistung 20 kW bei 1500 h Vollbetriebsstd./a, bei Scheitholz 15 kW und 1500 Vollbetriebsstunden/a.

Betriebs- und Energiekosten verschiedener Heizungsanlagen							
Heizungsart **Kosten**	**Pellet-Kessel**	**Pellet-Ofen**	**Hackgut-Anlage**	**Scheitholz-Kessel**	**Öl-Kessel**	**Erdgas-Kessel**	**Strom-Heizung**
Investitionskosten [1]	15.200 €	5.350 €	26.800 €	8.400 €	11.500 €	10.900 €	3.200 €
Abschreibungszeit	15 a	15 a	15 a	15 a	15 a	15 a	15 a
Zinsfuß / Annuität	2,93%/0,078	6% / 0,093	2,93%/0,078	2,93%/0,078	2,93%/0,078	2,93%/0,078	6% / 0,093
jährl. Kapitalkosten [2]	1.179€	498€	2080 €	652 €	892 €	845 €	298 €
jährl.Brennstoffkosten [3]	840 €	326 €	1225 €	985 €	1665 €	1080 €	3300 €
jährl. Betriebskosten [4]	52 €	4 €	250 €	25 €	63 €	45 €	18 €
jährl. Servicekosten [5]	275 €	175 €	375 €	225 €	275 €	250 €	100 €
jährl. Gesamtkosten [6]	**2.346 €**	**1.003 €**	**3.930 €**	**1.887 €**	**2.895 €**	**2.220 €**	**3.716 €**
Energiebedarf [7] kWh/a	15.000	6.000	30.000	22.500	15.000	15.000	15.000
Jahresnutzungsgrad	0,875	0,9	0,85	0,8	0,85	0,95 [11]	1,0
Brennstoff [8] kWh/a	17.143	6.667	35.294	28.125	17.647	15.789	15.000
Brennstoffpreis [9] ct/kWh	4,9	4,9	3,5	3,5	9,4	6,8	22
Energiepreis [10] **ct/kWh**	**15,6**	**16,7**	**13,1**	**8,4**	**19,3**	**14,8**	**24,8**

land, sondern bleibt im ortsnahen Bereich und sorgt dort für Beschäftigung und Einkommen.

- Der Einsatz von Holz zur Energiegewinnung schont die Ressourcen der begrenzten Rohstoffe Öl, Gas oder Kohle und lässt diese für andere Zwecke.
- Die Holzverwendung stellt kein Risiko für Gewässer dar (auslaufendes Öl kann Grundwasser und Boden verunreinigen). Holz ist nicht explosiv (wie Gas). Es gibt keine Risiken wie Pipelinebrüche, Tankerunfälle, Raffinerie- und Tanklastwagenunglücke. Wenn ein Holztransportfahrzeug umstürzt, dann liegen Holzstücke herum, ein Umweltrisiko gibt es nicht. Wenn Gasleitungen undicht werden, können Häuser in die Luft fliegen. Ausströmendes Methan ist ein besonders klimawirksames Gas, welches zum Treibhauseffekt beiträgt. Die flüchtigen organischen Verbindungen (z.B. Methan CH_4) gehen vor allem durch Leckverluste bei der Gewinnung, beim Transport und bei der Raffinierung von Erdöl oder Erdgas verloren.
- Holz ist gespeicherte Sonnen-Energie. Holz kann seine Energie dann abgeben, wenn diese gebraucht wird.

Holz ist ein bemerkenswerter Werkstoff: Der Einsatz von Energie zur Herstellung von anderen Baumaterialien ist höher als beim Baustoff Holz. Holz lässt sich leicht bearbeiten. Holz ist elastisch, druckfest, langlebig und mit geringem Energieaufwand zu bearbeiten. Es lässt sich vielseitig verwenden. Holz hat, bezogen auf sein Gewicht, eine hohe Festigkeit. Holz isoliert gegen Temperaturunterschiede. Holz ist gegen mehrere aggressive Stoffe korrosionsbeständig (z.B. gegenüber Salzen). Wenn ein aus Holz bestehendes Werkstück, Möbel oder Bauteil nicht mehr gebraucht wird, kann es unter Nutzung der in ihm enthaltenen Energie in einer dafür geeigneten Heizungsanlage entsorgt werden und dabei seine wertvolle „Sonnenwärme" abgeben.

Rechtsvorschriften

Vor dem Holzofenkauf sollten Sie sich unbedingt informieren, ob Sie den Holzofen aufstellen, anschließen und betreiben dürfen. Eine erste Auskunft in diesen Fragen erhalten Sie bei den für Ihr Gebiet zuständigen Stellen:

- Bezirksschornsteinfeger.
- Baubehörde (Gemeindeverwaltung, Landkreisbehörde).

Der von Ihnen für den Kauf ins Auge gefasste Ofen muss das „Ü"-Zeichen aufweisen. Mit diesem Zeichen verspricht Ihnen der Hersteller, dass der Ofen mit den in DIN-Vorschriften festgelegten Maßstäben „übereinstimmt". Ein CE-Zeichen genügt in Deutschland u.U. nicht. Das Ü-Zeichen weist oben den Hersteller des Ofens aus, darunter die Vorschrift (z.B. DIN) mit der das Produkt übereinstimmt. (Im untersten Feld kann in Ausnahmefällen eine Zertifizierungsstelle genannt sein.)
Aus den zahlreichen Vorschriften können Sie folgendes entnehmen:

- Bis 2009 galt für Holzfeuerungen bis 15 kW Nennwärmeleistung, dass sie

Tabelle 20
Zeitpunkt der Nachrüstung bzw. Außerbetriebnahme für bestehende Einzelraumfeuerungsanlagen.

Datum auf dem Typschild	Zeitpunkt der Nachrüstung bzw. Außerbetriebnahme
bis einschließlich 31.12.1974 oder Datum nicht mehr feststellbar	31.12.2014
1.1.1975 - 31.12.1984	31.12.2017
1.1.1985 – 31.12.1994	31.12.2020
1.1.1995 bis zum Inkrafttreten der Verordnung	31.12.2024

Zeitpunkt der Errichtung	Ablauf der Übergangs-frist
vor dem 31.12.1994	01.01.2015
1.1.1995 bis 31.12.2004	01.01.2019
1.1.2005 bis Inkrafttreten d. Verordnung	01.01.2025

Tabelle 21
Übergangsfristen für bestehende Heizkessel.

lediglich mit trockenem, naturbelassenem Holz (einschließlich anhaftender Rinde) befeuert werden dürfen. Zulässig sind neben Holzscheiten, Hackschnitzeln und Presslingen auch Reisig und Zapfen. (Nur in automatisch beschickten Feuerungsanlagen muss der verwendete Brennstoff nicht unbedingt lufttrocken sein.)

- In der Novelle der 1. BImSchV (Bundes-Immissionsschutz-Verordnung) sind nun auch für kleine Feuerungsanlagen ab 4 kW niedrige Emissionsgrenzwerte vorgesehen. Es wird unterschieden zwischen Holzöfen zur Erwärmung eines einzelnen Raumes (Einzelraumfeuerung) und Feuerungsanlagen.
- Bestehende Einzelraumfeuerungsanlagen können dann zeitlich unbegrenzt weiterbetrieben werden, wenn Sie einen der drei nachfolgenden Nachweise führen können:
  1. die Bescheinigung des Herstellers, dass der Feuerungsanlagentyp die Emissionsgrenzwerte für Staub von 150 mg/m^3 und für Kohlenmonoxid (CO) von 4 g/m^3 auf dem Prüfstand einhält,
  2. der Nachweis über eine Vor-Ort-Messung, dass Emissionsgrenzwerte für Staub von 150 mg/m^3 und für Kohlenmonoxid (CO) von 4 g/m^3, die für den Prüfstand gelten, eingehalten werden,
  3. der nachträgliche Einbau eines bauartzugelassenen Filters.

  Der Betreiber kann die für ihn günstigste Variante wählen. Erst wenn die vorgenannten Alternativen nicht greifen, unterliegen Einzelraumfeuerungsanlagen einem langfristig angelegten Austauschprogramm zwischen dem Ende des Jahres 2014 und dem Ende des Jahres 2024.
- Alte Holzöfen, die vor 1975 zugelassen wurden, sollen vor 2015 nachgerüstet oder außer Betrieb genommen werden. Holzöfen mit einer Zulassung vor 1984 (1994) sind bis Ende 2017 (2020) zu verbessern oder zu erneuern. Bei jenen Öfen, die bis zum Inkrafttreten der Verordnung zugelassen wurden, läuft die Nachbesserungsfrist bis Ende 2024. Die Anforderungen sollen dazu führen, dass alte Feuerungen mit schlechten Emissionswerten schrittweise (z.B. mit Filtertechnik) nachgerüstet oder stillgelegt bzw. ersetzt werden. Holzkochherde, Badeöfen und vor 1950 errichtete Kachelöfen sind ausgenommen. Entscheidend ist übrigens nicht, wann die Feuerungsanlage gekauft wurde, sondern wann der spezifische Anlagentyp darauf geprüft wurde, ob er technisch funktioniert. Es handelt sich hier um die so genannte Typprüfung. Seit 1970 besteht für alle Kaminöfen eine Kennzeichnungspflicht. Sie können aber auch den Hersteller des Ofens fragen. Er muss wissen, wann die Typprüfung für den jeweiligen Kaminofen vorgenommen wurde.
- Wer heute einen Ofen kauft, sollte sich also den Nachweis der Typprüfung (Typenbescheinigung) geben lassen und dort nachsehen, ob der Ofen die geforderten Grenzwerte (bei richtiger Bedienung) einhalten kann.

Tabelle 22
Emissionsgrenzwerte bei der Verfeuerung von unbehandeltem Holz. Die Anlagengrößen gelten für Mehrraum-Feuerungen (z.B. eine zentrale Haus-Feuerung im Heizraum).

Emissionsgrenzwerte ab 2015 bei der Verfeuerung von unbehandeltem Holz

Anlagengröße	Staub mg/m^3	CO g/m^3
4 kW – 1 MW	20	0,4

Die Nichteinhaltung der Grenzwerte kann in Zukunft dazu führen, dass der Ofen mit einem Filter nachgerüstet oder stillgelegt werden muss.

- Offene Kamine dürfen nur gelegentlich betrieben werden. Sie dürfen also nicht als Dauerheizung verwendet werden. Im offenen Kamin darf nur naturbelassenes, stückiges Holz verfeuert werden. Als ein gelegentlicher Betrieb für offene Kamine werden z.B. bis zu 8 Tage je Monat und bis zu 5 h je Tag angesehen.
- Beschichtetes, gestrichenes Holz, Spanplatten, Faserplatten etc. dürfen nur in Fachbetrieben unter speziellen Auflagen verbrannt werden, wenn die Zusätze unbedenklich sind!
- Heizkessel (Wasser) sind schon ab 50 kW genehmigungspflichtig, in manchen Ländern schon ab 25 kW.
- Anlagen über 1.000 kW unterliegen der Verordnung über genehmigungspflichtige Anlagen. Für diese gelten strenge Emissionsgrenzwerte.

In der Praxis gelten die Werte der TA Luft bei größeren Anlagen nur noch als Maximalwerte. In der Regel werden die realen Werte von Verwaltungsbeamten „nach dem Stand der Technik" mehr oder weniger niedriger angesetzt. Welche Werte anzusetzen sind, wird in Arbeitskreisen diskutiert. Gelegentlich kommen dabei technische Blüten zum Tragen, beispielsweise indem unter völlig anderen technischen Verhältnissen erzielte niedrige Staubwerte als „Stand der Technik" für eine letztlich (z.B. im Brennstoff etc.) nicht vergleichbare Anlage festgelegt wird.

In sehr großen Heizwerken müssen bestimmte Werte laufend gemessen werden (z.B. beim CO und Staub). Außerdem ist eine regelmäßig wiederkehrende Messung der übrigen Werte durch ein zugelassenes Institut vorgeschrieben.

Die Bestimmungen der 13. BImSchV gelten für Heizwerke über 50 MW Leistung. Solch große Anlagen sind beim dezentral anfallenden Holz selten sinnvoll. Für Anlagen, in denen belastetes Altholz verfeuert wird, gelten die für Restverwertungsanlagen strengen Grenzwerte der 17. BImSchV. Holzfeuerungen zur Erzeugung von Strom und Wärme sind genehmigungsbedürftig nach 4. BImSchV.

Eine Genehmigung nach der BImSchVO muss frühzeitig eingeholt werden. In der Regel sind die Regierungspräsidien für die Genehmigung zuständig. Die für einen Antrag notwendigen Unterlagen sind recht umfangreich. Zum eingereichten Antrag nehmen mehrere Behörden Stellung (z.B. Gemeinde, Gewerbeaufsichtsamt, Wasserwirtschaftsamt). Es ist sinnvoll, früh mit der zuständigen Stelle Verbindung aufzunehmen und sich beraten zu lassen.

Die folgende unvollständige Übersicht der geltenden Vorschriften zeigt, mit welcher Gründlichkeit in Deutschland die Heizungsfragen geregelt sind:

- Landesbauordnungen
- Verordnung über Feuerungsanlagen und Heizräume (FeuVO)
- Länder-Verwaltungsvorschriften über Feuerungsanlagen (VwVFeuA)
- Bundesimmissionsschutzgesetz (BImschG) und Allg. Verwaltungsvorschrift
- Gesetz über die Bereitstellung von Produkten auf dem Markt (Produktsicherheitsgesetz - ProdSG)
- Verordnung zur Ablösung von VO nach § 24 der Gewerbeordnung
- Verordnung über Sicherheit und Gesundheitsschutz bei der Verwendung von Arbeitsmitteln (Betriebssicherheitsverordnung - BetrSichV)

- Sicherheitstechnische Richtlinien für Holzspäne- und Holzstaubfeuerungen an Dampfkesseln
- DIN 4702 Heizkessel
- DIN EN 13384-1 Schornsteinabmessungen
- DIN 4794 Warmlufterzeuger
- DIN EN 12828 Heizungssysteme in Gebäuden
- DIN EN 12831 Wärmebedarfsermittlung
- DIN EN 13240 Raumheizer für feste Brennstoffe
- DIN 18160 Abgasanlagen, Hausschornsteine
- DIN EN 12815 Herde für feste Brennstoffe
- DIN EN 17225 Biogene Festbrennstoffe

Energie- und Leistungseinheiten und ihre Umrechnung

Einheiten der Energie bzw. Arbeit

1 cal	= 1 Kalorie = 4,1868 J
	= 4,1868 Ws
1000 kcal	= 1000 Kilokalorien = 1,163 kWh
1 J	= 1 Joule = 1 Ws
	= 2,7777 x 10^{-7} kWh (Energie)
1 MJ	= 1 Megajoule = 0,278 kWh
	= 239 kcal
1 Ws	= 1 Watt x 1 Sekunde = 1 Joule
	= 0,24 cal
1 kWh	= 1 Kilowatt x 1 Stunde
	= 1000 Watt x 3600 Sekunden
	= 860 kcal = 3,6 x 10^6 J
	= 3.600 kJ = 3,6 MJ = 3,415 Btu
1 MWh	= 1 Megwattstunde = 10^3 kWh
	= 0,123 t SKE = 3,41 Btu
1 TWh	= 1 Terawattstunde = 10^9 kWh
	= 3,6 PJ = 123 x 10^3 t SKE
1 MW x anno	= 8,76 x 10^6 kWh
1 t OE	= 1 Tonne Öl-Äquivalent (Rohöl)
	= 42,5 x 10^9 J = 11,81 x 10^3 kWh
	= 1,45 t SKE
1 t SKE	= 1 Tonne Steinkohleeinheit
	= 29,3 x 10^9 J = 8,14 x 10^3 kWh
	= 7 x 10^6 kcal
1 Btu	= 1 British Thermal Unit = 252 cal
	= 1054,4 J = 0,0002929 kWh

Leistungseinheiten

1 W	= 1 Watt
1 kW	= 1 Kilowatt = 1000 Watt
1 MW	= 1 Megawatt = 10^6 W = 1000 kW
1 TW	= 10^{12} W

Bedeutung der Vorsilben

1 k (Kilo)	= 10^3 = 1.000
1 M (Mega)	= 10^6 = 1 Million
1 G (Giga)	= 10^9 = 1 Milliarde
1 T (Tera)	= 10^{12} = 1.000 Milliarden
	= 1 Billion
1 P (Peta)	= 10^{15} = 1 Million Milliarden
	= 1 Billiarde

Literaturnachweis

Ebert, H.-P.: *Mit Holz richtig heizen in Ofen, Herd und Kamin*. Otto Maier Verlag, Ravensburg 1981

Ebert, H.-P.: *Holzfeuerung für alle Ofenarten*. Verlagsgesellschaft Rudolf Müller, Köln 1984

Laucher, A. (1995): *Grundlagen für den Betrieb einer Biomasse-Fernwärmeanlage*. Salzburger Landesregierung.

Nussbaumer, Th. (Ed.): *Neue Konzepte zur schadstoffarmen Holzenergie-Nutzung*. Bundesamt für Energiewirtschaft, Bern 1992

Nussbaumer, T. (2000): *Vom bewährten Brennstoff zum modernen Treibstoff. Holzzentralblatt 126 (55): 764 und (67): 940.*

Wer sich umfassend über die mit einer großen Heizanlage zusammenhängenden Fragen informieren will, dem sei empfohlen:

Albert, J.; P. Bodden; T. Tech (2003): Rationelle Energienutzung im holzbe- und verarbeitenden Gewerbe. Leitfaden für die betriebliche Praxis. 270 S.

Kaltschmitt, M.; H. Hartmann (2001): Energie aus Biomasse. Grundlagen, Techniken und Verfahren. 800 S.

Marutzky, R.; Seeger, K. (1999): *Energie aus Holz und anderer Biomasse. Leinfelden-E.: DRW-Verlag. 352 S.*

Parker, R.B.; M. Kaltschmitt; A. Wiese; W. Streicher (2003): *Erneuerbare Energien. Systemtechnik, Wirtschaftlichkeit, Umweltaspekte*. 650 S.

Quellenhinweis

Die Abbildungen 29, 31, 45 und 49 sowie die Tabellen 1, 6, 8 und 9 stammen von der Fa. Fireholz, 72108 Rottenburg.

[1] *Sichere Waldarbeit und Baumpflege*. Informationsschrift des Bundesverbandes der Unfallversicherungsträger der öffentlichen Hand e.V., 1986

[2] *Wärme aus Holz*. Bundesamt für Konjunkturfragen, Bern 1987

[3] Humm, Othmar: *Niedrigenergiehäuser - Innovative Bauweisen und neue Standards*. ökobuch Verlag, Staufen 1997

[4] *Holz als Energierohstoff – Möglichkeiten der industriellen und kommunalen Wärmeversorgung*. Centrale Marketinggesellschaft der deutschen Agrarwirtschaft mbH, Bonn

[5] *Holz-Zentralheizungen – Grundlagen für Planung, Projektierung und Ausführung*. Bundesamt für Konjunkturfragen, Bern 1988

[6] Marutzky, R.; Seeger, K.: *Energie aus Holz und anderer Biomasse*. DRW-Verlag, Leinfelden-E.: 1999

[7] Holz, Thomas: *Holzpellet-Heizungen. Planung, Installation, Betrieb. 3. Auflage Staufen 2006*

Firmenneutraler Rat

Zahlreiche Adressen finden sich auf den Seiten der Fachagentur für nachwachsende Rohstoffe e.V. (FNR) unter www.nachwachsende-rohstoffe.de, dem Technologie- und Förderzentrum Straubing (TFZ) unter www.tfz.bayern.de oder beim Centralen Agrar-Rohstoff-Marketing- und Entwicklungs-Netzwerk (C.A.R.M.E.N. e.V.) unter www.carmen-ev.de .

Eine erweiterte Suche im Internet bei den Informationsstellen oder unter Stichworten wie „Brennholz", „Holzenergie", „Holzfeuerung", „Biomasse", „Hackschnitzel", „Holzpellet" kann weiterhelfen.

Informationsstellen in Deutschland

Die Informationen sind i.d.R. kostenpflichtig, zumindest ein größerer Umschlag, ausreichend frankiert und adressiert, sollte vom Besteller bereit gestellt werden. Viele Informationen werden aber auch kostenlos zum Download angeboten.

Bundesverband BioEnergie e.V. BBE, Godesberger Allee 142 - 148, 53175 Bonn, www.bioenergie.de

Deutsche Energie-Agentur GmbH, Chaussee-Str. 128 a, 10115 Berlin, www.dena.de

Bürger-Information Neue Energietechniken, Nachwachsende Rohstoffe, Umwelt (BINE), Mechenstraße 57,
53129 Bonn, www.bine.info

Centrales Agrar-, Rohstoff-, Marketing E.N., CARMEN e.V., Schulgasse 18, 94315 Straubing. www.carmen-ev.de >Hintergrund >Literaturtipps *(Umfangreiches Informationsmaterial)*

Fachagentur Nachwachsende Rohstoffe, Hofplatz 1, 18276 Gülzow, www.fnr.de
(Umfangreiches Informationsmaterial)

Holzenergie- Fachverband Baden-Württemberg e.V. HEF, Smaragdweg 6, 70174 Stuttgart, www.holzenergie-bw.de

Klimaschutz- und Energieagentur Baden-Württemberg (KEA) GmbH, Griesbachstr. 10, 76185 Karlsruhe, www.kea-bw.de

Umweltbundesamt (UBA), Postfach 330022, 14191 Berlin, www.umweltbundesamt.de

Arbeitsgemeinschaft der Deutschen Kachelofenwirtschaft, Rathausallee 6, 53757 St. Augustin, www.kachelofenwelt.de

Wilhelm-Klaudnitz-Institut, Fraunhofer-AG für Holzforschung, Bienroder Weg 54 E, 38108 Braunschweig, www.wki.fraunhofer.de

Prüfstellen für Feuerungsanlagen

für feste Brennstoffe (also auch für Holz) in Deutschland:

Fraunhofer Institut für Bauphysik IBP, Prüfzentrum, Nobelstr. 12, 70569 Stuttgart, www.ibp.fraunhofer.de

Rhein-Ruhr Feuerstätten Prüfstelle GmbH, Im Lipperfeld 34b, 46047 Oberhausen, http://rrf-online.eu

TÜV SÜD AG, Westendstraße 199, 80686 München, www.tuev-sued.de

Emissionsmessungen

Institut für Feuerungs- und Kraftwerkstechnik (IFK),

Pfaffenwaldring 23 , 70569 Stuttgart, www.ifk.uni-stuttgart.de

Beratungsstellen in der Schweiz

Feueranlagen, welche die schweizerische Eidgenössische Materialprüfungsanstalt EMPA (www.empa.ch) nach einem Test als für Holzfeuer geeignet beurteilt, dürfen das Gütezeichen des Schweizerischen Verbandes für Waldwirtschaft führen.
Zunächst für Holzkessel und kleine Schnitzelfeuerungen wurde ein neues VHe-Prüfzeichen erarbeitet. Sowohl die EMPA (in Dübendorf/Schweiz) als auch die österreichische Bundesanstalt für Landtechnik BLT (in Wieselburg/Österreich) sind akkreditierte Prüfstellen.
Bei der *Holzenergie Schweiz* liegt eine stets aktualisierte Liste vor.

Holzenergie Schweiz, Neugasse 6, 8005 Zürich www.holzenergie.ch
(Umfangreiche Informationen zur thermischen Nutzung von Holz.)

Informationsstelle BiomassEnergie, Zollikerstrasse 65, CH-8702 Zollikon www.biomasseenergie.ch

Bundesamt für Energie, Worblentalstrasse 32, CH-3063 Ittigen, www.energie-schweiz.ch
(Umfangreiche Informationen zur thermischen Nutzung von Holz.)

Holzfeuerungen Schweiz (SFIH), Postfach 60, CH-4410 Liestal, www.sfih-holzfeuerungen.ch

Waldwirtschaft Verband Schweiz (WVS), Rosenweg 14, CH-4500 Solothurn, www.wvs.ch

Beratungsstellen in Österreich

Bundesanstalt für Landtechnik BLT, Rottenhauserstraße 1, A-3250 Wieselburg, http://blt.josephinum.at

Dort können Prüfberichte über Holzfeuerungen eingesehen werden.

Ökoenergie, Österreichischer Biomasseverband,
Franz Josefs-Kai 13, A-1010 Wien,
www.biomasseverband.at
Umfangreiche Informationen zur thermischen Nutzung von Holz.

Arbeitsgemeinschaft
ERNEUERBARE ENERGIE,
Feldgasse 19, A-8200 Gleisdorf,
www.aee.at

proPellets Austria, Hauptstraße 100,
A-3012 Wolfsgraben,
www.propellets.at

Joanneum Research Institut für Energieforschung,
Elisabethstr. 11, A-8010 Graz,
www.joanneum.at

Fragen Sie vor dem Holzofenkauf den zu-ständigen Bezirksschornsteinfeger. Dieser kann Ihnen sagen, ob der gewünschte Ofen auch angeschlossen und betrieben werden darf.

Hersteller und Lieferanten

Die Herstelleranschriften sind in folgende Gruppen geordnet:

1. Holzöfen
2. Stückholz-Zentralheizungskessel
3. Hackschnitzelöfen od. Pelletsöfen
4. Holzgasanlagen

Das Adressenverzeichnis erhebt keinen Anspruch auf Vollständigkeit und Richtigkeit, es stellt weder eine Empfehlung noch einen Leistungsnachweis dar. Die Produktions- und Lieferprogramme sind nur teilweise bekannt. Die Adressen wurden aktualisiert.

Bei der Zusammenstellung wurden Angaben der Centralen Marketinggesellschaft der deutschen Agrarwirtschaft mbH (CMA) und vom Holzabsatzfonds mit verwendet. Der vom Holzabsatzfonds mit herausgegebene „Marktführer Holzenergie" soll in kurzen Abständen aktualisiert werden.

Es lohnt sich, dort nachzuschlagen (ISBN 3-87181-352-4).

1. Holzöfen

Armaka AG, Duggingerstr. 10,
CH–4153 Reinach/Basel / Schweiz,
www.armaka.ch

ATTIKA Feuer AG, CH-6330 Cham
www.attika.ch

AUSTROFLAMM,
Gfereth 101, A-4631 Krenglbach,
www.austroflamm.com

Bartz Werke GmbH,
Franz-Meguin-Str. 14 - 16,
66763 Dillingen,
www.bartz-werke.de

Billensteiner Öfen, Hauptplatz 10,
A-3150 Wilhelmsburg,
www.billensteiner.com

Biofire, Bayernstraße 15,
Postfach 7, A-5016 Salzburg,
www.biofire.at

Max Blank GmbH, Klaus-Blankstr. 1
91747 Westheim,
www.max-blank.de

Brunner Ofen- und Heiztechnik GmbH, Zellhuber Ring 17-19,
84307 Eggenfelden,
www.brunner.de

Bube Kamine GmbH,
Berliner Str. 65,
38104 Braunschweig,
www.bube-kamine.de

Buderus Heiztechnik GmbH,
Sophienstr. 30 - 32, 35576 Wetzlar,
www.buderus.de

Josef Burri AG, Eisstr. 5
CH–6102 Malters / Schweiz,
www.buma-boiler.ch

Chief Holzöfen,
Laupheimerstr. 6, 70327 Stuttgart
www.chief-holzofen.com

Chiquet Energietechnik AG,
Hombergstr. 4,
CH-4466 Ormalingen / Schweiz,
www.chiquet-sopra.ch

CTM-Heiztechnik GmbH,
Donaueschinger Str. 5, 78166
Donaueschingen-Wolterdingen,
www.ctm-heiztechnik.com

Deville, 76, rue Forest – B.P. 209,
F–08102 Charleville-Mezieres Cedex /Frankreich

Dovre GmbH, Valenciennerstr. 161,
52353 Düren,
www.dovre.be

Drooff Kaminöfen GmbH & Co,
Keffelker Str. 40, 59929 Brilon,
www.drooff-kaminofen.de

Fonderies Franco-Belges,
rue O. Variscotte, F–59660 Merville / Frankreich,
www.francobelge.staub.fr

Gast Herd- und Metallbau,
Ennser Str. 42, A-4407 Steyr,
www.gast.co.at

Gerco Apparatebau GmbH & Co KG, Zum Hilgenbrink 50,
48336 Sassenberg,
www.gerco.de

Gerlinger, Froschau 79,
A-4391 Waldhausen,
www.biokompakt.com

HAGOS e.G., Industriestr. 62,
70565 Stuttgart,
www.hagos.de

Hark, Moerser Str. 26,
47198 Duisburg,
www.hark.de

Hase Kaminofenbau GmbH,
Niederkircherstr. 14, 54294 Trier,
www.hase.de

Hornikel GmbH, Industriestr. 4, 91583 Schillingsfürst, www.hornikel.com

Hoval-Herzog AG, General-Witte-Str. 201, CH–8706 Feldmeilen, www.hoval.ch

Deutsche Hoval GmbH, Freiherr-vom-Stein-Weg 15, 72108 Rottenburg, www.hoval.de

Jotul GmbH, Am Westbahnhof 37, 40878 Ratingen, www.jotul.com

Justus, Justushütte Weidenhausen, Weidenhäuser Str. 1 - 7, 35075 Gladenbach, www.justus.de

Jydepejsen A/S, Ahornsvinget 3-7, DK-7500 Holstebro, www.jydepejsen.com

KAGO WÄRMESYSTEME GmbH, Pyrbaumerstr. 1 - 7, 92353 Postbauer, www.kago.de

Gebr. Koch oHG, Postf. 40, 35716 Dietzhölztal-Ewersbach, www.koch-ewersbach.de

Erwin Koppe Keramische Heizgeräte GmbH, Industriegebiet Stegenthumbach 4-6, 92676 Eschenbach, www.ofenkoppe.com

PA-KÜ-Werk, Paul Künzel GmbH & Co., Ohlrattweg 5, 25497 Prisdorf, www.kuenzel.de

Kutzner + Weber GmbH, Ingenieurbüro (Ofenzubehöhrtechnik), Frauenstr. 32, 822166 Maisach; www.kutzner-weber.de

A. Lanz AG, Friedhofweg 40, CH–4950 Huttwil / Schweiz

Leda GmbH & Co. KG Boekhoff & Co., Groningerstr. 10, 26789 Leer, www.leda.de

Liebi LNC AG, Burgholz, CH-3753 Oey-Diemtigen, www.liebilnc.ch

Lünstroth GmbH, Rothenfelderstr. 9, 33775 Versmold, www.luenstroth-kamine.de

Müller AG Holzfeuerungen, Bechburgerstraße 21, CH-4710 Balsthal, www.mueller-holzfeuerungen.ch

Normatherm Stahlheizkessel GmbH, Münsterstr. 26, 48282 Emsdetten, www.normatherm.de

Nunnanlahden Uuni Oy, Joensuuntie 13 44 C, FIN-83940 Nunnanlathi, www.nunnauuni.com

Olsberg, Ges. f. Verwaltung u. Vertrieb GmbH, Hüttenstr. 38, 59939 Olsberg, www.olsberg.com

Ortrander Eisenhütte GmbH, Königsbrückerstraße 10-12, 01990 Ortrand, www.ortrander-eisenhuette.de

Heribert Posch, POWALl Brenntechnik, Am Rain 38, 83627 Wall

Rika Metallwaren GmbH & Co KG, Müllerviertel 20, A-4563 Micheldorf www.rika.at

Rink-Kachelofen GmbH + Co KG, Am Klangstein 18, 35708 Haiger, www.rink-kachelofen.de

Rösler Kamine GmbH (Openfire), Behringstr. 1-3, 63303 Dreieich-Offenthal, www.openfire.de

Walter Rüegg, Schwäntenmos 4, CH–8126 Zumikon/ Schweiz, www.ruegg-cheminee.ch

Schenk AG, Schärischachen, CH–3550 Langnau i.E. / Schweiz, www.ofenschenk.ch

Schmid GmbH, Markgrafenstr. 9, 95497 Goldkronach, www.schmid.st

Schrag GmbH, Hauptstr. 118, 73061 Ebersbach, www.schrag.de

Skantherm GmbH, Lümernweg 188a, 33378 Rheda-Wiedenbrück, www.skantherm.com

Specht – XEOOS Ofensysteme, 35116 Reddighausen; www.specht-ofen.de

Supra, RP 22, F-67216 Obernai, supra.dir@wanadoo.fr, www.supra.fr

Tekon GmbH & Co KG, Midlicherstr. 70, 48720 Rosendahl, www.tekon.de

Tiba AG (Müller), Hauptstr. 147 CH–4416 Bubendorf / Schweiz, www.tiba.ch

Tulikivi Oy Vertriebs GmbH, Werner-vonBraun-Str. 5, 63263 Neu-Isenburg, www.tulikivi.de

Viessmann Werke KG, Postfach 10, 35105 Allendorf, www.viessmann.de

Wamsler Herd und Ofen GmbH, Gutenbergstr. 25, 85748 Garching, www.wamsler-hkt.de

Wegra Anlagen GmbH, Oberes Tor 106, 98631 Westenfeld, www.wegra-anlagenbau.de

Wodtke GmbH, Rittweg 55-57, 72070 Tübingen, www.wodtke.com

2. Stückholz-Zentralheizkessel

Arca Heizkessel GmbH, Sonnenstraße 9, 91207 Lauf, www.arca-heizkessel.de

HDG Bavaria-Kessel- u. Apparatebau GmbH, Siemensstr. 6, 84323 Massing, www.hdg-bavaria.de

Bioenergietechnik GmbH (Öko-Therm), Träglhof 2, 92242 Hirschau, www.oeko-therm.net

Bioflamm WVT GmbH, Bahnhofstr. 55-59, 51491 Overath- Untereschbach, www.bioflamm.de

Bio-Heizungs-GmbH & Co KG (Perhofer), Waisenegg 15, A-8190 Birkenfeld, www.biomat.at

August Brötje GmbH & Co, August-Brötje-Str. 17, 26180 Rastede, www.broetje.de

Buderus Heiztechnik GmbH,
Sofienstr. 30 - 32, 35576 Wetzlar,
www.buderus.de

Capito Carl GmbH, Mühlenbergstr. 12, 57290 Neunkirchen,
www.capito-gmbh.de

CTC Heizkessel, Friedhofsweg 8,
36381 Schlüchtern-Wallroth,
www.ctc-heizkessel.de

CTC GIERSCH AG,
Bahnhofstr. 60, CH-8112 Otelfingen
www.ctc-giersch.ch

De Dietrich Remeha GmbH,
Rheiner Str. 151, 48282 Emsdetten,
www.remeha.de

ELCO GmbH, Dreieichstraße 10,
64546 Mörfelden-Walldorf,
www-elco.net

ETA Heiztechnik GmbH,
Nr. 76, A-4715 Taufkirchen,
www.eta-heiztechnik.at

Ferro Wärmetechnik,
Am Kiefernschlag 1,
91126 Schwabach,
www.ferro-waermetechnik.de

G. Fischer GmbH,
Heidenheimerstr. 63,
89313 Günzburg,
www.fischer-heiztechnik.de

Fonderies Franco-Belges
rue O. Variscotte, F–59660 Merville,
www.francobelge.staub.fr

Forster HWS Heiztechnik,
Inselstr. 4, 03149 Forst,
www.forsterheiztechnik.de

Fröling Heizkesselbau GmbH,
Industriestr.30,
A-4710 Grießkirchen,
www.froeling.com

GERCO Apparatebau GmbH,
Zum Hilgenbrink 50,
48336 Sassenberg,
www.gerco.de

F. Grimm GmbH,
Bäumlstr. 26, 92224 Amberg,
www.grimm-heizung.de

Guntamatic Heiztechnik GmbH,
Bruck 7, A-4722 Peuerbach,
www.guntamatic.at

Hargassner GmbH,
Gunderding 8, A-4952 Wenig,
www.hargassner.at

Harreither Energie GmbH,
Insinger Str. 25, 91583 Diebach,
www.harreither.com

HDG Bavaria Kesselbau GmbH,
Siemensstr. 6, 84323 Massing,
www.hdg-bavaria.de

Heitzmann AG, Gewerbering,
CH-6105 Schachen,
www.heitzmann.ch

Heizomat GmbH,
Maicha 21, 91710 Gunzenhausen,
www.heizomat.de

C. Herlt Sonnen- Energie- S.,
An den Buchen 2, 17194 Vielist,
www.herlt.eu

Herz Feuerungstechnik GmbH,
Nr. 138, A-8272 Sebersdorf,
www.herz-feuerung.com

Hofmeier Heizkessel,
Schlickelder Str. 76,
49479 Ibbenbüren,
www.hofmeier-heizkessel.de

Fachgroßhandel Karl-Heinz Klose
Dorfstraße 36, 77767 Appenweier,
www.unical.de

Hoval GmbH,
Hovalstr. 11, A–4614 Marchtrenk,
www.hoval.at

Hoval-Herzog AG,
General-Witte-Str. 201,
CH–8706 Feldmeilen,
www.hoval.ch

Dt. Hoval GmbH,
Karl Hammerschmidtstr. 45,
85609 Aschheim-Dornach,
www.hoval.de

HS TARM,
Sandstr. 30, 04860 Torgau,
www.baxi.dk

OY Jäspi & Mäkinen AB,
FIN-20320Turku

Köb Holzheizsysteme GmbH
Flotzbachstraße 33, A-6922 Wolfurt,
www.kob.cc

Jakob Kohlbach, Pf. 30,
Grazer Str. 89, A–9400 Wolfsberg / Österreich, www.kohlbach.at

Eisenwerk Winnweiler,
Ludwig Krämer KG,
Postfach 41152 67717 Winnweiler,
www.ewi-therm.com

PA-KÜ Paul Künzel GmbH,
Ohlrattweg 5, 25497 Prisdorf,
www.kuenzel.de

Ernst Kurri, Fliegergasse 70,
A-2700 Wiener Neustadt,
www.kurri.com

KWB Kraft u. Wärme aus Biomasse GmbH, A-8321 St. Margarethen,
www.kwb.at

Lambelet (Biovent Heiztechnik),
Salzwerkstr. 8,
79639 Grenzach-Wyhlen,
www.lambelet.de

Lieberherr AG,
CH-8580 Hefenhofen,
IMB GmbH,
Camburger Str. 68, 07743 Jena,
www.lieberherr.com

Liebi LNC AG,
CH–3753 Oey-Diemtigen / Schweiz,
www.liebilnc.ch

Limbacher GmbH,
Schulstraße 39, 91608 Geslau
www.hackschnitzelfeuerungen.de

Lohberger Heiz- u. Kochgeräte Technologie GmbH,
Landstr. 19, A-5231 Schalchen,
www.lohberger.com

Lopper Kesselbau GmbH,
Rottenburgerstr. 7,
93352 Rohr-Alzhausen,
www.lopper-holzfeuerung.de

MAWERA Holzfeuerungsanlagen GmbH, Neulandstraße 30,
A-6971 Hard am Bodensee,
www.mawera.com

Müller AG Holzfeuerungen,
Bechburgerstr. 21, CH-4710 Balsthal
www.mueller-holzfeuerungen.ch

Nolting GmbH,
Wiebuschstr. 15, 32760 Detmold,
www.nolting-online.de

ÖkoFen,
Mühlgasse 9, A-4132 Lembach,
www.oekofen.at *oder*
www.pelletsheizung.at

Oertli-Rohleder GmbH,
Raiffeisenstr. 3, 71696 Möglingen,
www.oertli.de

Olymp GmbH,
Olymp Str. 10, A-6430 Ötztal,
www.olymp.at

Passat Energi A/S, Vestergade 36, DK–8830 Tjele / Dänemark, www.passat.dk

Polytechnik Luft- und Feuerungstechnik, Hainfelder Str. 69, 2564 Weissenbach, www.polytechnik.at

Polzenith GmbH & Co. KG Maschinen- u. Kesselbau, An der Heller 22, 33758 Schloß Holte-Stukenbrock, www.polzenith.de

SBS Heizkesselwerke, Carl-Benz-Str. 17-21, 48268 Greven www.sbs-heizkessel.de

Schmid AG Heizkesselbau, Im Riet, CH–8360 Eschlikon, www.holzfeuerung.ch

Sieger GmbH, Eiserfelder Str. 98, 57072 Siegen, www.sieger.net

Solarfocus Kalkgruber GmbH, Werkstr. 1, A-4451 St. Ulrich www.solarfocus.at

Solarvent Heizsysteme GmbH, Aschaffenburger Str. 57, 63743 Aschaffenburg, www.solarvent-biomasse.de

Sommerauer & Lindner, Trimmelkam 113, A-5120 Pantaleon www.sl-heizung.at

Spänex GmbH, Otto-Brenner Str. 6, 37170 Uslar, www.spaenex.de

Strebel Thermostrom Energietechnik GmbH Ennsstr. 91, A–4409 Steyr, www.strebelwerk.ch

Thermorossi, Via Grumulo 4, I-36011 Arsiero, www.thermorossi.com

URBAS Maschinenfabrik GmbH, Billrothstr. 7, A-9100 Völkermarkt, www.urbas.at

Viessmann Werke KG, Postfach 10, 35105 Allendorf (Eder), www.viessmann.de

Wallnöfer Energie, Gewerbezone 82I-39026 Prad, www.wallnoefer.it

Wamsler GmbH, Gutenbergstr. 25, 85748 Garching, www.wamsler-web.de

Windhager AG, A.-Windhager-Str. 20, A–5201 Seekirchen, www.windhager-ag.at

Eisenwerk Winnweiler, Gewerbegebiet, 67722 Winnweiler, www.ewi-therm.com

3. Hackschnitzelfeuerungen und Pelletöfen

ATMOS, Velenského 487, 294 21 Bělá pod Bezdězem / Tschechien, www.atmos.cz

Arca GmbH, Sonnenstr. 9, 91207 Lauf, www.arca-heizkessel.de

AWINA Industrieanlagen GmbH, Koaserbauerstr. 7, A–4810 Gmunden http://awina-technik.at

Axiom, Antdorfer Str. 2, 82362 Weilheim, www.axiom-wt.de

BHSR Energietechnik (Spänex), Industriestr. 1, 32699 Extertal-Silixen http://www.spaenex.de

Josef BINDER Maschinenbau u. Handelsges.m.b.H., Mitterdorfer Str. 5, A-8572 Bärnbach www.binder-gmbh.at

Bio-Energieanlagen AM GmbH, Sedanstraße 27, 97082 Würzburg, www.bio-energieanlagen.de

Bioenergietechnik GmbH (Öko-Therm), Träglhof 2, 92242 Hirschau, www.oeko-therm.net

BIOFLAMM WVT WIRTSCHAFTLICHE Verbrennungs-Technik GmbH, Bahnhofstr. 55-59, 51491 Overath-Untereschbach, www.bioflamm.de

Bio-Heizungs-GmbH & Co KG (Perhofer), Waisenegg 15, A-8190 Birkenfeld / Österreich www.biomat.at

Biotech GmbH, Furtmühlstr. 32, A-5101 Bergheim / Österreich www.pelletsworld.com

Biotherm E. Pfeiffer, Vogelsangweg 9, 88348 Bad Saulgau, www.pelletheizung.de

A. Brötje GmbH & Co, August-Brötje-Str. 17, 26180 Rastede, www.broetje.de

Brunner GmbH, Zellhuber Ring 17-18, 84307 Eggenfelden, www.brunner.de

Buderus Heiztechnik GmbH, Sophienstr. 30 -32, 35576 Wetzlar, www.buderus.de

Calimax GmbH, Bundesstr. 102, A-6830 Rankweil, www.calimax.com

Classen Apparatebau Wiesloch GmbH, Adelsförsterpfad 5, 69168 Wiesloch, www.apparatebau-wiesloch.de

CTC GIERSCH AG, Bahnhofstr. 60, CH-8112 Otelfingen www.ctc-giersch.ch

De Dietrich Remeha GmbH Rheiner Str. 151, 48282 Emsdetten, www.remeha.de

Eder GmbH, Weyerstraße 350, A-5733 Bramberg www.eder-kesselbau.at

ELCO GmbH, Dreieichstraße 10, 64546 Mörfelden-Walldorf, www.elco.net

FIRE FOX Vertriebs GmbH, Gewerbezone 3, A-9300 St. Veit, www.en-tech.at www.firefox.at

ETA Heiztechnik GmbH, Nr. 76, A-4715 Taufkirchen, www.eta-heiztechnik.at

G. Fischer GmbH, Heidenheimerstr. 63, 89312 Günzburg, www.fischer-heiztechnik.de

Fröling Heizkesselbau GmbH, Industriestr. 12, A-4710 Grieskirchen, www.froeling.com

Gerco Apparatebau GmbH & CO KG, Zum Hilgenbrink 50, 48336 Sassenberg, www.gerco.de

Gerlinger Biokompakt, Froschau 79, A-4391 Waldhausen www.biokompakt.com

Gilles GmbH (Compact GmbH, Heizo-mat), Koaserbauerstr. 16, A-4810 Gmunden, www.gilles.at

Grimm Heizungstechnik GmbH, Bäumlstr. 26, 92224 Amberg, www.pelletheizung.net

Guntamatic Heiztechnik, Bruck 7, A-4722 Peuerbach, www.guntamatic.com

Haas & Sohn, Herborner Str. 7-9, 35764 Sinn, www.haassohn.com

Hargassner GmbH, Grunderding 8, A–4952 Wenig , www.hargassner.at

Hark, Hochstr. 197-213, 47228 Duisburg, www.hark.de

HDG Bavaria Kesselbau GmbH, Siemensstr. 6, 84323 Massing, www.hdg-bavaria.de

Heitzmann AG, Gewerbering, CH-6105 Schachen, www.heitzmann.ch

Heizomat Gerätebau GmbH, Maicha 21, 91710 Gunzenhausen, www.heizomat.de

Hans-Jürgen Helbig GmbH, Pappelbreite 3, 37176 Nörten-Hardenberg, www.helbig-gmbh.de

Herz Feuerungstechnik GmbH, Nr. 138, A–8272 Sebersdorf 138, www.herz-feuerung.com

Hestia GmbH (Binder Feuerungstechnik), Kappelstr. 12, 86512 Ried, www.hestia.de

Hofmeier GmbH, Schlickelderstr. 76, 49479 Ibbenbühren, www.hofmeier-heizkessel.de

Hoval Herzog AG, Postfach, CH-8706 Feldmeilen, www.hoval.ch

Dt. Hoval, Karl-Hammerschmidt Str. 45, 85609 Aschheim-Dornach, www.hoval.de

IBC-Heiztechnik, Oberer Straußberg 20, 99713 Straußberg, www.ibc-heiztechnik.de

Köb Holzheizsysteme GmbH Flotzbachstr. 33, A-6922 Wolfurt, www.kob.cc

Kohlbach Heizkessel, Grazerstr. 26-28, A–9400 Wolfsberg www.kohlbach.at

PA-KÜ Paul Künzel GmbH & Co, Ohlrattweg 5, 25497 Prisdorf, www.kuenzel.de

Ernst Kurri, Fliegergasse 70, A-2700 Wiener Neustadt, www.kurri.com

KWB Kraft-Wärme-Biomasse GmbH, Industriestr. 235, A-8321 St. Margarethen, www.kwb.at

Leda GmbH & Co KG, Groninger Str. 10, 26789 Leer, www.leda.de

Limbacher GmbH Schulstr. 39, 91608 Geslau www.hackschnitzelfeuerungen.de

Lohberger Heiz- u. Kochgeräte Technologie GmbH, Landstr. 19, A-5231 Schalchen, www.lohberger.com

Lopper Kesselbau GmbH, Rottenburgerst. 7, 93352 Rohr-Alzhausen, www.lopper-holzfeuerung.de

MALL GmbH Pellet-Speicher, Hüfingerstr. 39-45, 78166 Donaueschingen, www.mall.info

MAWERA Holzfeuerungsanlagen GmbH Neulandstraße 30, A-6971 Hard am Bodensee www.mawera.com

MHG GmbH, Rossweg 6, 20457 Hamburg, www.mhg.de

Müller AG, Bechburgerstr. 21, CH–4710 Balsthal www.mueller-holzfeuerungen.ch

Nolting GmbH & Co KG, Wiebuschstr. 15, 32760 Detmold, www.nolting-online.de

ÖkoFen GmbH, Mühlgasse 9, A-4132 Lembach, www.oekofen.at

Paradigma Ritter Energie- und Umwelttechnik GmbH Co KG, Ettlingerstr. 30, 76307 Karlsbad-Langensteinbach, www.paradigma.de

Perhofer Heizsysteme, Waisenegg 115, A-8190 Birkenfeld, www.perhofer.at

Petry Bioenergietechnik GmbH, Regensburgerstr. 94-96, 92318 Neumarkt

Polytechnik Luft- u. Feuerungstechnik GmbH, Hainfelderstr. 69, A–2564 Weissenbach, www.polytechnik.at

Polzenith Kesselbau GmbH + Co KG, An der Heller 22, 33758 Schloss Holte-Stukenbrok; www.polzenith.de

Heribert Posch, POWAL Brenntechnik, Am Rain 38, 83627 Wall

Pro Solar Energietechnik GmbH, Kreuzäcker 12, 88214 Ravensburg, www.pro-solar.de

RENNERGY Systems, Einöde 50, 87474 Buchenberg, www.rennergy.de

RIKA GmbH, Müllerviertel 20 A-4563 Micheldorf, www.rika.at

SBS Heizkessel, Postfach 2063, 48268 Greven, www.sbs-heizkessel.de

Schmid AG Heizkesselbau, Hörnlistr. 12, CH–8360 Eschlikon, www.holzfeuerung.ch

SHTGmbH, Rechtes Salzachufer 40, A-5101 Salzburg, www.sht.at

Solar Futur Technik, Am Pfarrgarten 3, 38274 Groß Elbe, www.sft.de

SOLARFOCUS (Kalkgruber), Werkstraße 1, A-4451 St. Ulrich/Steyr, www.solarfocus.de

Solarvent Heizsysteme GmbH,
Aschaffenburger Str. 57,
63743 Aschaffenburg,
www.solarvent.de

SOLVIS GmbH & Co KG,
Grotrian-Steinweg-Str. 12,
38112 Braunschweig,
www.solvis.de

Sommerauer & Lindner, Werk
Trimmelkam 113,
A-5120 St. Pantaleon / Österreich,
www.sl-heizung.at

Sonnig GmbH, Pettenkofer Str. 14,
83052 Bruckmühl,
www.sonnig.de

Standard-Kessel GmbH,
Postfach 120651, 47126 Duisburg,
www.standardkessel.de

Strebel GmbH,
Wiener Str. 118,
A-2700 Wiener Neustadt,
www.strebel.at

Thermorossi,
Via Grumulo 4, I-36011 Arsiero,
www.thermorossi.com

Unical Kessel und Apparate GmbH,
Heilbronner Str. 50,
73728 Esslingen,
www.unical.de

Urbas Maschinenfabrik GmbH,
Billrothstr. 7, A–9100 Völkermarkt,
www.urbas.at

Viessmann Werke KG,
Postfach 10, 35105 Allendorf (Eder)
www.viessmann.de

VIVA Solar Energietechnik GmbH,
Otto-Wolff-Str. 12,
56626 Andernach
www.vivasolar.de

Wagner & Co Solartechnik GmbH,
Zimmermannstraße 12,
35091 Cölbe,
www.wagner-solar.com

Wamsler GmbH, Gutenbergstraße
25, 85748 Garching,
www.wamsler-hkt.de

Wehrle AG, Bismarckstr. 1 – 11,
79312 Emmendingen,
www.wehrle-werk.de

Weiss Kessel-, Anlagen- und Maschinenbau GmbH,
Kupferwerkstr. 6, 35684 Dillenburg,
www.weiss-kessel.de

Windhager, A.-Windhagerstraße 20,
A-5201 Seekirchen/Österreich,
www.windhager-ag.at

Wodtke GmbH, Rittweg 55-57,
72070 Tübingen- Hirschau,
www.wodtke.com

Wolf GmbH (Ventomat),
Industriestr. 1, 84048 Mainburg,
www.wolf-heiztechnik.de

ZWS GmbH, Pascal Str. 4,
47506 Neukirchen-Vluyn,
www.zws.de

4. Holzgasanlagen

ALSTOM Power Energy Recovery
GmbH, Parsevalstr. 9A,
40468 Düsseldorf,
www.alstom.de

GreenGasGermany GmbH
Hessenstraße 57, 47809 Krefeld,
www.greengas.net

GMK Ges. Motoren und Kraftanlagen,
Reuterstr. 17, 18211 Bargeshagen,
www.gmk-mbh.de

Lurgi AG,
Lurgiallee 5, 60295 Frankfurt,
www.lurgi.com

Maxxtec Aktiengesellschaft,
Breite Seite 1, 74889 Sinsheim,
www.maxxtec.com

MWB Motorenwerke GmbH,
Barkhausenstr. 27568 Bremerhaven,
www.mwb-bremerhaven.de

Schmack Biogas GmbH,
Bayernwerk 8, 92421 Schwandorf,
www.schmack-biogas.de

Siempelkamp GmbH,
Siempelkampstr. 75, 47803 Krefeld,
www.siempelkamp.com

TURBODEN,
Viale Stazione 23, I-25122 Brescia,
www.turboden.com

UMSICHT Fraunhofer Institut
für Umwelt u. Sicherheit, Osterfelderstr. 3, 46047 Oberhausen,
www.umsicht.fraunhofer.de

Wamsler Umwelttechnik GmbH,
Gutenbergstr. 25, 85748 Garching,
www.wamsler-hkt.de

Stichwortverzeichnis

Weitere Bücher im ökobuch Verlag

Backöfen in Haus und Garten selbst gebaut

Detaillierte Beschreibungen, wie Backöfen aus Lehm, Stein, Holz und Stroh selbst gebaut werden können. Die verschiedenen Bauweisen sind schrittweise beschrieben, außerdem Anheizen und Zubehör. Von J. Spitzer und R. Dittrich. 6.Aufl. 2017, 94 S. m.v. farb. Abb. 17 x 24 cm, br. 14,95 €

Holzbacköfen im Garten

Detaillierte Bauanleitungen vom einfachen Lehmofen bis zum gemauerten Brotbackhäuschen. Mit vielen Erfahrungen und Ratschlägen sowie pfiffigen Tips u. Rezepten. Hrsg. von Claudia Lorenz-Ladener. 126 S.m.vielen farb. Abb., 19. Aufl. 2016 15,95 €

Das Holzbackofen-Kochbuch

Ein Kochbuch, das den Nutzen des Backofens im Freien deutlich steigert, mit 70 traditionellen und neuen Rezepten für Pizza, Fleisch- und Fischgerichte, für Gemüse, Brot und Nachspeisen, appetitlich präsentiert in über 400 Fotos mit den wichtigsten Arbeitsschritten. Von Holly und David Jones. 3. Aufl. 2016, 128 S. m.v. farb. Abb., 19,5 x 26 cm 19,95 €

Auf 300 qm Gemüseland

... den Bedarf eines Haushalts ziehen. Wie man auf kleinstem Raum einen Nutzgarten anlegt und erfolgreich bewirtschaftet, können wir von unseren Vorfahren lernen. Mit schnellen, praktischen, alphabetisch geordneten Infos über die wesentlichen Pflanzen, über Anbau- und Arbeitsmethoden. Von Arthur Janson. Neugestalteter Nachdruck der 5. Aufl. 1926. 170 S. A5, gebunden, 13,95 €

Anders gärtnern

Permakultur-Elemente im Hausgarten. Ob Kräuterspirale, Krater- bzw. Hochbeet, Kartoffelturm, Wurmfarm oder Erdgewächshaus mit Hühnerstall, bei allem dient die Natur als Vorbild. Mit vielen Anleitungen für einen Hausgarten, in dem die Bereiche harmonisch zusammenwirken und sich gegenseitig fördern. Von Margit Rusch. 6. Aufl. 2016, 94 S. m.v. farb. Abb., 17 x 24 cm 13,95 €

Saatgut aus dem Hausgarten

Nach einer Einführung in die Saatgutgewinnung und in die Praxis der Vermehrung werden die nötigen Hilfsmittel, Ernte, Reinigung und Lagerung der Samen sowie Aussaat und Aufzucht Jahr beschrieben. Mit kurzen Pflanzenporträts aller im Hausgarten üblichen Kräuter, Gemüse und Blumen. Von Marlies Ortner. 2. Aufl. 2012, 138 S. m.v. farb. Abb., 17 x 24 cm 19,95 €

Trocknen und Dörren mit der Sonne

Bau & Betrieb von Solartrocknern.: Ein Buch für alle, die einen funktionstüchtigen Solartrockner kostengünstig selbst bauen möchten, um Obst, Gemüse und Kräuter natürlich und hochwertig haltbar zu machen. Außerdem: Praxis des Trocknens mit vielen Tipps aus langjähriger Erfahrung. Herausgegeben von Claudia Lorenz-Ladener. 5. Aufl. 2015, 95 S., farbig, 17x24 cm 13,95 €

Kochen mit der Sonne

... in Mitteleuropa. Beschreibung käuflicher Solarkocher sowie Bauanleitung für einen Solarofen. Mit Tipps aus der Praxis u. vielen erprobten Koch- u. Backrezepten. Von Rolf Behringer und Michael Götz. 87 S. m.v.farb. Abb., 2. Aufl. 2012, 17 x 24 cm 13,95 €

Natürlich konservieren

Die 250 besten Rezepte, um Gemüse und Obst möglichst naturbelassen haltbar zu machen und ein maximum an Vitaminen, Nährstoffen und Geschmack zu erhalten. Herausgegeben von Terre Vivante. 157 S. m. vielen Abb., 8. Aufl. 2015 13,90 €

Trockenmauern für den Garten

Bauanleitung & Gestaltungsideen. Ob Sitzplätze oder Hochbeete einzufassen, eine Hangfläche zu terrassieren oder das Grundstück einzugrenzen: Mit einfachen Werkzeugen kann jeder kostengünstig eine schöne und dauerhafte Trockenmauer selbst bauen. Von Jana Spitzer und Reiner Dittrich. 5. Aufl. 2015, 95 S., farbig, 17x24 cm, 13,95 €

Ideenbuch Garten: Gestalten mit Altmaterial

Materialien wiederverwerten für Pflanzbehälter, Beeteinfassungen, Wege und Beläge, Treppen, Mauern Zäune, Frühbeete, Hügel- und Hochbeete, Spielhütten, Praktisches und Dekoratives. Von Peter Himmelhuber u. Wolfgang Grosser. 124 S. m.v. Abb., 17x24 cm, 1. Aufl. 2016 15,95 €

Hügelbeete, Hochbeete, Hangbeete

Bauen und bepflanzen. In detaillierten Schritt-für-Schritt-Anleitungen und anhand gebauter Beispiele wird gezeigt, wie Hügelbeete, Hochbeete und Hangbeete vorteilhaft errichtet und wie sie bepflanzt werden können. Von Peter Himmelhuber. 109 S.m.v.Abb., 2. Aufl. 2014 14,95 €

Essbare Wildpflanzen aus dem Hausgarten

150 Arten: Obst, Kräuter, Gemüse. Wie eine dauerhafte Pflanzenlandschaft aus fruchttragenden Bäumen und Sträuchern, wilden Stauden sowie Kräutern und essbaren Bodendeckern geschaffen werden kann. Mit mehr als 70 Pflanzenporträts essbarer Wildfrüchte, Wildkräuter und Wildgemüse und Tipps zu deren Verwertung. Von Marlies Ortner. 125 S. m.v.Abb., 3. Aufl. 2013 15,95 €

Hütten von Kindern selbst gebaut

Das Buch zeigt schön illustriert, wie Kindern ihr eigenes kleines Reich erschaffen können, mit Baumaterialien, die fast alle draußen zu finden sind: Spielhäuschen, Kuppelbau, Schlupfwinkel u.v.a. Ab 8 Jahre. Von Louis Espinassous. 58 S. m.v. Abb., 21x21 cm, geb., 3. Aufl. 2014 13,95 €

Kleine Baumhäuser und Hütten

... kinderleicht gebaut. Hier wird gezeigt, wie Baum- und Stelzenhäuser gebaut werden können. Mit Anleitungen für verschiedene Konstruktionen und Bildern von realisierten Beispielen. Von David Stiles 93 S. m. v. farb. Abb., 17x24 cm, 7. Aufl. 2016 12,95 €

Kleine grüne Archen

Passivsolare [Erd]Gewächshäuser als Alternative zum transparenten Standard-Gewächshaus.In diesem Buch wird beschrieben, wie Solargewächshäuser, freistehend, angelehnt oder teilweise in der Erde versenkt, selbst gebaut werden können. Mit vielen Beispielen und Praxiserfahrungen. Von C. Lorenz-Ladener. 128 S. m.vielen farb. Abb., 17x24 cm, geb. 3. Aufl. 2014 22,90 €

Kieselstein-Mosaik

Schöne Böden für Wege und Lieblingsplätze im Garten selbst gestalten. Anleitungen für einfache u. fortgeschrittene Arbeiten mit Tipps aus der Praxis. Viele Gestaltungsvorschläge geben Anregung für eigenes Schaffen. Von Maggy Howarth. 94 S. m.v. z.T. farb. Abb., 5. Aufl. 2016 13,95 €

Naturkeller

Grundlagen der Kühllagerung und Anleitungen für Planung u. Bau naturgekühlter Lagerräume im Haus u. Freiland. Von Cl. Lorenz-Ladener. 140 S. m.v.Abb., 15. Aufl. 2016 19,90 €

Gestalten mit Holz im Garten

Bodenbeläge, Holzdecks, Zäune, Rankgerüste, Lauben. Bauanleitungen und Gestaltungsideen für Nützliches und Dekoratives aus Schnittholz und grünem Holz, die zeigen, wie sich Holzwerk in den Garten einbinden lässt. Von H. Howcroft. 135 S. m.v. Abb., 17 x 24 cm, 3. Aufl. 2012 15,95 €

Lauben und Hütten

Einfache Paradiese zum Selbstbauen. Bauanleitungen für schnell zu errichtende Behausungen (Tipi, Baumhaus, Kuppelbau, Hogan etc.), sowie für schöne Lauben für den Garten oder die freie Natur. Herausgegeben von Claudia Lorenz-Ladener. 5. Aufl. 2013, 190 S. m.v. Abb., geb. 22,90 €

Wir pflanzen eine Laube

Bauen mit lebenden Gehölzen. Auch im Hausgarten ist es möglich, eine reizvolle Laube wachsen zu lassen. Mit Schritt-für-Schritt-Anleitung, auch zum Pflanzen, Flechten und Formen von Stühlen u. Tischen aus lebendem Holz. Von Hermann F. Block. 2.Aufl.2014, 101 S., 17x24 cm, 15,90 €

Permakultur im Hausgarten

Wie ein Hausgarten Stück für Stück zum persönlichen, vielseitigen Permakultur-Garten gestaltet oder umgestaltet werden kann. 10 Beispielgärten zeigen, wie unterschiedlich sich die Permakultur-Prizipien anwenden lassen. Von Jonas Gampe. 141 S. m.v.Abb., 1. Aufl. 2016 16,95 €

Richtig Brennholz machen

Vom Fällen bis zum richtigen Feuern zeigt das Buch, welche Holzarten, Arbeitstechniken und Werkzeuge am besten geeignet sind, um den Brennstoff für das Holzfeuer selbst auzubereiten. Von Hans J.K. Flöel. 77 S. m. vielen farb. Abb., 5. Aufl. 2014 10,95 €

Hauserneuerung

Instandsetzen - Modernisieren - Energiesparen - Umbauen: mit Anleitung zur Selbsthilfe. Das Buch beschreibt ausführlich den behutsamen, handwerklich sachgerechten und umweltverträglichen Umgang mit alter Bausubstanz. Von G. Haefele, W. Oed und L. Sabel. 255 Seiten, 200 Abb., 21 x 21 cm, 16. Aufl. 2017 28,90 €

Vom Altbau zum Effizienzhaus

Energietechnische Gebäudesanierung in der Praxis: Nachträgliche Wärmedämmung der Gebäudehülle, Fenstererneuerung, sowie Sanierung der Haustechnik einschließlich Lüftung, Heizung, Sanitär und Elektro. Jetzt mit EnEV 2014/2016. Hrsg. von Ingo Gabriel und Heinz Ladener. 198 S. m.vielen z.T. farb. Abb., 21 x 28 cm, geb., 12. Aufl. 2016 36,00 €

Praxis: Holzfassaden

Material, Planung, Ausführung. Das Buch zeigt nicht nur die gestalterischen Möglichkeiten moderner Holzfassaden, sodern stellt zahlreiche vorbildliche Beispiele und Detaillösungen mit Ecken, Sockel, Dach- und Fensteranschlüssen vor. Von Ingo Gabriel. 6. Aufl. 2017, 113 S.m.v.farb. Abb. 28,- €

Handbuch Lehmbau

Umfassendes Lehrbuch und Nachschlagewerk: Es zeigt Einsatzmöglichkeiten, Eigenschaften und Verarbeitungstechniken des Baustoffes Lehm. Mit Forschungsergebnissen u. Beschreibungen ausgeführter Lehmhäuser. Von Gernot Minke. 222 S. m.v. Abb., 21 x 28 cm, gebunden, 9. . Aufl. 2017 38,00 €

Neues Bauen mit Stroh in Europa

Bauen mit großformatigen Quadern aus gepreßtem Stroh: gebaute Beispiele, erprobte Bauformen und Konstruktionen, Besonderheiten, neue Projekte und Forschungen. Von H. u. A. Gruber u. H. Santler. 4. überarb. Aufl. 2012, 112 S. m. v.Abb., 14,90 €

Handbuch Strohballenbau

Ein Konstruktions-Handbuch, das Konzeption, Bautechnik und alle Details beschreibt, um aus Strohballen gut gedämmte, dauerhafte Häuser zu bauen. m.vielen Konstruktionsdetails und Beispielen. Von Gernot Minke u. Benjamin Krick. 3. Aufl. 2014, 158 S.m.v.farb. Abb. 29,90 €

Regenwasser für Garten und Haus

Ein kompetenter Ratgeber für Planung und Bau von Regenwassersammelanlagen nach dem Stand der Technik: Bemessung, Genehmigung, Speichertanks, Pumpen, Rohrleitungen, Zubehör. Von Karlheinz Böse. 92 S. m.v.Abb., 17x24 cm, 7. verbesserte Aufl. 2014 12,95 €

Kompost-Toiletten

Grundlagen, Konzepte und Beispiele wasserloser Sanitärtechnik: verschiedene Trocken- bzw. Komposttoilettensysteme für Garten und Freizeit werden vorgestellt. Von Wolfgang Berger. 1. Aufl.2014, 128 S. m.farb.Abb., geb. 17,95 €

Autonome Stromversorgung

Auslegung, Aufbau und Praxis autonomer Stromversorgungsanlagen mit Batteriespeicher für Beleuchtung und für netzferne Handwerks- u. Landwirtschaftsbetriebe. Von Philipp Brückmann. 4.Aufl. 2015, 110 S. m.v. Abb., 17x24 cm 15,90 €

Preisstand: 1.3. 2017

Unsere Bücher erhalten Sie in allen Buchhandlungen!

ökobuch

Postfach 1126 79216 Staufen

✆ 07633-50613 · ✉ 50870 · Email: oekobuch@t-online.de · http://www.oekobuch.de